U0868741

国家特色专业、国家综合改革试点专业
浙江师范大学汉语言文学专业建设成果

Creative Writing

中国语言文学与语文教学书系

创造性写作

常立 等/著

ZHEJIANG UNIVERSITY PRESS
浙江大学出版社

主　编　常　立

编　委　（按姓氏拼音排序）

黄芯蕊　黎　亮　刘凌波

卢科利　童雅平　叶　丛

分工：

常立撰写第一、二、三、四、五、七、九、十一章，并统筹全书文字；

刘凌波撰写第六章；

黄芯蕊撰写第八章；

叶丛撰写第十章；

童雅平撰写第十二章；

卢科利撰写第十三章；

黎亮撰写第十四章。

目　　录

第一章　最简单的写作理论

在互联网时代，阅读和写作仍然是最有可能得到巨大回报的两种技能。……教会孩子无所顾忌地写，就等于给了他受益一生的强大工具。而教孩子写枯燥无聊的读书报告和毫无意义的标准套话，就等于剥夺了他应得到的宝贵财富。

——Seth Godin《盗梦工厂》

有些人看到“理论”一词就头晕眼花，看到“简单”一词就眉开眼笑，那么试试同时看看这两个词吧。

在这一章里，你将会看到最简单的写作理论，至少比你在其他写作教材上看到的要简单。对于具体的写作来说，它们并非必不可少，但是对于写作的教学来说，了解它们是十分必要的。我们的无意识也许可以帮助我们完成写作这个行为，但是当我们想要对写作说点什么有用、有价值、有意思的话时，我们需要有意识地去探询以下这些问题：

- 什么是写作？
- 什么是创造性写作？
- 我可以成为写作者吗？
- 为什么要写作？
- 写作的类型有几种？
- 写作的过程和步骤是什么？

本章对这些问题一一给出了答案，而这些答案就构成了最简单的写作理论。

一、写作是什么

写作就是“写文章”。文章，是按照一定次序有意识排列的一系列文字，通常独立成篇，并表达一定内容。写作就是生产文章的活动过程，文章就是写作产生的成果。

写作并不专属于莎士比亚、鲁迅。在生活中，很多人都在写作：记者写新闻报道，中学生写作文，大学生完成某门课程的论文，或者你在博客里更新日志，在微博里写140字小短文，为某次班长竞选写演讲稿，为某次请假写请假条等。写作可以被理解为一种行为、一个动词，就是把你思考的东西用语言文字记录下来。英语中“作家”writer是write这个动词后面加一个后缀变来的，也指愿意写作、能够写作、正在写作的人，换句话说，一个人只要在写作，无论是不是“专职作家”，就可以被称为写作者。

判断以下两种行为是否属于写作：

- 去民间抢救濒临消失的非物质文化遗产
- 创办经营西部影城

不难判断这两者都和我们说的写作行为不同。不过，这两个行为者都是作家，并且都声称自己的行为仍属于写作。前者是作家冯骥才（代表作《神鞭》），自20世纪90年代以来，他把更多精力投入到民间文化遗产保护工作中，抢救出大批珍贵的图文资料、音像资料，他在《冯骥才、周立民对话录》一书中声称这一行为是自身写作的一种延续。后者是张贤亮（代表作《绿化树》），自20世纪90年代以来，他创办宁夏华夏西部影视城公司，将镇北堡西部影城发展为集观光、餐饮、休闲、购物于一体的中国西部最著名的影视城，他在《南方周末》的一次访谈中声称这一行为是另一种形式的写作。两位作家对写作的念念不忘令人感动，对文化建设、经济建设的推动更是功不可没，但是回到写作的基本概念上来，无论多么高端、大气、上档次的行为——抢救文化遗产抑或创办西部影城，都不能等同于写作。写作，归根结底，就是写文章，除此无他。

二、创造性写作是什么

创造性写作在英文中称为 creative writing，又可译作创意写作，是指以创造性为旨归、以个体表达为核心的写作。它包含虚构类创造性写作和非虚构类创造性写作。虚构类创造性写作主要涉及小说、诗歌、剧本（电影剧本和话剧剧本）的写作；非虚构类创造性写作主要涉及散文、传记、新闻的写作。

创造性写作在西方从第二次世界大战以后开始兴起，在美国发展得尤其迅猛。目前发展成为一个包含十几个子门类的大学科，开设本科、硕士、博士课程，并在不少中学开设相关课程，旨在培养具有艺术创造思维和文学才能的专业人才，通过改革文学写作教育，将写作的权利、信心和秘诀交给所有有志于写作的人，他们将会成长为文化创意产业的核心从业人员，从事文学写作、影视制作、动漫设计、出版发行、广告创意、演艺娱乐、文化会展、数字内容制作等工作。

这和中国目前大、中学广泛开设的写作课程截然不同。中学生写作教学的主要目标是应对高考，使学生掌握写作高考作文的基本规律、方法和技巧。大学写作课程则以学术论文和其他应用文写作教学为主，目标是使学生掌握写作各类应用文体的基本规律与方法，可以看作高考作文教学的延伸，重视文章的格式规范和普遍性特征，轻视文章的创造性和个性表达。

创造性写作过程涉及个人经验、写作技巧和创造力三个范畴，三者间相互关系可以由概念图表示如下。[①]

---

① (美)马克·麦克格尔：《创意写作的兴起》，桂林：广西师范大学出版社 2012 年版，第 14 页。

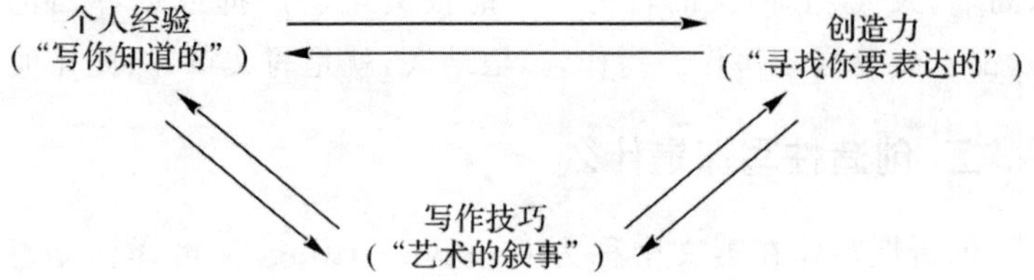

三、我可以成为写作者吗

写作通常带有某种目的，不同的目的让你收获不同的意义。作者或是通过写作传达自己的观察、经验、信息，或是表达自己的理想、情绪、思想等。所以，写作又是一种工具、手段。萨特说：“人们不是因为选择说出某些事情，而是因为选择用某种方式说出这些事情才成为作家的。”[①]你可以选择用音乐、绘画、雕塑来表达情感，达到目的，但是写作无疑是一种更普遍也更便宜的方式。艾米丽·狄金森有一首短诗这样写道：“没有一艘快船能像一本书/载我们游历异乡，/也没有一匹骏马比得上/一页欢腾的诗章。/这是穷苦人都能完成的旅行 /没有通行费让他忧烦；/那运载灵魂的马车/是何等的节俭！”她谈论的是阅读，而写作甚至是比阅读还要节俭的旅行，如果没有钱买书的话，那么就自己来写书吧，只需要一支笔，还需要一些纸，还需要……什么呢？

我们来看以下这道选择题[②]：

你认为要成为一个写作者，需要满足以下哪些条件？（多选题）

A. 只有聪明的人才能成为创造性的作家。

B. 成为作家必须敢于吃苦。

C. 作家须饮酒，咖啡、香烟也可对付。

D. 所有的作家都是有“后台”、有“关系”的。

---

① （法）萨特：《萨特散文》，北京：人民文学出版社 2009 年版，第 170 页。

② （美）劳丽·罗扎斯基：《创造性写作》，沈阳：辽宁教育出版社 2002 年版，第 8 页。

E. 所有的作家都能大笔赚钱。

F. 成为作家需要对文学史有相当的了解。

G. 年轻时没着手写作,现在就不要再尝试了。

H. 所有的作家都个性十足。

I. 没有灵感就无法写作。

J. 作家是天生的,不是后天培养的。

K. 所有的作家都有不平凡的人生经历。

L. 作家对社会和时代都有深刻的洞察。

把你的答案写在这里:________________________________

数一下,你一共选择了多少条件? __________个。

答　案

全选:忘记这个吧,等会儿给你一个重新选择的机会。

选 9～12 项:杨绛女士的话可能是对的——“你的问题是想得太多,读得太少”。另外,不要试图在酒店或餐厅里找一个作家,你可能找到的是一个二手货推销员,计算机程序员,字典编纂者,或一个玩杂耍的人。

选 5～8 项:你读的坏书太多,看的二流电视剧太多。忘掉这些,拿起笔来。

选 1～4 项:你已走上了写作之路啦。

一个不选:现在就写,就在这里写,给我签个名吧,作家朋友。

其实,所有条件对于写作来说都是不必要的。每一个条件都是写作的束缚,都是写作者背上的负担,你背着一整个动物园肯定跑不快。写作也是这样,你总想着林林总总的条件,肯定也写不好,甚至还没开始写就对写作充满恐惧而鸣金收兵了。下面来简单解释一下为什么这些条件都是不必要的。

A. 作家当然不是傻瓜,不过作家群体的平均智商在 108～129,

教授和CEO的平均智商要比作家更高。另外，艾森克个性问卷对作家进行测试，发现作家在概念过度包涵(overinclusion)①、怪异思想上和精神病人有些相似。

B. 有些作家喜欢诉说自己过往写作的艰辛与苦难(谁不喜欢诉说自己过去的苦难呢?)，不过可千万不要轻信，无论多么艰辛与苦难，作家还要继续写下去的唯一理由是:写作本身具有巨大的快乐，而且这种快乐是不经写作就永远无法获得的。

C. 你一定听说过李白斗酒诗百篇的传说，不过在生活中能喝斗酒的人多，而能诗百篇的人少。你也许在酒席上听人说起过——作家不喝酒怎么行？不过你会发现这么说的人，通常都不是作家，而是劝作家喝酒的人。的确在作家当中，有的喝酒，有的抽烟，有的喝咖啡，有的甚至吸食鸦片(比如英国诗人柯尔律治)，但所有这些行为，都只不过是一种写作习惯(关于写作习惯，我们在下一章中还会详谈)，你完全可以随心所欲地养成自己独特的写作习惯，而不必非饮酒不可。

D. 的确有些作家是有“后台”、有“关系”才出名或者得利的，不过要知道单靠“关系”而缺乏“品质”，作品是行而不远的。更多的情况是，作家的作品先有了品质，而后关系才缔结起来。

E. 如果单纯是为了赚钱的话，不能说写作是多么值得推荐的职业，当然写作可以赚到钱，但是在淘宝开店也可以，也许会赚得更多。

F. 如果想成为文学史作家的话，那么了解文学史是必须的，对其他作家而言，了解文学史知识并非必要条件。

G. 写作在中国当下时常和青春联系在一起，经常会在各种媒

---

① 精神分裂症患者倾向于将两种不同的事物感知为相同，仅仅因为它们具有类似的属性或特征。Eilhard von Domarus(1946年)认为，精神分裂症患者在事物归类上与众不同，呈概念过度包涵趋势。

体上见到“少年作家”或“少女作家”，也有一些学者研究或谈论“青春写作”、“80 后写作”、“90 后写作”等现象，仿佛写作真的是年轻人才能从事的事业。事实当然不是这样，写作不是打篮球，年轻并非一定是优势，正如卡夫卡所提醒的，艺术需要严格精确的明朗，和青春的喧嚣无关。

H. 与其说所有的作家都个性十足，不如说所有的人都个性十足吧。严格说起来，每个人的个性如同指纹一样，都是独一无二的。只是有人表露明显，有人深藏不露，有人了解自己的个性，有人还没有认清自己。作家之所以会显得个性十足，主要是因为通过写作作家能够更加了解自我。

I. 我们经常听到作家把自己的写作成就归功于灵感，而实际上有个秘密许多作家都不会对人说起——寄望于灵感的写作是没有希望的写作，有灵感时固然要写作，没有灵感时也要写作。这才是作家能够源源不断地创作出作品的原因，单纯的等待灵感将会使写作止步不前，在写作的进程中灵感才有可能到来。

J. 作家是天生的，是缪斯女神钟爱的人，这是一个古老的观念，它有效地鼓舞了一些“自命不凡”的人成为作家，也有效地阻止了一些自认普通的人成为作家。事实上，除了天赋的才能，后天的学习、训练可以提高写作的才能，否则，就不必有那么多的“写作课”了。

K. 清朝诗人赵翼在《题元遗山集》中说：“国家不幸诗家幸，赋到沧桑句便工。”这句诗强调了不凡的经历（此处即为“国家不幸”）对作家写作的推动作用，自然有合理成分。但不可对“不凡的经历”过分推崇，以至于认为生活在“和平年代”就没什么值得去书写了。事实上，没有平凡的景色，只有平庸的眼睛，没有平凡的经历，只有平庸的书写，关键是你怎样去看，怎样去写。

L. 作家对社会和时代有深刻的洞察当然是好事，但如果没有呢，他是否还可以写作？答案是当然可以。许多时候所谓的“深刻”是后人后知后觉的判断，当事的作家时常会迷惘、会糊涂、会犯错、会盲视——如同其他人一样,“不识庐山真面目,只缘身在此山中”。所以,即便对社会和时代缺乏“深刻的洞察”,也可以去记录社会和时代,去言说自己和他人,这才是作家在任何时代、任何社会都该去做的事。

所以,结论是:不要想得太多而写得太少。最重要的是放下包袱,动手去写,常常写,坚持写……总有一天,灵感和天赋会到来,深刻和不凡会到来,写作的价值和人生的意义会突然在你眼前显现……

四、为什么要写作

写作是孤独的,你可以找人一起打球、一起跑步,但是你不得不独立写作。写作也是艰辛的,有时脑中的想法并不会如水一样倾泻在纸上,它往往需要组织推敲、反复修改。那么人们为什么写作？让我们列举一下写作的几种常见原因。

A. 分享信息。写作是一种强有力的交流手段,写作能形成人类的思想。在一个自由的社会,人人都有自由写作的权利,可以同他人分享信息。写作还可以通过论述自己的观察、判断,从而改变他人的思想和态度。网络时代的到来,使得信息传播更为及时,传播的范围也更广了。写作的影响力大大增强,有些舆论领袖的博客或微博,动辄有百万的点击量。

B. 表达情感。人是情感的动物。在生活中,我们的内心会产生很多的感触和情绪,欢乐、忧愁、爱恋、愤懑等等。我们需要倾诉,需要宣泄。写作自然成为人们表达情感的一种方式。通过写作,你可以梳理自己的思绪,发展思维能力,唤醒精神。

C. 讲述一个故事。你知道《爱丽斯漫游奇境》是怎么写出来的吗？它本来是刘易斯·卡罗尔信口编来讲给小孩子听的一则故事。还有《长袜子皮皮》,是作家林格伦为生病的女儿所讲的故事。如果一个故事写得好,是不需要在没有意义这一事实面前强调它的意义的:故事本身就是它的意义,如此而已。

D. 获得自我满足。写作具有创造性，作家用文字创造了一个世界，他为这个世界创造各种各样的人和物，建立秩序和规律。从这个意义上来说，作家等同于这个世界的上帝。写作是享受这种创造的过程。阿根廷作家拜奥·卡萨雷斯如是说："我一直在说我是为读者而写的，但事实上却是，当那些全心全意而又热情洋溢的读者消失之后，今天的我依然还在写着，这就证明我其实只是为自己而写。"

E. 成名。成名是很多人的梦想。写作可以以一种合法并且可行的方式使你成为名人。张爱玲说："出名要趁早。"韩寒、郭敬明等都是通过写作而年少成名的例子。不过有句俄罗斯的民谚也要听一下："爱惜名声要在年少时。"所以不能为了成名而不择手段。

F. 赚钱。有人靠写作赚钱。《哈利·波特》系列小说为作家J. K. 罗琳带来了上亿英镑的收入。而在小说出版以前，J. K. 罗琳的生活非常艰辛，她是位单身母亲，独自带着女儿。在写第一部《哈利·波特与魔法石》的时候，罗琳因为自己住的房子太冷，就时常到她家附近的一家咖啡馆里写作。

G. 探寻生活的方式。南非作家纳丁·戈迪默在1989年5月24日接受美国国家公共广播电台节目主持人泰利·格罗斯采访时说："写作不是对不公正的答复；我那时甚至都没有意识到不公正。我开始写作是出于对生活的惊奇，想发现其中的奥秘，这是我探寻生活的方式。我想所有的艺术家都是这样。我不认为有哪个真正的作家是因为政治因素而开始写作的。"

H. 留下生命的印迹。写作是一种与死亡对抗的方式，可以使作者的思想永世长存，使作者的精神生命得以延续。中国古代文人追求"立言传世"，本质上就是追求生命的不朽。日本动漫《海贼王》中有这样一个情节——医生希鲁鲁克为了拯救他的国家而慷慨赴死前说："人究竟什么时候会死，是心脏被枪打中的时候？不对。得了不治之症吗？也不对。喝了剧毒蘑菇汤之后吗？当然也不是。而是被世人遗忘的时候。就算我消失了,我的梦想还是会实现的,那个梦想一定能拯救这个国家人们的心病。"这个医生对生命和死亡的看法就和作家们相仿。平凡的大多数人也许并没有想要不朽,但也是希望有所创造的,如果这个世界经由你的创造而产生一些美好的东西,不也是你给世界留下的很好的礼物吗?

I. 我们再来看下乔伊斯·卡洛尔·奥茨在《短篇小说写作指南》的序言《短篇小说的性质》中怎么来回答"为什么写作"这个"引人入胜"的问题。作家说:

> 写作和做梦的道理一样,做梦乃是出自人类想象的本性。我们这些"写作狂"为了探求隐藏在现实事物中的各种意义,在有意识地对现实进行安排再安排,做的是比较认真严肃的梦……写作并非逃避现实,而是投身到现实中,并对现实的体系产生很大的震动。作家对世界是寄予希望的,心中没有希望的人不会从事写作。
>
> 展现在我们周围的世界常常会给人一种混混沌沌、可怕无聊的感觉;我们写作的目的是为了赋予这样的世界一个较为连贯、较为简约的形式……我们写作是为了从时间或者从我们自己生活的混混沌沌中理出各种意义:我们写作,是因为我们相信意义是存在的,我们要使之适得其所。
>
> 人们在"开始"写作时,受到了自己内心活力的驱使。这活力是一种意识,觉得有一种独特的东西要说,而且非我莫属;这种内心活力,这种神秘的信念,便是所有艺术的基础……写作者的艺术基础不在于他的技巧,而在于他有欣然命笔,有要写作的愿望,实际上也就是觉得自己不能不写……我们写作,是因为我们内心有过剩的活力,因为我们比旁人对生活更敏感,更充满热情,或者更富有好奇心。为什么不尽量利用这一点呢?

> 你为什么要写？为了发掘出隐藏着的生活的意义……艺术产生了自我把握的幻觉……因为企求这种把握，我们就得创造出这种把握……我们写作，是为了装出一副把握了世界的样子……我觉得这是个高尚的使命。争取对世界，或都对世界的某个断面，进行“自我的把握”，我觉得这很高尚……所有的艺术都是有意义的……我们写作，是因为我们肩负着高尚的使命：廓清各种秘密，或者指出我们因为麻木不仁和不求甚解而认为很简单的那些事实的奥秘。我们写作，是要忠实于某些事实，忠实于某些情感，是为了“解释”那些表面上古里古怪的行为。

我们现在已经有了许多关于“为什么写作”的答案。我猜想你还是没有得到令你完全满意的答案。这是因为“为什么写作”和“为什么生活”一样属于人生的根本问题，而要解答根本问题，需要每个人去寻找自己的答案。那么，你的答案呢？

为什么要写作？______________________________

五、写作的两种类型是什么

鲁迅先生在广州知用中学做过一个关于读书的演讲，后来收在《而已集》中，他将读书分成了“职业的读书”和“嗜好的读书”两种：

> 所谓职业的读书者，譬如学生因为升学，教员因为要讲功课，不翻翻书，就有些危险的就是。我想在座的诸君之中一定有些这样的经验，有的不喜欢算学，有的不喜欢博物，然而不得不学，否则，不能毕业，不能升学，和将来的生计便有妨碍了。我自己也这样，因为做教员，有时即非看不喜欢看的书不可，要不这样，怕不久便会于饭碗有妨。
>
> ……

> 现在再讲嗜好的读书罢。那是出于自愿,全不勉强,离开了利害关系的。——我想,嗜好的读书,该如爱打牌的一样,天天打,夜夜打,连续的去打,有时被公安局捉去了,放出来之后还是打。诸君要知道真打牌的人的目的并不在赢钱,而在有趣。牌有怎样的有趣呢,我是外行,不大明白。但听得爱赌的人说,它妙在一张一张的摸起来,永远变化无穷。我想,凡嗜好的读书,能够手不释卷的原因也就是这样。他在每一页每一页里,都得着深厚的趣味。

我们也可以把写作分为"职业的写作"和"嗜好的写作"。前者有一些其他的名字,例如基础写作、实用写作或者应用文写作,其实都是同一种写作,后者也有一些别样的名字,例如文学写作、创意写作或者创造性写作。也就是说,我们这本书谈的创造性写作应属"嗜好的写作"一类,妙在每一字一句使用起来"永远变化无穷",写作者在自己书写的"每一页每一页里,都得着深厚的趣味"。

需要说明的是,虽然提倡创造性写作,但我们并不贬抑应用文写作,事实上,应用文写作在我们的生活中有着广泛且重要的作用,无论是在校时的期末总结、课程论文,还是应聘时的求职信、个人简历,或者工作后的经济合同、法律文书,都能帮助我们更好地适应社会,更好地幸福度日。还需指出的是,应用文写作所运用的思维方式,对创造性写作来说也是有所助益的。

从思维的角度来看,人类的两种思维——"艺术思维"与"科学思维"—— 都导向伟大的创造。两者间存在着种种联系与区别。

两者的一致性体现在:

- 都是人类最独特的创造。
- 都源自存在。
- 都基于对事物的观察。
- 思维的内容和模式都是由宇宙限定的。

两者的差异性体现在：

- 科学强调客观，艺术赞美主观。
- 科学揭示自然法则，艺术关心人性奥秘。
- 科学处理可重复性的对象，艺术关注稍纵即逝、不可重复的对象。
- 科学研究实存世界，艺术面向可能世界。

应用文写作所运用更多的是科学思维，而创造性写作所运用更多的是艺术思维。试图用单一写作理论融合两种类型的写作几乎是不可能的——尽管有许多写作教材都试图这么做。本书为了方便写作者的学习，对这两类写作加以区分，着重介绍的是创造性写作，但并不忽略应用文写作中有助于进行创造性写作的常见方法和一般规律。

文学写作和应用写作都要考虑读者和目的。文学创作的对象往往只是一个笼统的范围，比如儿童文学作家在创作的时候会明确作品的读者群是幼儿、小学低年级或是小学中高年级的儿童，这是一个比较大的范围。而应用写作有特定的读者和明确的目的。例如你在撰写课程论文的时候，读者就是你的老师，目的就是能够通过这门课程的考核，拿到学分或成绩。

六、写作的三个特性是什么

写作的三个特性是：个体的创造性、实践的操作性和动态的综合性。[①] 了解写作的特性，你会从中得到有益的启示。

（一）个体的创造性

陶行知先生曾说："人人都是创造之人，处处都是创造之地。"比如，面对同样的春景，有人高歌"春色满园关不住"，有人低吟"流

---

① 董小玉，刘海涛主编：《现代写作教程》，北京：高等教育出版社 2008 年版，第 7 页。

水落花春去也”;同样面对秋景,有人但见“秋天万里净,日暮澄江空”的明丽,有人却看“寂寞梧桐深院锁清秋”的凄婉。

“心理学家认为不同的人具有不同类型的心理特征。有的人形象思维能力惊人,有的人思辨能力超群,一般人却是二者平平。不同类型的人有不同类型的差异。即使同一思维类型的人,有人长于视觉,有人长于听觉,有人长于嗅觉。在写作过程中,有的人使用视觉元素编码,有的人侧重使用非视觉元素编码。因此,注意培养和训练自己占优势的个体心理特征,发挥个体创造中的主观滤色和不可重复的作用,对写作来说举足轻重,我们应该努力认识和把握它。”[①]因此,发现你的优势,注意培养和训练,发挥属于你的天生的个性,定会给你的创作带来新意。

(二)动态的综合性

写作是思想、知识、语言、技巧的动态综合。因此想要写出好文章的你一定是一个注重个人修养的修炼和学识能力的培养的人,不管你的成绩是否优秀。

写作过程是立意、选材、运思、表达的动态综合。因此写作是一个让你的脑子高速运转的刺激活儿,是创造性的劳动。不管结果如何,至少你的写作过程一定不会枯燥、无聊、痛苦,只要你在表达自己真正想要表达的东西。为了让这个过程尽可能成就一篇好文章,给你的建议是:在初始阶段,遵循写作的一般规律是再稳当不过的了。但是你已经知道,写作是个体的创造,所以结合你的感情需要,笔由心生,没必要非得按要求从头开始写起,可以从你觉得最简单的开始,可以从你最擅长的开始,可以根据自己的兴趣离题万里,还可以进行文体的实验,在写作似乎到了山穷水尽的时候,不妨用自由的心态随便写写看,也许就会柳暗花明哩。

---

① 董小玉,刘海涛主编:《现代写作教程》,北京:高等教育出版社 2008 年版,第 7 页。

写作和思维学、心理学、逻辑学、文章学等学科关系密切。因此如果你立志成为一个伟大的作家，就需要在一定程度上关注多学科发展，吸取不同的营养，借鉴不同的经验，以丰富充实自己。很多风格独特的作家也精通其他学科的知识，比如《魔戒》的作者托尔金精通语言学，《纳尼亚传奇》的作者刘易斯精通神学，《爱丽丝漫游奇境》的作者卡罗尔精通数学，《洛丽塔》的作者纳博科夫精通"蝴蝶学"，科普作家高士其精通生物学，科幻作家叶永烈精通化学……

（三）实践的操作性

写作既是一种体力劳动，更是脑力的运作。脑手并用，思写并举，"得之于心，应之于手"，"心手相应"才能"笔力劲俊"。实践的操作性的特点启示我们：只有动笔开始写，才有可能写出好文章，才有可能成为作家。

七、写作的四体、五步、六问是什么

（一）写作的四体是什么

写作的四体指的是写作主体、写作客体、写作载体和写作受体。

1. 写作主体

写作主体，就是进入写作思维和写作行为的人。① 写作主体需要具备一定的生活积累，具有相应的知识和能力。在写作中，主体始终起着主导作用，决定着写作的得失成败。

主体的写作缘起各有不同。有人因为受到感情的压迫，不吐不快。巴金在《文学生活五十年》中讲道："我是一个不善于讲话的

① 董小玉，刘海涛主编：《现代写作教程》，北京：高等教育出版社 2008 年版，第 23 页。

人，唯其不善于讲话，有思想表达不出，有感情无法倾吐，我才不得不求助于纸笔，让在我心上燃烧的火喷出来，于是我写了小说。”可见，正是蓄积在作家心中的强烈的感情才使他拿起笔来。

有时，写作主体是因事而作。在现实生活中，总是会遇到许许多多的事情，需要以书面语言的形式来处理。比如，想加入某一组织，需要写申请书；去某公司应聘，需要写求职信。

有时，写作主体是受命而作，即他是接受某些命令、指示、委托而被动地开始写作。比如，学生完成老师布置的作文或调查报告。

创造性写作和应用文写作对写作主体的要求是不同的。前者要求写作主体拥有宽容、平等、自由的修养，在写作的时候放下形形色色的包袱，轻装上阵，自由表达。后者则要求写作主体严格按照应用文体的标准来写作，在内容上和形式上都要严格遵守相关的规定。

2. 写作客体

客体同主体相对应，凡是写作主体所面对的一切写作对象，都可以看作是写作客体。

写作客体包括自然景观、社会生活、精神活动、精神产品等。有时候写作客体是对象化的写作主体。比如一个人写自传的时候，他既是写作主体，又是写作客体。

写作客体可以触发主体的写作动机。曹操“东临碣石，以观沧海”，大海波涛汹涌、吞吐日月的雄伟景象，暗合了他心中远大的政治抱负，因此写出了名篇《观沧海》。陈子昂登幽州台则发出了“前不见古人，后不见来者，念天地之悠悠，独怆然而涕下”的千古绝唱。

3. 写作载体

写作载体就是包含、运载写作内容的文章形体和传播媒介。写作载体主要有四个要素：材料、主题、结构和语言。其中，材料和主题是内容要素，结构和语言是形式要素。

4. 写作受体

写作受体是文章的接受者，即读者。文章只有被读者阅读到了才能实现信息的传递和交流。作者总是希望自己的作品能被读者接受、理解和喜爱,以实现写作的目的或价值。所以从写作活动的开始到结束,写作受体都扮演着参与者的角色。

在开始写作之前,作者已经有了明确的或潜在的读者设定。比如写申请书、写信,作者在动笔前已经知道了具体的读者是谁。在创造性写作的时候,虽然不知道具体的读者及读者的数量,但是对读者的年龄、兴趣等都有初步的考虑。比如儿童文学面对的读者对象是儿童,所以作者在写作的时候应该要考虑到儿童的审美能力、心理特征等因素。

文章写出来后,读者的阅读和反馈是写作过程中一个不可或缺的环节。读者的反馈和评价,会继续影响写作活动。比如刘易斯一开始并没有写七部《纳尼亚传奇》的计划,后来的几部都是在读者的推动下写出来的。茅盾写出《子夜》初稿后,曾先给他的好友瞿秋白阅读。瞿秋白阅后,给他提出了中肯的意见,茅盾经过思考,从内心接受这些意见,遂对作品进行了修改。

可见,受体影响着主体的写作。虽然主体是写作的主宰,但是还必须建立强烈的“受体意识”,即“读者意识”。

要提醒你的是,如果你不确定自己是否要做卡夫卡式的作家,最好重视起你的读者。“写作不首先考虑读者,就像寄出了一封没贴邮票的信,不经测量就剪裁壁纸,或没有试穿就买回一条裤子。”所以,构思作品时应想一想你的读者,他们对你的题目有什么样的感受。当你写作构思时,请参照下列各项分析一下预期读者的情况:

1) 读者的年龄

2) 读者的性别

3) 读者的性别倾向

4) 读者的文化程度

5) 读者的长期居住区域(乡村、都市、郊区)

6）读者的民族及其文化传统
7）读者的社会经济状况
8）读者对论题的了解程度
9）读者的主要兴趣
10）读者对题目的感受

（二）写作的五步是什么

写作的过程包括五个步骤：

- 立意
- 选材
- 运思
- 表达
- 修改

本书后续内容中将对此有专门的分章介绍。在此只想让你知道，以上几个步骤只是写作的一般顺序，但并不是不可变更的。在个别极端的情况下，到了写作的最后阶段，作者才真正找到了作品的立意。在实际的写作过程中，选材往往先于立意，对材料的甄别、判断、筛选、整理和立意是个互相作用的过程。立意在这里也只是一个范畴而不是要你定下一个非常明确的主题思想。有时候，离开预设的主题反倒成就了杰作，比如列夫·托尔斯泰在创作《安娜·卡列尼娜》的过程中，就改变了对安娜这个人物的本来预设，变批判的立场为对安娜的不幸遭遇的同情、理解和爱，使作品的立意更丰。

（三）写作的六问是什么

作者在写作之前可以先问问自己这六个问题：

- 谁在写？
- 为什么写？

- 写什么?
- 为谁写?
- 用什么写?
- 怎么写?

“谁在写”问的是你写作时候的立场。凡写作必有立场,有时写作只是站在你个人的立场上,表达你个人的想法和心声。而有时你只是代为执笔,你要站在他人或者某一集体的立场上来写作。如一份报纸上的言论有时只是作者个人的意见,有时则是党派的喉舌。又如童话《小红帽》,如果是由狼来讲述这个故事,它将是一个完全不同的故事。台湾作家林世仁的《十一个小红帽》,通过改变“谁在写”这一问题的答案,写出了多种不同风貌的故事。

“为什么写”问的是写作的目的。一般说来,写作目的包括这样几种:娱乐消遣、教育指导、论理说服和自我实现。① 作者在写作中可能会选择几个目的,但是其中一个目的是最为重要的。几乎所有的文学写作都具有娱乐消遣的目的,而本书的主要目的则是教育指导。写作必须有个至关重要的目的,这个目的是作者最希望与读者进行交流的中心思想,也是作者内心最关切的问题,最深挚的梦想。

“写什么”指的是写作的题目和材料。有时候写作的题目是自己定的,有时候是被规定的。不管是主动写作还是被动写作,都要从生活中去选择材料,要写出属于自己的独特经验。

“为谁写”是指写作的时候必须要考虑读者。我们在讲话的时候通常会非常在意听众的反应,写作也是一样的,也要考虑读者。读者的年龄、受教育程度、审美能力会影响到写作的方方面面。写作的时候,要根据读者的具体情况,决定文章的题目、语言、口气、句式甚至文体。

---

① (美)劳丽·罗扎基斯:《创造性写作》,沈阳:辽宁教育出版社 2002 年版,第 36 页。

“用什么写”即要考虑语体、文体等问题。文体指的是所有文章因语体、体裁、风格等不同而形成的不同的体式状貌。语体是指不同的人群在不同语境下运用的不同的语言体式。语体可以分为口头语体和书面语体两种。写作主要使用书面语体,书面语体有文艺语体、科技语体、政论语体、事务语体等类型。写作的时候要选择恰当的语体,但有的文章也通过语体的混用即戏仿修辞来达到特殊的效果。戏仿修辞有升格戏仿和降格戏仿两种,升格戏仿用崇高宏伟的语体叙述微不足道的琐事,降格戏仿用粗鄙荒唐的语体来表达认真严肃的论题。

“怎么写”问的是写作的表达阶段要考虑具体的方法和手段。表达方式包括叙述、描写、抒情、议论、说明。不同的文体有着不同的表达方式。

你对这六个问题的思考越深入,回答越准确,你创作出优秀作品的概率就会越高。这是因为:对这几个问题越了解,你就越了解写作是什么、自我是什么,你的写作也就越具备个人性和创造性。

练　习

1.假如你要写一封电子邮件给父母,或者以前的同学述说你在新的环境中的生活,你邮件的内容、语气、形式等有没有区别?请各写一封邮件,比较它们的不同。

2.以第一人称写出一个短篇小说的开头。再以第三人称写出同一段的开头。再以另一人物的视角写出同一段的开头。重读这三段开头,比较它们的不同。

第二章　最基础的写作定理

“知之者不如好之者，好之者不如乐之者。”

——孔子《论语》

常言道“文无定法”，写作难道还有定理吗？作为一项技术性活动，写作确实遵循着如下一些最基本的原理。但仅仅记诵这些定理，并不能帮助你提高写作能力，只有运用这些定理，才能够在写作中有所进益。

一、兴趣是写作的动力

世界是有趣的，尽管有时可怕，但还是有趣的。作为孩子，时常会对世界作出这样的理解。但是孩子会长大，世界依旧可怕，但却变得不那么有趣了。

经常听人说，学习不能凭兴趣行事，不感兴趣的也要学习，因为它有用、重要、专业，尤其是考试要考。同样道理，写作也不能凭兴趣而写，不感兴趣的也要写，因为它有用、重要、专业，尤其是考试要考。而我始终疑惑的是：没有兴趣，真正的学习如何可能？没有兴趣，创造性的写作如何可能？

居里夫人是这样描述自己的科研工作的——“在一间沥青地、玻璃顶、漏着雨的木棚子里工作……把容器搬来搬去，将液体倒来倒去，用一根铁棒搅生铁盆里沸腾的东西一搅就搅上个把小时，筋疲力尽。”就这样手工劳碌四年之后，她从一吨矿物中得到了 100

毫克氯化镭。这有趣吗？居里夫人继续写道："我们非常开心，我们专心致志地，完全像在梦幻之中。"这就是是她而不是我们发现镭元素的原因。

白求恩在战场上夜以继日地工作，眼前是血和伤口，耳边是子弹飞过的呼啸和无休止的痛苦的哀号，没有柔软暖和的床，没有可口香甜的面包，没有电，也没有钱。这有趣吗？他在写给家乡亲朋的信中说："这是我最充实的一段日子，因为他们真的需要我。"这就是是他而不是我们成为"一个纯粹的人"的原因。

写作乍看起来也是这么一桩单调、枯燥、乏味的事，每天缩在一间杂乱又拥挤的小房间里，埋头在横七竖八的书籍和材料之中，投身于一个又一个小格子里，摆弄着一个又一个叫作"字"的小东西。这有趣吗？是的，这是有趣的！下面我们来看看作家们的现身说法：

● 诺贝尔文学奖得主美国作家福克纳在写了第一本书后，立刻感到写作是个乐趣，因此开始了他作家的生涯。

● 当过两任英国首相的丘吉尔，也获得过 1953 年的诺贝尔文学奖。对他来说，真正的幸福是："在一个阳光明媚的清晨，伏案写作，不受任何人打扰地坐上 4 个小时，加上有足够的上好白纸，还有一枝'挤压式'妙笔。"

● 余华在《写作的乐趣》中说："我一直认为写作是一种乐趣，一种创造的乐趣。最初写作时的主要乐趣是对词语和句子的寻找……随着写作的继续和深入，仅仅是词语和句式的刺激显然不够了。写作的篇幅也是越来越长，从短篇小说到长篇小说，这时候人物的命运和叙述的起伏是否和谐，是否激动人心，就显得更加突出。对一个长期从事写作的人来说，有时候写作已经不单纯是在写作，更像是一种人生经历，尤其是长篇小说的写作，长达一年或者几年几十年的时间，写作者的情感往往和作品中人物的情感同舟共济，共同去承受苦难，也共同去迎接欢乐。这时候得到的乐趣让我们相信,虚构的世界比现实的世界更加引人入胜。"①

- 司汤达的墓志铭是:活过,爱过,写作过。

这就是他们能成为一个不断写作的作家的原因。在把容器搬来搬去的过程中,在把手术刀挥来挥去的过程中,在把文字摆来摆去的过程中,一定有着巨大的令人心醉神迷的乐趣,而且是一种不经写作就无从获得的乐趣。有时候这种乐趣很明晰:

- 创造的乐趣;
- 文字本身的乐趣;
- 讲故事的乐趣;
- 谋篇布局的乐趣;
- 享受孤独的乐趣;
- 读者的共鸣带来的乐趣……

有时候这种乐趣有些模糊,就像狄更斯说的那样:"如果你觉得呆呆地坐着,两眼盯着窗外,是罪过的话,你永远也写不了东西,那干吗还要写?如果茫然地坐着,望着天空或河流,不知怎么你会觉得这是一件神圣的事情,你心底最深处的自我会因此而愉快欢欣,那你也许就是一位作家或诗人,总有一天你会试笔一吐情怀……"

世界是有趣的,写作也是,对写作者来说尤其如此。诗人奥登说:"艺术或者诗歌这东西,很多人搞砸了,是因为其实他只对一种东西真正感兴趣,但同时他却又假装对别的也感兴趣。好的艺术的秘密,就是好的生活的秘密,就是好好搞你真正有兴趣的东西,不管它多有野心,多奇怪,也不管它多琐碎,多无聊,多怎么样。耐心搞吧,因为这就是你能搞到最好的。"这也是好的写作的秘密。

二、生活是写作的源泉

"问渠那得清如许,为有源头活水来。"生活是写作的源头。生

① 余华:《灵魂饭》,海口:南海出版公司2002年版,第144—145页。

活不但能激发写作的灵感和愿望，还能源源不断地为写作提供材料。你是否曾在写文章时觉得无话可说、无事可叙、无情可抒呢？如果有过这种体验，想想看问题可能出在哪里？

首先是生活经验。你也许会说，我的生活局限在学校—家庭这“两点一线”或者“教室—食堂—寝室”这“三点一线”，每天都在忙于应付各门课程的学习与考试，哪里会有丰富的生活经验呢？你这么说自然有一定道理——如果你把“丰富的生活经验”定义为如此这般的话：参加一场战争；投身一场革命运动；谈一场惊天地泣鬼神的恋爱；攀登一次珠穆朗玛峰；登陆一次月球；中一张一亿元的六合彩；患一种绝症；成为一个明星；做一个空难事故的幸存者……无疑这些都是丰富的生活经验，但丰富的生活经验不仅如此，它还包括落日或一只旧鞋子。美国作家雷蒙德·卡佛在《论写作》一文中这样说：“作家不需要靠耍花招和卖弄技巧，你没必要是个聪明绝顶的家伙。作家要有面对简单的事物，比如落日或一只旧鞋子，惊讶得张口结舌的资质。”如果每天都能见到的落日或者你好久没见到的一只旧鞋子都能让你惊讶得张口结舌，你所经历的任何平凡的事情都能转化为你的“丰富的生活经验”。所以，关键不仅在于你经历了什么，更在于你怎么“看”（观察）自己的经历。叶圣陶认为：“所谓经验，不只是零零碎碎地承受种种见闻接触的外物，而是认清楚它们，看出它们之间的关系，使成为我们所有的东西。”①

第二是观察。莫泊桑刚露头角的时候，有一次去拜访福楼拜，给他讲了自己构思的几个故事，福楼拜听后，不主张他写这些故事，而希望他做这样的锻炼：骑马出去跑一圈，一两个钟头之后回来，把自己所看到的一切记下来。莫泊桑按照这个办法锻炼自己的观察力有一年之久，终于写出了一篇著名的短篇小说《点心》。

---

① 叶圣陶：《怎样写作》，北京：中华书局 2007 年版，第 10 页。

福楼拜还有句名言强调观察的重要性:“要想使一件事物变得有意思起来,只需要长久地凝视它。”除此之外,福楼拜还教给我们应该去观察什么:“当你走过一个坐在自己店门前的杂货商面前,走过一个吸着烟斗的守门人面前,走过一个马车站面前时,请你给我描绘一下这个杂货商和这个守门人,他们的姿态,他们整个的身体外貌,要用画家那样的手腕传达出他们全部的精神实质,使我不至于把他们同任何别的杂货商人、任何别的守门人混同起来。还请你只用一句话就让我知道马车站有一匹马同它前前后后五十来匹是不一样的。”我们应该去观察的是事物的特征,是使事物成为它自身的独一无二之处。

第三是想象。毛姆通过评价亨利·詹姆斯对观察提出了质疑:“他没有生活过,他只是透过窗子来观察生活,并且经常会满足于通过窗户所看到的景象。但是你要是没有真正生活过,你怎么能够了解生活呢?”这段话强调了作者应该亲身去体验生活而不是满足于观察他人的生活。但是如果某些生活是你无法或不愿亲身体验的,你是否就不能去写相关的作品了呢?不要急着说“不能”,而应该说“在写作的世界里,没有不可能”。卡夫卡没有体验过变成一只甲虫,他写了《变形记》,也没有去过美国,他写了《美国》;马尔克斯没有体验过长出一双翅膀,他写了《巨翅老人》;卡尔维诺没有体验过在树上长期生活,他写了《树上的男爵》;安徒生没有体验过和人鱼一起漫游海底世界,他写了《海的女儿》;阿瑟·克拉克当然没有体验过漫游太空,他写了《2001:漫游太空世界》……这些作家们所凭借的法宝就是想象。曼古埃尔如此评价35岁后的H.G.威尔斯:“他讨论理性与历史、社会改革和教育理论……他依然勇敢、睿智和诚实,他创造神话的天赋已经丧失殆尽,他创作的源泉已基本上枯竭。这就像是一位老人,由于丧失了想象的能力,不能不开始根据确定的事实来创作作品,努力重新捕捉年轻人轻易就能靠直觉和幻想想象出来的东西……”①当一个作家丧失想象之后，就不得不根据确定的事实来创作作品了，这不得不说是一个很大的局限，所以你应当发展和保护你的想象力。

有了经验、观察与想象，你的生活将成为写作的无穷无尽的源泉，而写作呢，会成为你的一种生活方式，大大小小的事情，一旦你通过写作记录下来，立刻就会如镀金似的染上一层奇异的光辉，你写作的每一天都将是新的，前所未有，与众不同。

三、习惯是写作的灵感

把写作成就归功于灵感，对作家来说是最方便也最有益的做法。这样他可以：

- 避免粉丝们没完没了地追问写作秘诀；
- 避免透露自己的写作秘诀；
- 避免暴露出自己其实也不知道写作秘诀是什么；
- 继续保持自己的神秘感；
- 继续保持写作的神秘感；
- 继续保持世界的神秘感。

人们也喜欢听到这样具有神秘感的解释，在一种平实的解释和一种神秘的解释之间做选择，多数人更愿意选后者，这样就可以继续保持追星族、平常人的快乐，尤其重要的是，继续保持一个拒绝写作的人的快乐——这事儿可不赖我，都怪灵感不来眷顾我。

还是让我们揭开灵感的神秘面纱吧。灵感其实就是在写作者有意识地培养出来的写作习惯中启动潜意识而产生的写作创意。灵感不是单凭等待就能到来的，它必须经由某种写作习惯启动潜意识，才会频频到来。

---

① 阿尔维托·曼古埃尔：《阅读日记：重温十二部文学经典》，上海：华东师范大学出版社 2006 年版，第 45 页。

灵感与潜意识相关,因而具有神秘性。理智能给人带来诸多好处,但是与创造性关联度更高的却是潜意识。如果一个人的理性控制过于强大,对大脑的潜意识中心发展形成的有创意的方案审查过严,创造性的成果就会较少产生。因为创造性需要跟事物进行互动游戏,而不是严苛审查。哲学家米歇尔·所罗门指出:

> 松动理性的幻想障碍,让人们不再通过分析而是通过直觉感觉事物,这样人们就能允许思想跳跃,跟随那些缺乏想象力的、理性的理智觉得完全疯狂的念头。通过切断"理性检查机构",可以在大脑里建立新的联系,形成创造性解决方法……我们的意识,包括我们的"理性检查机构"的驻地,拥有大约 50 个比特的小小的工作储存器,而我们大脑的剩余部分每秒钟能够和必须处理数百万个比特。这样,如果我们赋予我们的 50 比特的理智独自决定的权力,将是不明智的。各种研究成果表明,"从腹部"做出的自发决定,一般比过分依赖理性思考的决定更聪明。①

这里所说的"腹部"指的就是我们的直觉。为了唤起写作的直觉,能够诗百篇、如有神,作家们做了许多看似疯狂的事,比如:

- 李白成了酒鬼;
- 柯尔律治成了鸦片鬼;
- 米歇尔·所罗门写文章卡死时就会像个疯鬼似的跑来跑去;
- 塞林格则成了"拖延症患者":"当我坐下来准备写作的时候,我至少要花一小时的时间来热身……仅仅是去掉我自己的伪装我就要花一个多小时的时间。"

---

① 米歇尔·所罗门:《莱布尼茨不是黄油饼干》,重庆:重庆出版社 2013 年版,第 126 页。

还不只是作家们这样。发明家爱迪生设计了一张“发明家椅子”来唤起自己的发明直觉，他白天坐在椅子上打盹，进入浅睡，但一旦真正放松进入深度睡眠，椅子设计得能够让他醒过来，就这样他在半梦半醒之间，疯狂启动潜意识，做出了不少重要的发明。陷入热恋的恋人们也深谙此道，只需要看到伴侣的照片、听到伴侣的脚步、收到伴侣的短信，身体里就能产生真正的麻醉剂，进而产生滔滔不绝的情话、绵绵不绝的遐想。

灵感与有意识相关，因而具有可塑性。灵感可以经由训练而掌握。训练的基本步骤如下：

第一步，确定一种你要建立起的写作习惯。推荐那些方便、健康、个性化的习惯。比如：写作前做喜欢的体操、听喜欢的音乐、吃喜欢的食品、喝茶、唱歌、用派克钢笔写、用狼毫毛笔写、用苹果电脑写，甚至单脚站立写（海明威习惯这样）……

第二步，真正让它成为你的习惯。也许开始有些难，耐心一些，坚持三周，一般来说，你就会拥有一个属于你的写作习惯了。

第三步，真正重要的，每次做了你已经成为习惯的行为之后，一定要写作（这样才叫写作习惯）！

长此以往，你一做你所习惯的某一行为，就会自然而然地想写点什么，当你写文章写不下去的时候，写作习惯对你尤其有帮助。它就像能够召唤灵感的魔法，诚如日本导演、编剧黑泽明在大岛渚对他所做的访谈中所说：

> 一旦你习惯了，写起来就会毫无困难……你去爬山时，被告知的第一件事就是别去看顶峰，而要专注于在爬的路，一步一个脚印地耐心攀登。如果你不断看山顶，就会泄气。我认为写作与此类似，你要逐渐习惯于去写作，必须努力学着去尊重它。不是当成苦差事，而是养成习惯，但大多数人倾向于中途放弃。我告诉我的副导演们，只要放弃一次，就全完了。因

为这成了习惯，一遇到困难他们就会放弃。我告诉他们无论如何，要写到最后，直至取得了某种成果……

你还可以更进一步，让写作本身成为你的习惯，坚持每天都写。斯蒂芬·金这样说："如果我不是每天都写，人物在我脑子里就开始走样——他们开始变得像是小说里的人物，而不是真实的人。叙述故事的刀锋开始生锈，我就开始对故事情节和进展失去控制。最糟糕的在于，那种创作新东西的兴奋感会逐渐消退。"①从这个意义上来说，习惯其实就是写作的灵感。

四、阅读是写作的镜子

关于阅读，我们来看看作家们是怎么说、怎么做的。

● 黑泽明：至少要读些书，要是没有丰富的储备，你就无法去创造。所以我常说："创造源于记忆。"记忆是你创造之源，你不可能无中生有，无论它是来自阅读，还是来自你的亲身体验，你脑子里有东西，才可能去创造。

● 斯蒂芬·金每年要看七八十本书。他既读一些好作品，也读一些写得不好的书。他认为通过阅读一些烂文章，人能清楚学会不该怎么写。而好的作品能够教给写作的人以风格、优雅叙事、情节发展、丰满可信的人物创作，还有实事求是的态度。阅读能够让写作变得容易上手，持续的阅读会将你带入这样一种状态，你可以很迫切很放松地写作。阅读也可以让你知道：前人都做过些什么，还有什么没做，哪些是陈腔滥调，什么才令人耳目一新，怎么写算是言之有物，或者死气沉沉。②

---

① 斯蒂芬·金：《写作这回事：创作生涯回忆录》，上海：上海译文出版社 2009 年版，第 148 页。

② 斯蒂芬·金：《写作这回事：创作生涯回忆录》，上海：上海译文出版社 2009 年版，第 145 页。

● 叶圣陶认为,阅读是写作的基础。阅读的基本训练不行,写作能力是不会提高的。因此老师在上阅读课的时候要讲得透。“叫讲得透,无非是把词句讲清楚,把全篇讲清楚,作者的思路是怎样发展的,感情是怎样表达的,诸如此类。”①

● 列奥·施特劳斯:“生命太短暂了,以致我们只能(选择)和那些最伟大的书活在一起。”

● 玛格丽特·尤瑟纳尔:“我们真正的出生地是那个自己有生以来第一次用智慧的眼睛关注自身的地方。对于我来说,我的第一故乡就是我的书籍。”

● 马塞尔·普鲁斯特:“好书最伟大、最奇妙的特点之一便在于,对作者可称之为‘结论’的,对读者则是一种‘激励’。我们强烈地感到,我们的智慧始于作者的智慧中止之处,我们希望他给我们答案,而他所能给的却只有欲望而已。”(《阅读的时日》)

阅读是写作的镜子,读者可以在他人的作品中照见自己,照见世界,从而获得激励,产生写作的欲望。写作的能力在作家们的彼此阅读之间秘密传承,当马尔克斯和余华读到卡夫卡,当王小波读到卡尔维诺和莫蒂阿诺(《暗店街》),神奇的事情就发生了——他们开始提笔写作,成为作家。

五、模仿是写作的捷径

文章之模仿,大抵在于对前人文章之体、之法、之意,乃至之词句作拟似之训练。模仿不是写作的康庄大道,更不是写作的最终目的,但模仿不失为步入写作之门的重要捷径。

首先要说的是,模仿能力是人具有的最重要能力之一,无论是生存还是发展、学习还是创造,都需要人有效地运用模仿能力。模仿能力的高低,正是人与动物的重要差异。科学家们已经证明动

---

① 叶圣陶:《怎样写作》,北京:中华书局 2007 年版,第 138 页。

物和人一样有运用工具的能力——德国心理学家沃尔夫冈·科勒的实验中，黑猩猩可以运用多个木箱子相叠加来获取悬挂在高处的香蕉；而科学家观察发现乌鸦也可以运用高速公路上飞驰的汽车为自己碾碎坚果。人之所以发展成为脑容积翻倍的所谓“万物的灵长”，是因为人是最能模仿的动物，这才是相较于其他动物而言人类显得特别出色的生物学上的理由。从脑科学的角度来看，人之所以能够模仿依赖于“镜像神经元”的存在——它首先是在猕猴身上发现的，在漫长的进化过程中，人类的镜像神经元系统发展得最远，模仿的能力不断增强，有时候甚至有些过强了。比如在“尼姆计划”中，从小被当作人类抚养的黑猩猩尼姆没有学会人类婴幼儿的大部分行为方式，但是人类的婴幼儿却学会了像黑猩猩一样咆哮、攀爬。

其次，模仿是所有人类文化成就的基本前提。孩子学会说话、读写需要精确复制现有的行为模式，没有这种精确模仿的能力，人类就没有语言、文学、艺术、宗教、哲学、法律、电视、电脑、iPhone。精确模仿的能力，使人类成为具有巨大学习能力的物种。因此，虽然从生物学上看，人类和黑猩猩的差别微乎其微（遗传物质有近99%相同），但是人类创造的文化和黑猩猩创造的文化却天差地别。

第三，就写作而言，模仿是写作的捷径。贡布里希在《艺术发展史》一书中得出一个结论：“不管是哪一种风格，艺术家都不能不依靠一整套形状的语汇（vocabulary of forms），而艺术家是否老练也就在于他是否熟悉这套语汇，而不在于他是否熟悉事物。……在描绘一处特定的建筑或风景时是容易还是棘手，与其说在于知识的介入，不如说在于图式的欠缺。”熟悉既有语汇，掌握特定图式，对于文学写作而言同样有效。纵观中国写作教学的历史，不仅有人提倡模仿，而且存在着大量模仿前人之作的事实。西汉文学家扬雄就善于模仿。班固在《扬雄传赞》称他：“实好古而乐道，其意欲求文章成名于后世，以为经莫大于《易》，故作《太玄》；传莫大于《论语》，作《法言》；史篇莫善于《仓颉》，作《训纂》；箴莫善于《虞箴》，作《州箴》；赋莫深于《离骚》，反而广之；辞莫丽于相如，作四赋。"朱熹充分肯定了模仿在写作中的作用，他说："前辈作文者，古人有名文字皆模拟作一篇，故后有所作时左右逢源。"（《朱子语类》卷一三九）

那么在写作中，我们应该模仿什么？

● 文体的模仿。中学生要会写记叙文、说明文、议论文、学术论文等不同的文体，学习这些文体要做的第一件事是——找到范文！

● 立意的模仿。立意可以指文章的立场、境界、品位、情调等，也指文章的主题。立意的模仿，不是要求初学者照搬别人的东西，而是向前人学习、借鉴，以提高写作的境界。

● 章法的模仿。章法指谋篇布局的方法。布局谋篇牵涉到线索、呼应、疏密、波澜、悬念、点睛、分合等具体方法。在一次的写作模仿中，是不可能全都涉及的，必须经过多次的训练，方可掌握基本方法。

● 技法的模仿。技法有对比、衬托、渲染、白描、象征、通感、炼字炼句等。文章技法，从理论上讲较简单，但在写作中熟能生巧却不容易。熟练地掌握了前人技法之后，才能活用其法。

我们应该怎样模仿？

1. 广泛的阅读帮助你决定受谁影响。除了要考虑题材、内容、思想是否符合自己的兴趣，还需要考虑哪种表达形式更符合自己的兴趣。如果你喜欢叙述循规蹈矩、细节扎实细密的小说，可以读读英国古典小说；如果你喜欢思辨性强、逻辑缜密的小说，可以读读德国现代小说；如果你喜欢自由不羁但是晦涩难懂的小说，法国新小说是个不错的阅读选择；如果你想尽快写得像个行家里手，那么追随美国小说——比如海明威、塞林格、卡佛等人的作品往往能够取得立竿见影的效果，因为它们情节清晰、线索分明，适合新手练习。

2. 细致的比较帮助你提高鉴赏的能力。你可以找类型相似的经典作品进行阅读，然后思考一个问题：它们之间的共同点和差异之处是什么？也可以找看起来完全相反的经典作品进行研究，然后思考一个问题：为什么两种差别如此之大的作品都被视为经典？尝试找到这两个问题的答案，可以帮助你提高鉴赏文学艺术的能力，并且还可以在用一个经典评价另一个经典的过程中，打破个人对经典的迷信，提高自信力，更冷静地看待经典的优点和缺点——经典作品当然也存在缺点，这毫无疑问，世界并非完美无缺，艺术也是。

3. 模仿的最终目的是找到并形成自己的风格。歌德将模仿分为三个台阶，第一个台阶是"对自然的单纯模仿"——"以最准确的笔触，忠实而勤奋地去摹写自然的形体和色彩"，"以自己眼前的自然作为绘制每幅图画的起点和终点"。第二个台阶是"作风"——"做出一些取舍"，"发现了自己的一套办法，为自己创造了一种语言，并用这种语言按照自己内心设想的模样再去表现"。第三个台阶是"风格"——"以一种与日俱增的精密性领会了事物的性质及其存在方式"，"以对于依次呈现的形象的一览无遗的观察，能够把各种具有不同特点的形体结合起来加以融会贯通的模仿"，这样一来，就产生了风格。也就是说，模仿的目的是为了领会事物的性质，发现自己的方法，认识自我与世界，从而形成自己的风格。如歌德所说："唯一重要的是给予风格这个词以最高的地位，以便有一个用语可以随手用来表明艺术已经达到和能够达到的最高境界。"[①]当然，形成自己的风格这一过程艰巨而漫长，因此德国作家穆齐尔会认为"写作就是面对写作障碍"，但是当你突破这些障碍，从模仿开始，而以创造告终并有了一个新的开始，你将获得与这种艰辛相匹配的无与伦比的狂喜。

---

① （德）歌德等：《文学风格论》，上海：上海译文出版社 1982 年版，第 6 页。

六、逆向是写作的正向

先来思考以下几个问题：

● 为什么有 25 万人不辞劳苦千里奔波去听马丁·路德·金的演讲《我有一个梦想》——其中有近四分之一还是白人？

● 为什么世界上有那么多人以拥有一家普通电脑公司的产品为荣耀——这家公司叫苹果？

● 为什么乔伊斯的《尤利西斯》会成为西方现代文学的“圣经”？而卡夫卡会成为西方现代文学的“圣人”？

答案是：各个领域的代表人物，他们的思维方式具有高度创造性，这主要表现在跟所有其他人的思维方式完全相反。这个结论是作家西蒙·斯涅克（Simon Sinek）在 TED 演讲“伟大的领袖如何激励行动”中公布的，后来他就此写了一本书《从“为什么”开始：伟大的领导者如何激励每个人都行动》（*Start with Why: How Great Leaders Inspire Everyone to Take Action*），其秘诀在于这些领导者的思维方式都遵循“黄金圈”法则。

如下图所示，人做事情通常会从思考下面三个问题开始：

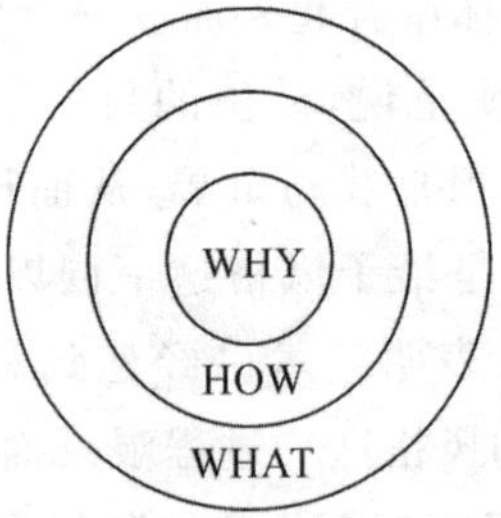

图 1　The Golden Circle from Simon Sinek

● 做什么（What）？

● 怎么做（How）？

● 为什么做(Why)?

这三个问题构成三个同心圆,绝大多数人的思维方式是从外向内的,即先考虑做什么,再考虑怎么做,只有极少数人真正知道为什么做。而领导者的思维方式则是从内向外的,即先考虑为什么做,再思考怎么做,最后才是回答做什么的问题。

以苹果公司为例,如果从外向内思考:做世界上最好的电脑(What)→简洁、美观、设计感强(How)→让这个世界变得更美好(Why)。按照这个顺序向人推介苹果电脑的效果会怎样呢?事实上,苹果公司是反向思考的:我们的目的是让这个世界变得更美好→我们通过简洁、美观、设计感强的制作达成我们的目的→在实现我们的梦想(让世界变得更美好)的过程中,我们生产出了苹果电脑。现在,请加入我们吧,让我们携起手来,一起让世界变得更美好。这样推介产品的效果惊人,因为每一个购买苹果电脑的人实际上购买的不只是一个电脑产品,而是一个让世界变得更美好的信念。最奇妙的,这是每一个苹果用户都认同的信念,是他们自己的信念,而他们认为通过购买承载了自己信念的苹果电脑,他们美梦成真。

再以马丁·路德·金的著名演讲为例,他相信天上有一个公正、美好的世界,当人间的律法与天上的律法一致时,人间才会真正公正、美好。无论黑人还是白人,凡是认同这一信念的人,他们都来此相聚,一起聆听《我有一个梦想》,因为那是他们自己的梦想。

乔伊斯的《尤利西斯》呢?他相信现代世界已经发生了巨大的变化,荷马史诗中的英雄及其事迹已经一去不返,一个现代人在现代世界中的冒险将会是怎样呢?他反其道而行之,把古典英雄十数年漫长的征程浓缩成了现代人的一天 24 小时平庸的日常生活。读者从《尤利西斯》中读到了他们自己以及自己的生活。

卡夫卡呢?美国作家库尔特·冯内古特(Kurt Vonnegut)认

为可以将小说故事归纳成几种不同的类型(如图 2～图 4),每一种都遵循特定的情节结构:

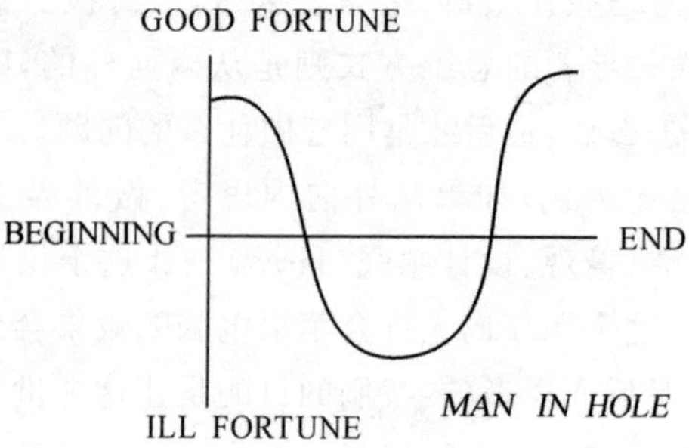

图 2 《洞中人》结构

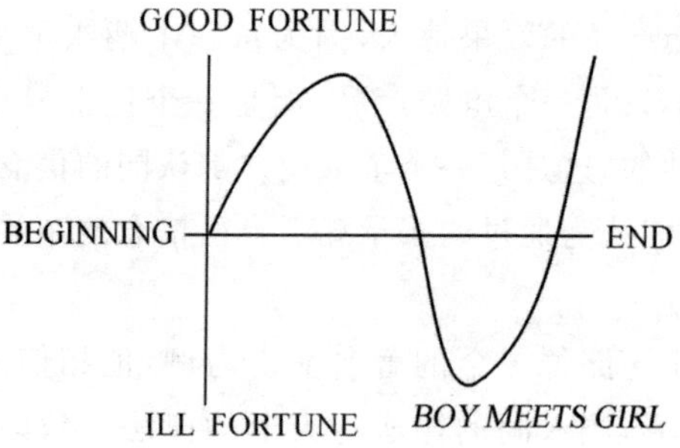

图 3 《当男孩遇见女孩》结构

而卡夫卡式故事则是独特的"外一种"(如图 5)。

不像其他故事一样,随着情节展开,主人公从命运的低谷逐渐走向人生的高峰,或者从幸福的开始逐渐坠落到命运的低谷再通过奋斗重新回到人生的高峰,或者从平淡的生活走向人生的高峰再坠入命运的低谷再通过奋斗重新回到人生的高峰,卡夫卡故事中的主人公,总是从命运的低谷开始,然后逐渐走向更低、比更低还要低的低谷。这样反常的故事刚刚问世时,遭到不少人的忽视

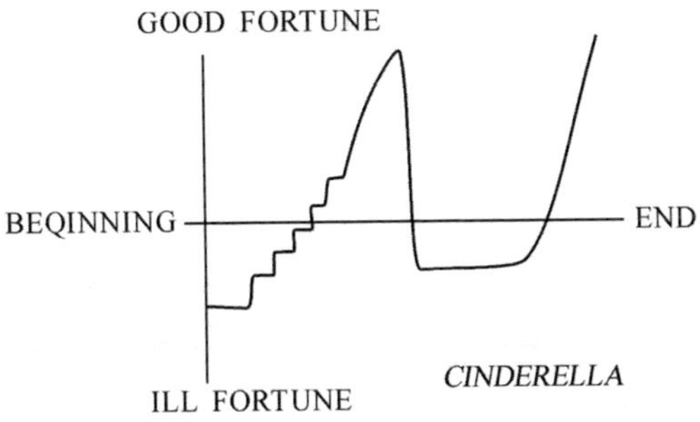

图 4 《灰姑娘》结构

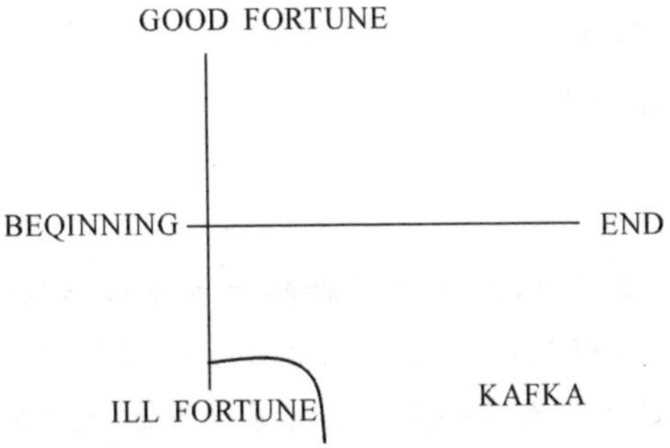

图 5 卡夫卡式故事结构

甚至诟病，比如匈牙利现实主义美学家卢卡奇曾经认为卡夫卡的故事违反现实，但当现实中比更低还要低的低谷骤然到来时——对卢卡奇来说就是被流放到罗马尼亚时、被东欧各政党轮番批判时，他深深感到“卡夫卡是现实主义的作家”。卡夫卡反常的写作，刷新了人们对现实的感受和定义，对经历了一战、二战、政治迫害、家族高压、职场倾轧等各种人生低谷的卑微而孱弱的个体而言，卡夫卡笔下的甲虫，就是他们自己。

让我们再回顾以下结论：具有创造性的领导者（作者），他们的思维方式与其他人不同，他们反其道而行之，创造性由此而生。理查德·怀特曼在《59 秒》中用下面这个简单的图形来帮助提升读者的创造力：

当你写作过程中思维陷入困境时，不妨看一眼这个图形，想一想“逆向是写作的正向”这句话。

练　习

1. 假如态度正确，写作会是世界上最令人感到愉快的经历。你写作的乐趣在哪里？考虑一下你自己在写作中得到的各种乐趣，它们分别属于上面哪一种？有没有其他的上面没有提到的乐趣？完成下表，列出写作可能给你带来的好处。

写作：好处

1）________________________________

2）________________________________

3）________________________________

4）________________________________

5）________________________________

6）________________________________

2. 用十分钟自由书写一则日记，不假思索、不作停留，要求写下时间、地点、开头、中腰和结尾，写完后为这篇日记起一个合适的标题。（如果你能每天这样写作十分钟，就会形成很好的写作习惯。）

3. 写一则让你内心有所触动的日记，不限时，尽可能写得深入，释放真实的情绪，表达真实的观点。(这仿佛是为你自己搭建的桥梁，借以发现更深的自己。)

第三章　立　意

我们可以把整个作品看作表现主题的具体的象征物。

——克林斯·布鲁克斯

一、主题是什么

有句关于书法艺术的名言是"意在笔先",挪用到写作艺术中来,这句话是说:作者先有了一个想要表达的主题(这就是意),然后再下笔(开始写作)。在这种情况下,立意就是写作的起始,意就是文章的主题,而立意就是确立文章的主题。主题往往是衡量文章好坏和判断文章价值高低的重要标准,对于材料的取舍、结构的安排、表达方式的运用和语言的锤炼通常起着决定和制约的作用。

古人非常重视立意在写作中的地位和作用,把意和辞比作统帅与士兵、主人和奴仆的关系。如杜牧言:"凡为文以意为主,气为辅,以辞彩章句为兵卫,未有主强盛而辅不飘逸者,兵卫不华赫而装整者。四者高下圆折,步骤随主所指,如鸟随凤,鱼随龙,师众随汤、武,腾天潜泉,横裂天下,无不如意。苟意不先立,止以文彩辞句,绕前捧后,是言愈多而理愈乱,如入阛阓,纷纷然莫知其谁,暮散而已。是以意全胜者,辞愈朴而文愈高;意不胜者,辞愈华而文愈鄙。是意能遣辞,辞不能成意,大抵为文之旨如此。"①

---

① 杜牧:《杜牧集/集部经典丛刊》,长沙:岳麓书社2001年版,第182页。

在创造性写作中，对主题的理解需要进一步开放和丰富。

先来思考以下这一问题：

你最喜欢的一部电视剧的主题曲是什么？ ______________

你一定很快写出了你的答案。接下来的问题是：

你凭什么判定它就是主题曲呢？ ______________

- 是因为演唱者是你喜欢的歌星吗？
- 是因为作曲者是著名的已故音乐家吗？
- 是因为歌词写得特别精彩吗？
- 还是因为……它在电视剧每一集的开始都重复出现呢？

答案是最后一个。我们判定的依据如此简单，不断重复出现的曲子就是主题曲。

把这个结论推广一下，就得出了创造性写作中主题的定义：主题就是在文章中不断重复出现的任何元素。

这个定义中有两个关键词，一个是“重复”，一个是“任何”。不重复出现的思想，再高端、大气、上档次，也不是文章的主题；而重复出现的“任何”元素都可以构成文章的主题。如果重复出现的是一种思想，那么文章的主题就是中心思想（议论文中常这么称呼主题），如果重复出现的是一种意象，那么文章的主题就是中心意象（诗歌中经常有中心意象），如果重复出现的是一种道理，那么文章的主题就是教育性的主题（寓言中经常有寓意），如果重复出现的是一种形式，那么文章的主题就是形式性的主题（韵脚也可以理解成诗歌的形式主题之一）……

二、怎样找到文章的主题

宋代郭彖《睽车志》中有这样一个文言小故事：

刘先生者，河朔人，年六十余，居衡岳紫盖峰下。间出衡山县市，从人乞得钱，则市盐酪径归，尽则更出。日携一竹篮，中贮大小笔、棕帚、麻拂数事，遍游诸寺庙，拂拭神佛塑像，鼻耳窍有尘土，即以笔拈出之，率以为常，环百里人皆熟识之。县市一富人，尝赠一衲袍，刘欣谢而去。越数日见之，则故褐如初。问之，云："吾几为子所累。吾常日出，庵有门不掩，既归就寝，门亦不扃。自得袍之后，不衣而出，则心系念，因市一锁，出则锁之。或衣以出，夜归则牢关以备盗。数日营营，不能自决。今日偶衣至市，忽自悟以一袍故，使方寸如此，是大可笑。适遇一人过前，即脱袍与之，吾心方坦然，无复系念。嘻，吾几为子所累矣！"

这个小故事经常被当作中学文言文阅读材料，其实故事还有下文，刘先生某天到路旁一座墓穴里避雨，夜半大雨止，穴中有月光，"比壁惟白骨一具，自顶至足俱全，余无一物，刘方起坐，少近视之，白骨倏然而起，急前抱刘，刘极力奋击，乃零落堕地，不复动矣"。

那么，这个"怪力乱神"的小故事的主题到底是什么呢？如果没有这个下文，中心思想倒是明白，标准答案是"只有不被外物拖累，人才会变得坦然"。加上这个下文，却反而有点糊涂了，不是吗？

我们来看看到底有什么元素在这个故事中不断地重复出现。起先，刘先生经常到寺庙里做义工，清除庙里的灰尘；之后，刘先生把别人送的"袍"转赠他人，清除内心的灰尘；最后，刘先生无畏死亡，清除作怪的尸体。由外及内，从生到死，经由三次清除，刘先生宠辱不惊，物我两忘，达至出尘的精神境界。因此，这个故事的主题就是打扫、清除（在答题的时候不妨引申为古代士人如何提高自身的道德修养或传统社会如何进行精神文明建设等）。

三、主题可以具有多元性吗

清代沈复的《浮生六记》的主题是什么呢？

如果你没有看过这本书（最好你没有），那么来猜一下吧：____

仅凭题目，就可以猜出一个明显的主题，题目中有什么元素在重复出现呢？__________________________________

没错，是“记”，也就是回忆，因此回答《浮生六记》的主题是回忆完全正确，沈复一生游离于功名之外，与妻子芸娘情投意合，想要过一种布衣蔬食而从事艺术的生活，在《浮生六记》中，他以夫妇生活为主线，回忆记录了自己所经历的方方面面。

但是这部作品的主题不限于此。在《卷二闲情记趣》中记载了这么几件事情：其一，“一日，见二虫斗草间，观之正浓，忽有庞然大物拔山倒树而来，盖一癞蛤蟆也，舌一吐而二虫尽为所吞”。其二，张兰坡送给他一盆荷瓣素心春兰，他视为稀世珍宝，后被人用“滚汤灌杀”。其三是夫妇俩精心制作的盆景被猫打碎。乍一看，写的都是些鸟兽虫鱼等日常琐事，与人的情感好像没有什么关系；但仔细一想，斗虫、春兰、盆景都是美的东西，而最后都被毁灭了。斗虫被蛤蟆吞食，春兰被人浇滚水烫死，盆景被猫打碎。这些生活中的琐事就如同他们夫妇命运的象征。芸娘兰心蕙质、单纯澄澈，却失爱于翁姑，以致被逐出家门，四处流离，最后病死他乡。他们生活的理想也终致破灭。读到这里，我们可以顿悟到：美遭到毁灭正是沈复在《浮生六记》中反复强调的一个主题。

现在我们有了两个答案，你还可以找到更多的答案，但你必须去阅读《浮生六记》才能做到了。这就是主题的多义性，越是优秀的文学作品，其主题越是会具有多义性，就像德国汉学家顾彬在演讲中说的那样：“一个好的故事总是多个故事。”多重主题，含蓄表达，使主题和材料之间呈现一种非直接对应的“张力”，让读者品味。

对于有些文体（议论文、说明文、请假条、求职简历等应用文）而言，主题不能具有多义性，而应该具有明确性，越明确越好，作者在谈论什么、赞成什么、反对什么，应使人一目了然，表达直截明了，在主题和材料之间，往往是直接对应的。什么样的主题就用什么样的材料说明，分毫不爽。如果你要论证“人之初性本善”的论题，那你或许会选取历年“感动中国”人物的故事，也或许会引用生活中与人为善的例子，但你绝对不会引用古代胡人以汉族女子与肥羊同煮为食，或者种族屠杀的例子。

四、学术性论文如何选题

先来看一个故事：

> 从前，有一个灰姑娘，她和父亲、继母以及继母的两个女儿生活在一起。到了要结婚的年龄，有一天，父亲问她：“你想选择一个什么样的人作为结婚的对象呢？”灰姑娘害羞地说：“……随便什么人都可以吧……”最后，灰姑娘嫁给了一个随便什么人，和他幸福或者不幸地生活在一起。

论文的选题就如同灰姑娘选择结婚的对象，在上面这个故事中，灰姑娘很难赢得如意郎君，因为她犯了一个错误：缺乏明确目标，范围不够集中。在浩如烟海的人群中选出适合你的那一个人并不容易，在浩如烟海的学术问题中选出适合你的那一个问题同样不易。如果你需要写一篇学术性论文，却把选题定为“论文学”、“论文化”、“论宗教”、“论科学”……你就正在成为故事中的灰姑娘，你最终将随便选个什么题，和它幸福或者不幸（多半是不幸）地生活在一起。现在，我们让灰姑娘吸取经验教训，让故事重新开始：

> 从前，有一个灰姑娘，她和父亲、继母以及继母的两个女儿生活在一起。到了要结婚的年龄，有一天，父亲问她：“你想选择一个什么样的人作为结婚的对象呢？”灰姑娘兴奋地说：“我要嫁给火星人！”最后，灰姑娘嫁给了一个地球人，和他幸福或者不幸地生活在一起。

这一次灰姑娘的目标更明确了（注意是火星人，而不是纳美克星人!),但她仍然犯了一个错误:对象不存在。(至少现有的科学证据不支持火星人存在的假说)如果你的学术性论文的研究对象(比如火星人)不存在,或者研究所需要的资料(比如火星文)是找不到的,那么你仍然无法选择你心仪的问题去研究。接下来,我们让灰姑娘吸取经验教训,让故事重新开始:

> 从前,有一个灰姑娘,她和父亲、继母以及继母的两个女儿生活在一起。到了要结婚的年龄,有一天,父亲问她:"你想选择一个什么样的人作为结婚的对象呢?"灰姑娘勇敢地说:"我要嫁给一个地球人(谢天谢地!),而且他就是王子!"很久以后,灰姑娘历经磨难,终于见到了王子,在王子的结婚庆典上,王子和她的新娘(这个新娘有一双水晶鞋)站在游行的花车上,灰姑娘站在路旁围观的人群里。最后,她嫁给了一个不是王子的人,和他幸福或者不幸地生活在一起。

第三次,灰姑娘目标明确(只有王子!),而且王子是存在的(至少看见他站在游行的花车上!),但是灰姑娘仍然没有美梦成真。因为她犯了第三个错误:王子并非她能够控制、驾驭的人。她不能确保邂逅王子,即使邂逅也不能确保嫁给王子,即使嫁给王子也不能确保不离婚……总之,她选择了一个难以驾驭的人,选择了一种叵测坎坷的命运。在故事中这当然没有问题,这样才更像是神奇的童话,但如你所知,这里真正要说的是学术性论文的选题,如果你的研究对象是你此时还无法驾驭的,或者研究所需要的资料、方法是你此时还无法掌握的,那么你就做出了一个错误的选择。

那么,如何在选题方面做一个正确的选择呢?答案很简单,为了避免故事里的灰姑娘所犯的错误,你应该努力成为那个王子:

- 目标明确,范围限定(王子要找的新娘必须能穿上那只水晶鞋);
- 研究对象及研究所需资料是可以找到的(王子有能力在全

国范围内展开搜索，直至找到能穿上水晶鞋的新娘）；

● 研究对象及研究所资料是可以驾驭的（王子找到那个幸运的姑娘后向她求婚，你猜她会答应吗？）。

这样你将会找到适合你的、你愿意研究并且有能力去研究的问题。

如果你已经有了一个模糊宽泛的选题，能把这个模糊宽泛的选题变成一个明确集中的选题吗？有一个小技巧，我把它称作“时空坐标系法”。

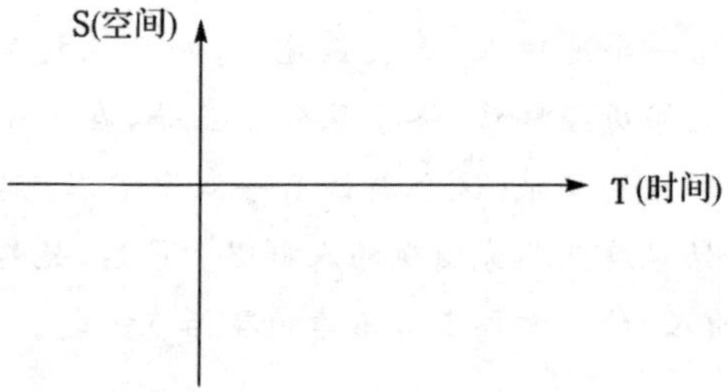

文学的时空坐标系

可以利用这个坐标系——具体而言是利用时间、空间这“两把尺子”把你的选题从模糊变为清晰。例如，“论文学”是一个巨大而模糊的选题，它在时间和空间上无限延伸，你对此做研究的时候几乎无从下手，这就到了我们要运用时空坐标系的时候了。

● 先用空间的尺子量一量：论什么地方的文学？中国的还是外国的呢？假定你选择研究中国的文学。

● 再用时间的尺子量一量：论什么时候的中国文学？假定你选择当代文学。

● 接下来用空间的尺子来量，当代出现了那么多作家，到底研究谁的呢？假定你选择了王小波。

● 再接下来仍用空间的尺子来量，王小波写过杂文、小说、剧本、书信等各种文体，到底研究哪种文体呢？假定你选择了小说。

● 然后用时间的尺子来量，王小波在不同的时间段写作了不同的小说,假定你选择了他后期的长篇小说《万寿寺》。

● 然后用空间的尺子来量,可以对《万寿寺》进行的研究包含各个方面:小说的主题意义、人物塑造、结构形态、戏仿修辞、权力话语、叙事技巧……

● 最后,你可以根据你的意愿和能力,找出你要研究的具体问题了,"论文学"就被精简为"论王小波《万寿寺》的主题意义"(或人物塑造、结构形态、戏仿修辞、权力话语、叙事技巧……),这就是一个更明确集中、更正确可行的选题。

现在你灵活运用起时间、空间这两把尺子,把你的选题在时空坐标系上的范围不断缩小吧,直到你得到一个你愿意去研究并且能够去研究的选题。

五、文学性文章如何设置主题

我们已经说过主题是作品中重复出现的元素,但是如果不是作为读者而是作为写作者的话,你有时可能并不确定到底要让什么元素在作品中重复出现,也就是说,你可能并不知道自己要写的这个作品的主题是什么,你怎么来设置你的作品的主题呢?以下提供几个你可能用到的操作方式:

(一)认识你自己,抓住你的"梅鲁洛时刻"

● 你有一个属于你自己的故事要讲吗?

● 如果你只能讲一个故事,你会讲哪一个?

● 你有一个关于家族的故事要讲吗?

● 如果以这句话开头——"我是马贼的后代",你准备怎样继续这个故事?

尝试回答这些问题,当然你可以改变那句开头的话,比如:"我是牙医的后代","我是军人的后代","我是海盗的后代","我是开国元勋的后代"……你的故事可以是真实的,也可以是虚构的。关键的一点是，当你不知道如何设置主题的时候，从自己讲起，从自己的家族讲起，讲你真正想讲的故事。你越是认清你自己，就越是明白你将反复讲述的是什么，你的故事的主题将会是什么。

认清自己并不容易，有时甚至让自己难堪或者困惑。美国作家罗兰·梅鲁洛(Roland Merullo)曾经接受记者采访，被问及自己对两个地方的感受，一个是作为出生地的贫民窟，一个是作为求学地的高中——被称为培养统治阶级的摇篮，梅鲁洛不愿意承认这两个地方一个坏而一个好，他模糊觉得有种中间状态，当时回避了这个问题。但他之后认真面对了问题，审视了自己，答案被写成了一本书。作家玛德琳(Madeleine Blais)也成功地抓住了这些"梅鲁洛时刻"——让自己难堪或者困惑的时刻，深入思考了小时候陌生人向自己提出的问题：

> "你父亲去世时你多大了？"
> "你还记得他吗？"
> "你母亲有没有再婚？"
> "为什么没有？"
>
> 对这些问题，简短的回答是"5 岁"，"也许"，"没有"，"去问她吧"；长的答案则是一本 264 页的书，书名叫《上山的行者》(*Uphill Walker*)。[1]

(二)放眼社会，大中取小，以小见大

所谓"大中取小"就是从比较大的社会背景中，选取你最心仪的、最具代表性的、最能反映事物特征的某一个侧面作为突破口。如果心中没有对社会的全局观察与思考，你所设置的主题可能会

---

① 雪莉·艾利斯编：《开始写吧！非虚构文学创作》，北京：中国人民大学出版社 2011 年版，第 46 页。

陷入个人狭隘的偏见，但如果仅仅盯着所谓全局，找不到使力的具体而微的突破口，你所设置的主题无论多么深刻、正确，都将显得空泛无力。所以，你还需要“以小见大”，在广阔的社会背景下选取一个侧面之后，就应当从这个侧面一路深入挖掘下去，从而挖掘出能够让人共鸣的具有一定普遍性的含义。

(三)发散思维，联想，再联想

运用联想来设置主题也是写作中常用的方式。如以泉水为题写一篇散文，先回答以下问题：泉水能让你联想起什么？________

以下是发散思维带来的一些思路：

- 宁静，与世无争
- 叮咚音乐，美的流溢
- 清泉濯发的女子
- 曲意求全的柔弱
- 在山清澈出山浊
- 埋没深山的哀叹
- 纯洁一生的一尘不染
- 传说中的不老泉
- 生命之泉奔流不息
- 爱情之泉永不止歇

……

每一种联想都可以发展成为一个主题。由纯物、纯境联想到精神和自我，不仅能让你的作品展现动人的自然景物，更会使你的作品拥有动人的主题，因而也就更能引起他人的共鸣和认同。

(四)改变角度，就是改变主题

从事物的不同方面和属性出发，你的作品就有不同的角度，主题也会发生相应的变换。比如“滥竽充数”这个成语故事，它涉及了南郭先生、乐队等不同角度：就南郭先生来说，这个故事的主题可以是对不学无识、弄虚作假、自欺欺人的批评；就乐队来说，南郭先生能在乐队长期混下去，竟无人揭露事实，也无人帮助他，这个故事的主题可以是对乐队的麻木不仁的批评。在主题的设置中，作者要独出机杼，往往涉及角度的选择。同样是写莲，周敦颐的《爱莲说》和朱自清的《荷塘月色》对“莲”的领悟和感受就不同。对于儿童图画书来说，角度的选择则更为关键。比如，由筒井赖子作文、林明子绘画的《第一次上街买东西》，讲述了一个 6 岁小女孩去商店买东西的普普通通的故事，可是，它紧紧地将故事的主题反复聚焦在小女孩紧张的心情上面，平常几步远的熟悉的路，在小女孩看来却是陌生而漫长……她终于鼓起勇气在商店买好了牛奶，发现妈妈带着弟弟在转角处等她，这时候，读者和小女孩提起的紧张的心才一起落地为安了。它的成功之处在于准确的角度选取，让小女孩的紧张心情成为引人共鸣的主题，如果从妈妈的角度来叙述这个故事，告诉读者自己的女儿第一次买东西的经历，其真实可感性可能会大大降低了。

六、一个范例：《布莱克·沃兹沃思》

在这一部分，我们来欣赏奈保尔的短篇小说《布莱克·沃兹沃思》，并分析其主题。

布莱克·沃兹沃思

每天都有三个乞丐准时来到米格尔街好客的住户门口乞讨。十点钟左右，一个穿着白衣、缠着腰布的印度人首先来到，我们把一小罐米饭倒进他背上的一只口袋里。十二点钟，那个叼着泥烟斗的老太婆来了，我们给了她一分钱。下午两点，一个盲人由一个男孩引路，来讨他的那份钱。

有时，我们也布施流浪汉。有个男人一天来到这儿，说他饿坏了，我们就招待他饱餐了一顿，尔后，他又要了一支香烟，直到我们替他把香烟点燃后才肯离去。以后那个人再也没有来过。

一天下午大约四点钟的时候，来了一个最令人奇怪的流浪汉。我已经放学回家，刚刚换好便服。听到他在叫我："小弟弟，我可以进你家的院子吗？"

他身材瘦小，穿戴整齐，戴着一顶帽子，穿着一件白衬衫和一条黑裤子。

我问道："你想干啥？"

他说："我想看看你们的蜜蜂。"

我家院里有四棵大王棕榈树的幼树，上面聚集了不请自来的蜜蜂。

我跑上台阶，喊道："妈，有一个人在院子这里，他说想看看蜜蜂。"

妈妈走出来，上下打量着他，极不友善地问："你想干啥？"

那人说："我想看看你们的蜜蜂。"

他英语讲得太好了，简直有些近乎做作。我看出妈妈有些不放心。

她对我说："待在这儿，他看蜜蜂时盯着他点儿。"

那人说："谢谢您，太太。今天您做了件好事。"

他讲得极缓慢极准确，仿佛说出的每个字都要花掉他的钱一样。

我们一块儿看着蜜蜂，他和我，蹲在棕榈树下，大约有一个小时的光景。

那人说："我喜欢看蜜蜂，小弟弟，你喜欢看蜜蜂吗？"

我说："我可没这工夫。"

他沮丧地摇着头。他说："我就干这个，就是看。我能一连看上好几天，你看过蚂蚁吗？还有蝎子、蜈蚣和两栖鲵什么的，你都看过吗？"

我摇摇头。

我说："你是干什么的。先生？"

他站起身来说："我是诗人。"

"是个好诗人吗？"我问道。

"世界上最伟大的诗人。"他说。

"你叫啥名，先生？"

"B. 沃兹沃思。"

"B 是比尔的意思吧？"

"是布莱克。布莱克·沃兹沃思。怀特·沃兹沃思是我哥哥，我们心心相通。就是看到一朵像牵牛花一样的小花，我都想哭出来。"

我问："你为啥哭？"

"为啥，孩子？为啥？等你长大了就会明白啦。要知道，你也是诗人。你成了诗人以后，任何一件事都会使你哭出来的。"

我笑不出来。

他问："你喜欢妈妈吗？"

"她不打我的时候，喜欢。"

他从后裤兜里掏出一张印有铅字的纸片，说："这上面是一首描写母亲的最伟大的诗篇。我打算贱卖给你，只要四分钱。"

我跑进屋，说道："妈，你想花四分钱买一首诗吗？"

妈妈说："你听着，告诉那个该死的家伙，赶快给我夹起尾巴滚出去。"

我对 B. 沃兹沃思说："妈妈说她没有四分钱。"

B. 沃兹沃思说："这就是诗人的遭遇。"

他把那张纸片放回裤兜，好像并不介意。

我说："像你这样到处转悠着卖诗倒挺有意思。只有那些唱克利普索小调的人才干这种事。有很多人买吗？"

他说："从来没人买过。"

“那你为什么还要四处转悠?”

他说:“这样我就可以看到许多东西,我还一直希望遇到别的诗人。”

我说:“你真认为我是个诗人吗?”

“你像我一样有才华。”他说。

后来,B. 沃兹沃思走了,我暗自祈祷,但愿还能再见到他。

大约一周以后的一天下午,在放学的路上,我在米格尔街的拐弯处又见到了他。

他说:“我已经等你很久啦。”

我问:“卖掉诗了吗?”

他摇摇头。

他说:“我院里有棵挺好的芒果树,是西班牙港最好的一棵。现在芒果都熟透了,红彤彤的,果汁又多又甜。我就为这事在这儿等你,一来告诉你,二来也请你去吃芒果。”

他住在阿尔贝托街上的一间小棚屋里,正好在街中心。院子里绿茵茵的,有一棵高大的芒果树,还有一棵可可树和一棵李子树。这地方看上去很荒凉,好像根本不在城里。在那儿一点儿都看不到街上高大的混凝土建筑。

他说得不错,芒果汁又多又甜。我一连吃了六个。橘黄的芒果汁顺着胳膊一直流到我的臂肘上,从嘴角流到下巴上,我的衬衫也染上了果汁。

回到家后,妈妈问我:“你钻到哪儿去啦? 你以为你已经长大成人了,可以到处疯去啦? 去,折条鞭子给我拿来!”

她打得够狠的,我从家里逃出来,发誓再也不回去了。我来到B. 沃兹沃思家。我气极了,鼻子流着血。

B. 沃兹沃思说:“别哭啦,咱们一块去散散步吧!”

我停止了哭泣,却还在抽抽搭搭。我们散着步,走过圣克莱尔大街，来到“大草原”，沿着跑道漫步。

B. 沃兹沃思说：“嗳，咱们到草坪上躺一会儿，看看天空，我想让你猜猜那些星星离我们这儿有多远。”

我按他说的做了，明白了他的意思。我忘记了一切，有生以来第一次感到如此骄傲和愉快。我的气愤一扫而光，我忘掉了眼泪，忘掉了刚刚饱尝过的那顿老拳。

当我告诉他我觉得好些的时候，他就开始告诉我星星的名字。搞不清为什么我对猎户星座记得尤其牢。直到今天我还能一下子指出它来，其他的却早已忘得精光。

忽然，一道光束照在我们脸上，一个警察出现在面前。我们赶紧从草地上站起来。

“你们在这儿干什么？”警察问道。

B. 沃兹沃思说：“已经四十年啦，我也一直在想这个问题。”

从此，我们成了好朋友，B. 沃兹沃思和我。他对我说：“关于我还有芒果树、可可树和李子树的事，你不要告诉任何人，一定要保守秘密。假如你告诉了别人，我会知道，因为我是诗人。”

我起了誓，而且一直守信用。

我很喜欢他的小房间，里面的家具还没有乔治家里临街的那间屋里的多，但看上去更干净，也更舒服；然而，看上去也很冷清。

一天我问他：“沃兹沃思先生，你为什么在院里留这么多灌木丛？会不会使这儿太潮湿呀？”

他说：“听着，我给你讲个故事。很久很久以前，有个男孩遇见了一位姑娘，他们很快相爱了。他们彼此深深地相爱，后来就结婚了。他俩都是诗人，少年喜欢优美的文学，姑娘酷爱花草树木。他们在一间小房子里生活得非常愉快。有一天，女诗人对那位少年诗人讲：‘咱们家里又要增加一个诗人啦！’但是，那个小诗人并没有出生，因为姑娘死了，他也跟她去了，死在姑娘的肚子里。姑娘的丈夫非常难过，决定从此再也不去动姑娘花园里的一草一木。

于是，花园留下来了，树木、花草没人管理，越长越高。”

我看着B.沃兹沃思，当讲述这个动人的故事时，他显得更加苍老。我明白了他的故事。

我们总是一起去做长距离的散步。我们去植物园和岩石花园。黄昏时，登上了“校长”小山，观看西班牙港渐渐被黑夜所笼罩，城里和码头上的轮船渐渐灯光辉煌。

他做每一件事，都像是生平第一次做一样，就像参加圣典一样郑重其事。

有时他会问我：“嗳，去吃冰淇淋怎么样？”

当我表示同意时，他变得非常严肃，说：“那么，咱们去光顾哪家冷食店呢？”好像这也是桩异常重要的事一样。他常常为这合计好半天，最后才说：“依我看，我该先到这家去打听一下价钱。”

这世界真是一个令人兴奋的地方！

一天在他院里，他对我说：“我准备告诉你一个重要的秘密。”

我说：“真的是秘密吗？”

“这会儿还是秘密。”

我看着他，他也看着我。他说：“记着，只有你我知道。我正在写一首诗。”

“噢。”我失望了。

他说：“这可不是一首普通的诗，是世界上最伟大的诗。”

我嘘了一声。

他说：“到现在，我已经写了五年啦。再有二十二年就完成了，也就是说，如果我能保持现在这个速度的话。”

“那么，你现在每天都写很多吗？”

他说：“不像以前那样多了。每月只写一行，不过肯定是非常出色的一行。”

我问：“上个月写的那行是什么？”

他仰起头看着天空说:“往昔深远而奥妙。”

我说:“是行很美的诗。”

B. 沃兹沃思说:“我希望能把一个月的体会感受全部倾注到这行诗句中去。这样二十二年以后,我就会写出一首震撼全人类的诗篇。”

我充满了惊叹之情。

我们一直像往常一样去散步。一天,我们沿着港口的防波堤走着,我说:“沃兹沃思先生,假如我把这颗钉子扔到海里,你说它能浮起来吧?”

他说:“世界是奇妙的。把钉子扔下去,咱们看看会怎样?”

钉子沉了下去。

我又问:“这个月的诗写好了吗?”

然而,他再也没有说出一句诗来,只是说:“噢,就要好啦,你知道,就要好啦。”

有时我们坐在防波堤上,默默地看着进港的轮船。

从此,我再也没有听到那首世界上最伟大的诗。

我觉得他一天天衰老下去。

“你是怎么生活的,沃兹沃思先生?”有一次我问他说。

他说:“你是问我哪里来的钱吧?”

我点点头。他狡诈地笑了起来。

他说:“每年唱克利普索小调的季节时,去唱小调。”

“这够你一年生活的吗?”

“足够啦。”

“等写完了那首最伟大的诗,你就会成为世界上最有钱的人了吧?”

他没有回答我的问题。

一天,我到他的小房子里去看望他,发现他躺在他的小床上。他看上去是那么虚弱、苍老,我真想大哭一场。

他说:"诗写得不太顺利。"

他并没看我,而是透过窗户看着那棵可可树,就好像我根本不存在一样,喃喃地诉说着:"二十岁的时候,我好像有使不完的劲。"这时,仿佛就发生在我眼前一样,他的脸变得更加苍老、疲倦。"可那……那已是很久以前的事啦。"

就在这时,我好像被妈妈打了一顿耳光。突然,我敏锐地感觉到了什么。我在他的脸上清楚地看到了这一点。谁都会看到的,死神已经爬上那张布满皱纹的面孔。

他看着我,看见我满含热泪,强挣着坐了起来。

他说:"过来。"我走过去坐到他的膝盖上。

他看着我的眼睛说:"嗯,你也看到它了,我一直说你具有诗人的眼光。"

看上去他并不难过,这使我再也控制不住,大声哭了起来。

他把我搂到他那瘦削的胸前,说:"你想听我再给你讲个有趣的故事吗?"他冲我鼓励地微笑着。

可是我什么也说不出来。

他说:"我给你讲完这个故事后,你要答应我马上回家,再也不要来看我了,好吗?"

我点点头。

他说:"很好,现在听着我讲,以前我给你讲过一个关于少年诗人和女诗人的故事,你还记得吗?那不是真事,是我编出来的。还有那些什么作诗和世界上最伟大的诗,也是假的。你说这是不是你听过的最好笑的事情?"

他的声音中断了。

我离开了小房子,跑回家去,大哭了起来。像诗人一样,看到什么都想哭。

一年后，我又来到阿尔贝托街，可是再也看不到那栋小房子了，倒不是它突然消失了，可是和消失差不多。它被人们扒掉了。一栋二层楼的建筑取代了它。芒果树、可可树还有李子树也被人们砍倒了，留下的只是一片水泥砖铺成的地面。

一切都好像表明B.沃兹沃思从来没有到过这个世界。①

这篇小说的主题可以有多种解读，此处只分析其中一种——对于我们这本写作教材的编著者而言，它的主题就是写作本身，小说反复告诉读者的是关于写作的许多秘密，解答了写作者时常会产生的令人困惑的写作方面的许多问题。

我们尊敬那些以写作为呼吸、为生命的人（比如卡夫卡），羡慕那些除了写作什么都不会做或者什么都做不好的人（比如普鲁斯特），但我们大多数人都并非天赋异禀生来就该写作的人，通常我们扮演着生活陆续安排好的各种角色：一个儿子或女儿，一个中学生，一个大学生，一个朋友，一个恋人，一个职员，一个父亲或母亲……还有偶尔扮演的一个写作者。作为这样"并非生来就该写作"的不纯粹的写作者，难免会时常产生这样的疑问：为什么要写作？写作的意义是什么？写什么？怎么写？……并随着时间、地点、阅历和心情的差异得出不同的答案。奈保尔的《布莱克·沃兹沃思》给我们提供了一份简洁朴素又相对稳定的参考答案。

1. 为什么要写作？

我说："沃兹沃思先生，假如我把这颗钉子扔到海里，你说它能浮起来吧？"

他说："世界是奇妙的。把钉子扔下去，咱们看看会怎样？"

2. 写作的意义是什么？

B.沃兹沃思说："嗳，咱们到草坪上躺一会儿，看着天空，我想

① （英）奈保尔：《米格尔大街》，广州：花城出版社1992年版，第52—62页。

让你猜猜那些星星离我们这儿有多远。”

……

忽然，一道光束照在我们脸上，一个警察出现在面前。我们赶紧从草地上站起来。

“你们在这儿干什么？”警察问道。

B. 沃兹沃思说：“已经四十年啦，我也一直在想这个问题。”

3. 写什么？

他说：“这可不是一首普通的诗，是世界上最伟大的诗。”

4. 怎么写？

● 看——他说：“我就干这个，就是看。我能一连看上好几天。……就是看到一朵像牵牛花一样的小花，我都想哭出来。”

● 秘密——“关于我还有芒果树、可可树和李子树的事，你不要告诉任何人，一定要保守秘密。”

● 第一次——他做每一件事，都像是生平第一次做一样。

● 慢——“每月只写一行，不过肯定是非常出色的一行。”

● 假——“……那不是真事，是我编出来的。还有那些什么作诗和世界上最伟大的诗，也是假的。”

还有比这些更好的回答吗？

布莱克·沃兹沃思先生可能并没有过多的天赋的写作才华，大概也没有过多的后天的写作努力，最终收获了普通失败者的命运——雁渡寒潭雁去潭不留影——“一切都好像表明 B. 沃兹沃思从来没有到过这个世界”。但是果真如此吗？我们在第二章里曾谈及作家之间通过彼此阅读而实现写作上的传承，如果沃兹沃思先生果真从未来过这个世界，那么怎么会出现以下场景呢？——“我离开了小房子，跑回家去，大哭起来。像诗人一样，看到什么都想哭。”一个新的写作者由此而生。

练　习

1. 阅读《布莱克·沃兹沃思》，并归纳出它的主题(要和上文所归纳的主题不同)。

2. 首先写三段即兴的笔记，分别描写三件事情。这些事情可以是你看到的，也可以是你亲身经历的。其次，读一下你自己写下的这三段笔记，并试图从中发现一些共同的线索或模式能够把这三件事联系起来。这个共同的联系可能就是一个主题。也许这个联系很牵强附会，但是没有关系，无限的可能性就蕴含其中。当你找到这种联系后，就写一篇完整的文章，其中要包括那三件事情以及你对联系的阐述。

第四章　选　材

天才们什么也不需要，只要有两本书，就足矣。而这两本书是永远摊放在他们面前的：自然和人。

——卡西勒《启蒙哲学》

选材，是写作者根据自己的立意对写作材料进行筛选、整理和加工的过程。如果选材不当，即使材料再丰富，也不能写出一篇称心如意的佳作。

一、材料是什么

用来提炼和表现主题的事物或观念，都可称之为材料。根据定义，材料可以分为事实性材料和观念性材料两大类：事实性材料指的是具体的事实，包括人物、事件、数据等；观念性材料指的是抽象的理论，包括科学原理、观点、警句、谚语等。

根据不同的划分标准，材料也可以进行其他分类：

● 从材料存在形态与表述方式分，可分个别材料和综合材料。个别材料是指单独存在和使用的材料；综合材料是经归纳、综合而成的材料。

● 从材料存在的时间背景上分，可分历史材料和现实材料。一般来说，距写文章时间较远的称为历史材料；时间较近的称为现实材料。

● 从材料的性质及在文章中的作用看，可分正面材料和反面材料。支持作者观点的材料是正面材料;作者质疑、排斥的材料为反面材料。

● 从材料的来源看,可分第一手材料和转手材料。第一手材料是作者通过观察、体验、调查、试验等途径直接得到的材料。转手材料是作者通过其他途径(比如报刊、书籍、文件、网络等)间接得到的材料。

和材料相关但是容易混淆的还有几个概念:素材、题材、资料。

素材是指尚未经过加工提炼的原始材料,一般是零碎的、不系统的,不能直接用到文章里去。生活中几乎每一件事情都可能成为你文章的素材,只要你善于发现和运用。列夫·托尔斯泰的童话《三只熊》中,把日常生活的喝粥、睡觉作为素材,经过加工,以三碗不同大小的粥、三张不同大小的床和三把不同的大小的汤匙表现出人物的特征及天真的性格。芬兰诗人伊迪特·索德格朗的小诗《一种希望》中,则把公园里的长椅、晒太阳的猫作为素材,营造出一种平常的氛围、平静的情绪,以衬托不平常的希望、激动不已的心情:

在这五光十色的世界里
我想要的只是公园里的一把长椅
有一只猫在上面晒太阳
我想我该坐在那儿
一封短信紧紧地贴在我的胸膛
我想这就是我的未来

题材,有狭义和广义之分。狭义的题材是指文学作品的描绘对象,如军旅题材、农村题材、战争题材等。台湾作家王淑芬的《我是白痴》就是智障儿童题材作品的典型代表。广义的题材指的是经过作者加工提炼后的材料。比如在《一种希望》中,公园里的长椅、晒太阳的猫和紧贴胸膛的短信、指向未来的希望被作者并置在一起，就由素材变成了广义的题材。

资料是指撰写论文所需要的书面材料。学术性论文所引用的文献都属于资料。

二、怎样采集材料

材料是形成主题的基础，又是表现和深化主题的手段。主题必须要由一定的材料来支撑。因此，写作者要善于获取材料。一般来说，采集材料的方法有以下几种。

（一）观察

观察是为了一定的写作目的而运用各种感觉器官认识客观事物的感知过程。观察的目的在于识别与发现事物区别于其他事物的特征。

观察可分为有意观察与无意观察。有意观察是自觉的、有目的意图、有意志参与的观察；无意观察是自发的、无目的意图、无意志参与的观察。对写作来说，这两种观察都是需要的。

视觉是获取外界信息的最主要渠道，但是观察绝不等同于“看”。实际上，人们常用到的感觉有五种：视觉、味觉、听觉、嗅觉和触觉。在观察的时候同时运用这五种感觉，可以帮助我们更加准确地把握事物的特征。戏剧导演斯坦尼斯拉夫斯基在指导学员时经常让他们做咖啡杯练习：在喝咖啡的时候，注意杯子在手中的重量、感觉、热气冒出来的方式、气味、味道、泡沫的声音，细心体会并把它描述出来。这个练习的用意是让学员们关注每日生活中惯常的活动。用什么东西做练习并不重要，重要的是养成这种观察的习惯。

美国作家 E. B. 怀特的《夏洛的网》是一部经典之作，书中有大量生动的描写，这都依赖于作家对生活的细致观察。如怀特这样描绘蜘蛛夏洛和小猪威伯他们所在的谷仓：“谷仓很大。它很旧了。里面有干草的气味，有肥料的气味。里面有干活累了的马的汗味，有吃苦耐劳的母牛的极好闻的气息。谷仓让人闻上去感到天下太平，什么坏事都不会再发生。它充满了谷物、马具套、车轴油、橡胶靴和新绳索的气味。如果猫叼着给它的鱼头到这里来享受，谷仓里还会多股鱼腥气。不过最强烈的是干草气味，因为谷仓上面的阁楼里一直堆着干草。"这一段，怀特主要是从嗅觉的角度去描写谷仓，逼真地呈现出谷仓的环境，它浓缩了大量的日常观察，令作品的真实感激增。

（二）体验

体验是写作者通过亲身实践直接感受而获取写作材料的方法。作者置身于写作对象之中，以当事者的身份投入写作对象所从事的实践活动中。通过体验获取的材料，通常能使作品中的表达具有真实感，达至"根情，苗言，华声，实义"（白居易《与元九书》），亦即"有真意，去粉饰，少做作，勿卖弄"（鲁迅《作文秘诀》）。

夏衍写于 1935 年的报告文学《包身工》，逼真地呈现了当时东洋纱厂一些签订了"卖身契"的乡下女孩的悲惨生活和劳动状况，这得益于作者的亲身体验。他当时常去提篮桥到杨树浦一带，那里有日企"内外棉"、英企"怡和纱厂"等工厂。他还把头发推成小平头，从旧货店买来粗蓝布短衫裤，在小茶馆和马路上与工人们接近。1929 年他认识了在杨树浦一家工人补习夜校当教员的女孩儿冯秀英（即《〈包身工〉余话》里的"冯先生"），从冯秀英处得到许多第一手材料，并接触了一些女工，了解到纱厂女工们的真实状况。正是有这些体验才使得其《包身工》充满真实感。

在虚构类文学创作中，体验也非常重要。作家陈丹燕曾为了写作《女中学生三部曲》装扮成少女模样坐在课堂听课；作家唯阿曾为写作小说《民工》到民工跳楼讨薪的现场，设身处地去考虑讨薪民工当时的处境——他看见了什么、听见了什么、以什么姿势站立、会有什么心情；俄罗斯作家巴别尔则以自己的从军经历、亲身体验为材料，写出了不朽的短篇小说集《骑兵军》……这些真实的体验为作家们写出真实感强烈的作品立下了汗马功劳。

但仍需说明一点，体验固然重要，也没必要神话体验，以至于认为非亲身体验无以写作。事实上，一部小说中有众多角色，作者不可能每种角色都去体验，比如儿童文学作品中的主角常常是儿童，已经成年的作者无法再真正重返童年，去体验儿童的感受，只能多与孩子亲近，多观察他们，以期得到间接感受；又如远离当今现实的历史题材或幻想题材的作品，写作者更不可能穿越到遥远过去或者神秘异境去亲身体验。文学史上的例子数不胜数，卡夫卡从未去过美国，却写出了以“美国”为题的长篇小说，更没有真正变成甲虫，却写出了《变形记》，逼真地呈现出人变成甲虫的过程。另一方面，亲身体验获取材料也并不能保证写出优质作品，比如老舍生前发表的最后一个作品《陈各庄上养猪多》(《北京文艺》1966年4月号)，取材自作家多次赶赴陈各庄参与养猪的体验，但从任何角度来看都难称佳作。

(三)调查

调查与采访，就是从现场或知情者那里了解真实情况，是获取写作材料的重要途径。在调查与采访时应该注意以下几个方面：

● 要尊重客观事实。调查不能带成见、偏见，要认真听取、比较、鉴别有关知情者的述说，以弄清事情的真相。

● 要重视来自第一线的信息。比如要写一个关于留守儿童的报道，去采访心理学专家、儿童文学研究者、教育局领导固然可以，但最重要的信息来自事件的中心，来自留守儿童和他们的父母、祖父母。

● 要有良好的计划。做好调查前的准备工作，拟好调查提纲，省略次要元素，突出事件中最重要的元素。

● 要有平等的对话。把事先准备好的问题向受访者连珠炮般地发射出来固然可以,但是好的采访应该是平等的对话,从普通的、家常的、不具威胁性的问题开始交谈,和受访者建立至少30分钟的友好关系十分重要,让受访者知道你是作为普通人与他交谈,并且你真的对他和他的话感兴趣。

● 要让受访者来填补沉默。采访者不能滔滔不绝地讲话,很多时候,你说得越多,获得的就越少。

● 要迅速整理采集的材料,给自己限定交稿的时间。它能帮助你提高材料的利用效率,还能帮助你避免意外的干扰,如果你在规定的时间内(比如三天)写完了稿件,那么你就不会因为第四天的感冒而无法继续写作了。

(四)检索资料

这是指向报刊、图书或网络获取文字材料(包括电子文献)的取材方式。作为写作者,个人的生活体验毕竟是有限的,阅读报纸杂志和书籍对于拓展视野、丰富生活无疑有很大帮助,具有海量信息的网络更是锻炼自己兼收并蓄能力的好场所。

检索资料的常用方法有两种,在更多情况下,人们会同时使用这两种方法来检索资料:

● 时序法。按资料发表时间的顺序,由远及近进行检索,当然也可以反其道而行之,从最新资料查起,向前倒着检索,直至查到所需资料。

● 追踪法。以著作中的注释和参考文献为线索,跟踪检索,被检索到的资料的注释和参考文献又可以成为新的线索,继续跟踪检索,直至获得所需资料。

阅读资料的常用方法有六种:

● 广泛阅览。拓宽自己的知识面,正所谓"读书破万卷,下笔如有神"。这种方法耗时耗力,需要投入大量精力和时间。

● 有所选择。使自己在某一个方面有所专攻。这个方法可以弥补第一种方法的不足,但限于自己有兴趣且能掌控的专攻领域。

● 粗读。现在的书籍报刊和网络资源太多了,就是一天 24 小时什么都不干,也读不过来。所以,找到一种资料之后,可先粗略地读,遇到好的章节,再仔细地读。

● 细读。对于比较好的资料,不要粗枝大叶,需要仔细地读,甚至要做一些读书笔记。常言说,眼过千遍,不如手过一遍。

● 精读。对于好的资料,读时不仅要仔细,还要讲究精确,真正领会其精神。

● 研读。一边读一边研究,力争在读的过程中就能出点成果。

总之,读书讲究的是不仅要广,而且要专;不仅可粗略,而且要精细;甚至要研究。关键是要把握时点,一切根据时间、地点、条件为转移。

(五)再来一遍

重复上面的方法,观察——体验——调查——检索,继续锻炼自己采集材料的能力。如此往复,方法纯熟,能力提高之后,你就能够成为你感兴趣的领域内的“专家”或“导师”。

下面附上一些常见的英文期刊论文资料库的名称:

● Science Citation Index(SCI,科学引文索引)

● Social Sciences Citation Index(SSCI,社会科学引文索引)

● Arts & Humanities Citation Index(A&HCI,艺术与人文科学引文索引)

● Scopus(一个新型资料库)

● PsycINFO(心理学文献电子资料库)

● SOCIOFILE(社会学期刊论文索引与摘要资料库)

● Education Resources Information Center(ERIC,教育资源信息中心)

三、怎样选择材料

假设你已经搜集到了许许多多的材料，而在这些繁杂琐碎的材料中能真正用到文章中的材料是有限的，这就涉及材料的选择问题。选材的原则如下：

(一)符合主题需要

材料的主要作用是表现和支撑主题，所以能有力说明、烘托、突出或暗示主题的材料应优先选用，否则就要考虑舍弃。

> 这是一年的最后一天——除夕，正在下雪，天气冷得可怕。
>
> 一个卖火柴的小女孩在街上走着，她的衣服又旧又破，脚上穿着一双妈妈的大拖鞋。她的口袋里装着许多盒火柴，一路上不住口地叫着："卖火柴呀，卖火柴呀！"人们都在买节日的食品和礼物，有谁会理她呢？
>
> ——安徒生《卖火柴的小女孩》

在看完安徒生的童话《卖火柴的小女孩》后，每个读者不自主地在心底产生一种对穷苦人的怜悯与同情，激发一种广阔的人道主义关怀。这是为什么呢？因为作者选取的材料——"孤单的小女孩在新年前夕冻死"本身就让人怜悯，再加之以小女孩对温暖和爱的向往与幻想的描写来对比，使得这种同情更加强烈，当小女孩双颊通红，嘴角带着微笑，怀着曾经在火柴微弱的光芒中看到的那么多美丽的东西，冻死在新年墙角的阳光里时，读者将会永远记住她那头美丽金黄、披在肩头的卷曲长发。

芬兰作家托芙·扬松的《魔法师的帽子》有这么一个"魔法时刻"：

> 魔法师的帽子放在桌子和厨房门之间的地板上，里面有

了一个蛋壳。这时候,一件真正的怪事发生了。蛋壳开始变形。

瞧,出的就是这种事。随便什么东西在帽子里一放久,它就要变成完全不同的东西——变得叫你事先怎么也想不到。

现在蛋壳变软了,变得像羊毛一样,不过还是白的,过了一会儿它涨满了整顶帽子。接着五朵小云彩从帽边飘出来,飘到阳台那儿,轻轻地落到台阶上,停在那里,只离开地面一点儿。帽子空了。

"我的天,"小木民矮子精叫道。

"房子着火了吗?"斯诺尔克小妞焦急地问他。

五朵云彩悬在他们面前,一动不动,也不再改变形状了,像在等着什么。斯诺尔克小妞小心地伸出手,拍拍最近的一朵云彩。"像是棉花,"她用吃惊的声音说。其他人走近来,也摸摸它。

"就像个小枕头,"小吸吸说。

小嗅嗅把一朵云彩轻轻一推。它飘开一点,又停下了。

"它们是谁的?"小吸吸问道。"它们怎么到这儿阳台上了?"

小木民矮子精摇摇头。"在我碰到过的怪事当中,数这件事最怪了,"他说。"也许咱们该进去叫妈妈出来。"

"不不,"斯诺尔克小妞说。"让咱们自己来弄清楚这到底是怎么回事。"她把一朵云彩拉到地面上来,用手抚摸它。"这么软!"她说。一转眼,她已经在云彩上嘻嘻哈哈地颠来颠去了。

"我也可以有一朵吗?"小吸吸叫着跳上另一朵云彩。"真妙!"可他刚说出"真"字,云彩已经升起来,在地面上空很好看地绕了个弯。

"好啊!"小吸吸叫起来。"它动了!"

接着他们全都向那些云朵扑过去，坐在上面，大叫："走！走吧走吧走！"云朵也真的全部发疯似的颠来倒去，直到斯诺尔克小妞发现了驾驶它们的办法。用一只脚踩一下，云朵就会拐弯。用两只脚踩它，它就前进。轻轻地摇摇身体，云彩走得就慢下来。

他们玩得真带劲，甚至飘到了树顶和木民家的屋顶上面。

小木民矮子精在他爸爸的窗外绕圈子，大嚷大叫说："喔喔喔喔！"(他太激动了，想不出什么更聪明的话)

木民爸爸放下他写回忆录的笔，向窗口冲过去。

"保佑我的尾巴！"他大叫起来。"还有什么事比这更荒唐！"

"可以给你的故事好好地加上一章，"小木民矮子精说着驾驶云朵到厨房窗口，对他妈妈大叫。可木民妈妈正忙得不亦乐乎，只顾炸她的肉卷。

"这回你又找到什么了，小宝贝？"她说。"小心别掉下来！"

可在下面花园里，斯诺尔克小妞和小嗅嗅已经发明了一种新游戏。他们驾驶着云朵，用最大的速度向对方撞去，可相撞时只是轻轻地碰一碰。谁先掉下来算输。

"这回看看谁掉下来！"小嗅嗅叫着，驾驶他的云朵直冲过来。可斯诺尔克小妞机灵地在旁边一闪，然后从底下进攻他。

小嗅嗅坐的云朵翻了个身，他倒栽葱落到了花床上，帽子遮住了眼睛。

(选自托芙·扬松《魔法师的帽子》)

扬松讲述了一个围绕魔法师的帽子发生的一系列想象不到的故事，将原本不相干的材料贯穿在同一个故事中，却形成了独特的文学想象气质。其中的奥秘在于，这些材料的选取都是和"冒险的、充满幻想、无拘无束的生活”这一主题密切相关的。读这个故事，你仿佛来到了一个美好的梦境，其中有惊险的刺激、诚挚的友爱、彼此的互助、天真的乐观，这群木民矮子精的生活不正是我们童年所拥有而成年所怀念的吗？扬松自己说过：“我无法解释清楚这种奇怪现象，即我的作品为什么不但小孩爱读，大人也爱读。也许每个人都在心底里怀念我那些木民的那种幻想世界吧？其实我们人人都在幻想，只是并非所有人都承认这一点罢了。”扬松的故事唤起了人们的幻想，唤醒了人们内心深处对于那种幻想世界的向往，使小孩和大人都找到了一个幻想的精神家园。

（二）真实与真实感

不同的文体，在真实性上的要求是不同的。调查报告、新闻报道、工作总结等，一定要选择真实可靠的材料，如写《××地留守儿童放学后娱乐活动的调查》就不能用虚构想象的方式陈述儿童的精神状态和娱乐方式，而是应该在实地考察的基础上再剖析材料和总结发现。

文学写作的选材要求不是真实，而是真实感。也就是说这个真实不一定是客观实存的，而往往是经由主观想象创造出来的一种仿佛真实的感觉。比如英国作家帕·林·特拉芙斯的《随风而来的玛丽阿姨》一书中写了一段玛丽阿姨带孩子们上街买姜饼的故事，玛丽阿姨走进了一家神秘古怪的店，店主科里太太见到孩子们时“掰下两个指头，给约翰和巴巴拉一人一个。最奇怪的是指头掰掉的地方马上又长出了指头”。被掰掉的指头竟然是麦芽糖。这显然不能用现实的思维来衡量，它是作者的独特想象力的体现。但对儿童读者来说，在一本着重描绘幻想的书中“麦芽糖手指”无疑是有其内在真实性的。

请阅读卡夫卡的小说《骑桶人》①,并回答以下问题:

煤都烧光了;煤桶空了;铲子没有用;火炉向外吐着寒气;屋子里结了冰;窗外的叶子干枯了,覆盖了一层白霜;天空宛如一块银盾,抵挡着任何一个向它求援的人。我必须要有煤;我不能冻死;在我后面是冰冷无情的火炉,在我前面是冰冷无情的天空,所以我必须从它们中间骑出去,在旅途中向煤铺老板请求帮助。但是,他已经不大理睬普通的求助了;我必须无可辩驳地向他证明,我连一粒煤也没有剩下来,他对我来说就意味着天空中的太阳。我走近他;必须要像个乞丐,喉头已经带有临死前的格格声,坚持要倒毙在他的门阶上,对于这样的乞丐,大户人家的厨子也会决定将咖啡壶里的残渣倒给他;正是这样,煤铺老板尽管满怀怒气,也不得不接受"汝不可杀生"的圣训,往我的桶里铲进一铲子煤吧。

事情究竟如何,还得看我到达的方式;所以我便骑着煤桶出去了。坐在桶上,双手抓住桶把,那种最简单的马笼头,我困难地驱策自己下了楼梯;一旦降到下面,我的桶就向上升起来,太妙了!太妙了!几只骆驼卑恭地蹲踞在地上,在它们的驾驭者的棒杖下发着抖,再也没有威严地站起来。我们以马通常的慢跑速度,穿过严寒刺骨的街道;我经常飞升到二层楼房的高度;我从没下降到屋门那么低。我终于飘浮在煤铺老板的拱顶煤窖上空极高的地方,我俯瞰下界,看到他正趴在桌子上,在那里写着什么。他打开房门,放出了过多的暖气。

"煤铺老板!"我用被严寒烧空了的声音喊道,这声音裹卷在我的哈气所形成的云团中。"煤铺老板,请给我一点点煤吧。我的煤桶轻得连我都能骑上它了。行行好吧,等我手头

---

① 卡夫卡:《卡夫卡随笔》,桂林:漓江出版社 1991 年版,第 68—72 页。

有钱，一定会付钱给你的。”

这位老板把手凑近了耳朵，“我没听错吗？”他扭头问他的妻子，“我没听错吗？一个顾客。”

“我什么也没听见。”他的妻子说，她平稳地呼吸着，同时继续编织下去，热气将她的脊背烘烤得很惬意。

“哦，是的，你一定听到了，”我喊着，“这是我呀，一个老主顾，忠实可信；只是目前没辙了。”

“妻啊，”煤铺老板说，“是有人呀，一定是的；我的耳朵不可能那样一而再，再而三地欺骗我；这一定是个老主顾、非常老的老主顾，才使我这样深深地感动了。”

“什么事使你苦恼呢，丈夫？”他的妻子说道，暂时停止了她的活计，把编织物紧抱在胸前。“没有人，街上空荡荡的，我们所有的顾客都得到了供应；我们可以关门休息几天了。”

“我还坐在这高处的桶上呀，”我喊道，无情的结冰的泪水模糊了我的眼睛，“请抬头看看这里，就一次也好；你将会马上看到我；我求求你，就一铲煤；如果你给我更多些，那我会高兴得不知怎么办才好。所有别的顾客可都得到了供应。哟，我多么想听到煤哗啦啦倒进我的煤桶里啊！”

“我来了，”煤铺老板说道，他的短腿刚要登上煤窖的台阶，他的妻子就已经到了他的身旁，抓住了他的胳膊，将他拦回来，说：“你站住，既然你硬不放弃你的幻觉，那我就亲自去一趟。想想你夜间那一阵厉害的咳嗽吧！但是，为了一笔生意，即使它不过是你头脑里想象出来的，你倒准备忘掉你的妻儿，牺牲你的双肺了。还是我去吧。”

“那么，一定要将我们贮存的所有种类的煤都讲给他听；我会跟着你喊出价钱来的。”

“好吧，”他的妻子说着，便踏上了街道。自然她立刻看到了我。“老板娘，”我喊道，“向你致以最谦卑的问候，只要一铲子煤啊，就放在我这桶里吧，我会自己把它弄回家。就一铲子你所有的最糟糕的煤，这笔钱我会全部交付的，可不是现在，不是现在。”“不是现在”这几个字，听起来多像丧钟的声响，它同附近教堂钟楼传来的晚钟混杂在一起，多么令人狼狈啊！

“哦，他要什么？”老板大声喊道。“没有。”他的妻子喊着回答，“这里什么都没有；我什么都没看见；我什么都没听见；只是教堂的钟敲了六下，我们现在必须得关上铺子了。冷得怕人；明天我们可能还有很多的事情要做。”

她什么都没看见，什么都没听见；但是，她仍然解开她的围裙带，挥动着围裙，想把我轻飘飘地挥开去。不幸，她成功了。我的煤桶具有骏马的一切优点，就是没有抵抗的能力；它更轻了，一个女人的围裙就能使它在空中飘荡起来。

“你这个坏婆娘！”我回过头嚷道，而她这时转身进了店铺，一半傲慢、一半安心地向空中挥舞着拳头。“你这个坏婆娘！我求你给我一铲最糟糕的煤，你都不肯给我。”说着，我飞升到了冰山地带，永远地消失了。

- “我”为什么要骑着桶去向煤铺老板求助？____________
- “我”的桶为什么可以飞？____________________
- 老板娘为什么说“这里什么都没有；我什么都没看见；我什么都没听见”？________________________________
- 故事里的哪些材料让你觉得有真实感？______________

(三)典型

典型材料是指最具代表性的材料，能起到“以一驭万”的功效。议论文中的典型材料通常有助于读者理解作者想要表现的主题。如果你要写关于国学的学术性论文，四书五经显然是典型材料，章太炎、钱穆、鲁迅、胡适等名家的论述也算典型材料，但引用康熙年间才问世并且在上世纪 90 年代之前从未发生过重大影响的《弟子规》，就要慎之再慎了。文学作品中的典型材料通常有助于读者了解作品中人物的特征。例如瑞典作家林格伦的第一部长篇童话《长袜子皮皮》，在“皮皮家被贼伯伯光顾”这一章节，两个贼进了皮皮家，而皮皮正在大箱大箱地往外搬金币，一枚一枚数着，章节最后“皮皮用两手食指把他们一人一顶，他们就啪啪两声，重重摔了个屁股墩，分别坐到两个墙角里去了”。这一典型材料集中表现了皮皮小姑娘“富得像个大财神，壮得像个大力士”的两大特征。

（四）新颖生动

新颖的材料有两方面的含义，一是指以前别人没有用过或很少使用过的材料，二是指对旧材料的新用。材料的生动是指材料本身以及作者对材料的表述新鲜活泼、富有感染力，因而能增加读者阅读兴趣和作品的可读性。

日本作家新美南吉的《去年的树》以充满童趣的笔调叙述一只小鸟寻找它的好朋友——一棵树的经过。树和小鸟是好朋友，当春天来临鸟儿飞回时，树却被砍锯成了木条，最后被做成火柴运到一个村子卖掉了。当小鸟赶到村子的时候，火柴已经用光，被火柴点亮的灯火还亮着，小鸟对着灯里的那簇火苗唱起了去年唱过的歌，然后飞走了。鸟和树能成为朋友并不奇怪，提到鸟，我们很容易就联想到一只站在树枝上的鸟，但这个作品将“冬天来临候鸟和树的分离”这一现象作为材料，角度是新颖的，再以隽永的文笔生动地表述，在短小的篇幅内使情节跌宕起伏，使作品主题鲜明又诗意盎然。

四、怎样运用材料

应用文和文学写作对材料的运用是不一样的，这由它们各自的特性决定：应用文是为了应用，带有明显的目的性，因而需要逻辑性强，条理分明。而文学写作是一种自由的发挥主体创造性的行为,因而从材料的运用来说也带有创作者本身的个性和特点。但同为写作,二者在材料的运用上还是有些共通的原则。

(一)符合逻辑

写作过程中常用的两种逻辑思维是演绎和归纳,材料也可以按照这两种逻辑思维方式来安排。演绎法的基本原理是:从一个已知为真的命题(大前提)开始,通过小前提推演出结论。演绎推理形式有三段论、选言推理、假言推理、关系推理等,其中在写作过程中最常见的是三段论,可以陈述为:

因为【每一个 M 都是 P。】

又因为【每一个 S 都是 M。】

所以【每一个 S 都是 P。】

其中第一个命题是大前提,第二个命题是小前提,第三个是结论;M 是中项,P 是大项,S 是小项。例如:

因为【每一个 NBA 球员都是专业运动员。】

又因为【每一个圣安东尼奥马刺队的球员都是 NBA 球员。】

所以【每一个圣安东尼奥马刺队的球员都是专业运动员。】

很严密的推理,很确凿的结论,不是吗?如果你将材料安排得符合演绎推理的形式,那么你的文章就给人严谨缜密、环环相扣之感,学术性论文和侦探小说最常采用这种安排方法。

归纳法是从观察、实验和调查所获得的个别事实概括出一般原理。例如:你学习成绩名列前茅,你助人为乐,你是体育健将,所以归纳一下,你是学习好、品德好、身体好的"三好学生"。很有说服力,不是吗?归纳法广泛适用于学术性论文、广告文案、工作总结等文体的材料安排。

需要注意的是,一般而言,采用归纳法论证的人不可能逐一检测特定范围内的所有成员以确定结论是否正确,因而有时归纳法会得出错误的结论。近代归纳法的创始人弗朗西斯·培根讲过一个故事：有一位户籍官需记录下威尔士某村庄里所有户主的姓名，经询问，第一个户主叫威廉·威廉斯，第二个、第三个、第四个……户主也叫威廉·威廉斯，他总结道："他们显然都叫威廉·威廉斯。"可是事实上还有一位叫约翰·威廉斯的。哲学家伯特兰·罗素也讲过一个故事：在一个火鸡饲养场里，有一只火鸡发现，第一天上午9点钟主人给它喂食。然而作为一个卓越的归纳主义者，它并不马上作出结论。它收集了有关上午9点给它喂食这一事实的大量观察经验；而且，它是在多种情况下进行这些观察的：雨天和晴天，热天和冷天，星期三和星期四……它每天都在自己的记录表中加进新的观察陈述。最后，它进行归纳推理，得出了下面的结论："主人总是在上午9点钟给我喂食。"可是，事情并不像它所想象的那样简单和乐观。在圣诞节前夕，当主人没有给它喂食，而是把它宰杀的时候，它通过归纳概括而得到的结论被无情地推翻了。

熟练掌握并运用这两种逻辑思维方式，你的材料将会安排妥帖，做到"以文服人"。

(二)遵循主题线

2004年哈尔滨市中考作文题的材料为：一位雕塑家完成了一座非常美丽的雕塑，有人问他："你是怎样雕出这座完美的雕塑的？"雕塑家回答："这座雕像原来就在那里，我只是将它多余的边边角角去掉而已。"抛开中考作文的写作不谈，材料中这个雕塑家所具有的整体性的视野是值得赞赏的。通常情况下我们在文章中使用的材料不会只有一个，那么怎么把这些材料串联起来构成"完美的文章"，就要求我们使用整体性原则来把"多余的边边角角"去掉，留下遵循主题线的主要材料。

法国作家安东尼·德·圣—埃克苏佩里于1942年写出了《小王子》一书，讲述了小王子从自己星球出发前往地球的过程中所经历的各种历险。小王子在旅途中到过六个星球，碰到过一个目空一切的国王，一个爱慕虚荣的人，一个消磨光阴的酒鬼，一个唯利是图的商人，一个循规蹈矩的点灯人和一个学究式的地理学家，最后才到达地球。这些材料的组合乍看是分散的，但所有的材料都指向同一主题——透过这些经历以小王子的孩子式的眼光，透视出成人的空虚、盲目和愚妄，用浅显天真的语言写出了人类的孤独寂寞的命运。

如果你写的是新闻报道，不但要求遵循主题线安排材料，还要求对材料作主次区分，按照其对表现主题的重要性的大小安排先后，一般而言，最重要的、最具戏剧性的材料被安置在前面。比如，美国记者威廉·布隆代尔在关于牛仔的人物特写报道中，在第一段安排了最具戏剧性的材料：

拉夫特第 11 农场，亚利桑那州

绳索在空中飞旋，马背上的男人正准备把一头小牛从牛群中牵出来。他突然用绳圈套住了小牛的后腿迅速收紧并且把收回的绳索牢牢套在马鞍前面的扶手上，就这样骑马人把那头倒霉的小牛拖到其他人中间。

一个人用鞭子抽打着小牛的背部，另一个人把预防针扎入它的体内。在鲜血、灰尘和嚎叫声中，这头牛的牛角被锋利的去角器割掉；在皮肉烧焦的气味中，这头牛的身上被烙上标记；它的耳朵也被牛仔用小刀划上了独特的记号（牛仔们更喜欢通过耳朵的记号来识别牲畜）；它同时还被阉割了。这一切行动都发生在一分钟之内。

吉姆·米勒，那个坐在马鞍上的人，大笑着瞅着被释放的小牛奔向它的妈妈。米勒先生已经 64 岁了。土生土长的他，从 5 岁起就在亚瓦派镇养牛、放牛。他还会坚持牛仔的生活，直到有一天他再也不能把一条腿跨过马背为止。“我就知道做这些，而且我喜欢做这些。”他说。

作者认为“这样的开场一开始就把读者带到了故事的现场”，“并且让故事的主角以工作状态出现在读者面前”。[1]

（三）遵循时间主线

按照简单的时间发展顺序来安排材料，通常能达到直接、明朗、有力的效果。比如，在上文提到的关于牛仔的特写报道中，作者依照主角在不同时间到达的地方和采取的行动来安排材料：

现在，在米勒先生的管区还是清晨。……

到了明格斯山后，马匹们开始艰辛跋涉。……

在四周长满橡树和松柏的空旷高地上，……

突然，一片黑云开始在山间翻滚。……

幸好这片乌云很快就过去了。……

这次，一路上没有出现意外，骑手们顺利抵达高地。……

吃完午餐，牛仔们站起来去照顾一头因为生小牛而受伤的年轻母牛。……

上面摘录的是报道中重要段落的首句，可以清晰地看到，牛仔们放牧的路程和时间主线在此重叠在一起，放牧的自然过程成为这篇报道的材料安排所遵循的原则。

（四）表现作者个性

创造性写作中写作者的个性表达十分重要，有时材料的安排遵循表现作者个性的需要，虽然因个人化而显得少许古怪，但只要它符合你观察、感受和理解事物的思路就可以。例如卡夫卡的小说《城堡》的开篇是这样的：

---

① （美）威廉·布隆代尔：《〈华尔街日报〉是如何讲故事的》，北京：华夏出版社2006年版，第130页。

> K抵达村子的时候，已是深夜时分。村子陷在厚厚的白雪里。城堡屹立在山冈上，但在浓雾和阴沉沉的夜色笼罩下，不见山冈的一点儿影子，连能够显示出那里有座高大城堡的一丝儿灯光也没有。一座木桥从大路通向村子，K久久地站在木桥上，仰望着虚无缥缈的天空。

小说一开始就引入“城堡”这一中心意象，城堡的方位是在山冈上，在K的头顶上，有一种凌驾于主人公以及村庄的气势。有意思的是，城堡被描绘成一个巨大的实体，但这个实体却是K看不见的。可以说一开始城堡就被赋予了双重含义，既是一个实体的存在，又是一个虚无的幻象，这是一个悖论，也是一个迷宫，小说就此营造了一种近乎梦幻的氛围。而把梦引入到小说创作中，正是昆德拉所标举的卡夫卡的标志性创举，充分彰显了卡夫卡的个性。

写作者需要有自己的个性与思路，灵活运用材料以突出自己的个性，读者在阅读过程中会有更多思维碰撞的快乐。

练　习

1. 厨房是一个家庭不可或缺的空间，描写一下你家的厨房的气味，这个练习的目的是要锻炼运用嗅觉去观察。

2. 找一个公共场所，安静地坐下来，观察你身边的人，观察他们在做什么，还要观察他们周围有什么，写下你观察到的东西，包括他们说话的方式、挥动的手势、周边的物体、天上的云朵以及你听到的各种声音。

3. 回忆以前（至少三天以前）发生的一个重要事件（比如“9·11”、“汶川地震”、“苏格兰独立公投”、“马航失联”等），思考当时你在什么地方，听说这件事时你在做什么，听到这件事后你中断了正在做的事吗，你身边的人如何反应，这件事对你的个人生活有何影响？并把你的回忆和思考写下来。

第五章　运　思

构思之得以产生同闪电之得以产生一样，往往只需要一个极为轻微的推动力。谁知道这种推动力是什么呢，可能是一次偶然的相逢，可能是印在心中的一句话，可能是一场梦，可能是远方的呼声，也可能是水滴映射出来的阳光或者是轮船的汽笛声。存在于我们周围世界和我们自己身上的一切，都可能成为这种推动力。

——康·帕乌斯托夫斯基

作者提炼主题、选择材料的同时，会在头脑中运用逻辑思维和想象力，根据主题的需要和体裁的特点，把所选用的材料有步骤、有主次地组织起来，将它们组成一个有机完整的整体，这个过程，通常称为“布局谋篇”。布局谋篇反映在文章中也就是文章的结构。

一、想象是什么

有两种颇具代表性的想象观：一种是柏拉图的“神赐”说，他认同荷马的“缪斯赋予诗人以灵感”的说法，认为想象不是一种能够习得的技艺，而是一种神赐的迷狂；莎士比亚、培根、弥尔顿、卡德沃思、沙夫茨伯里、威廉·布莱克等都持此种观点。另一种是亚里士多德的“模仿”说，他强调荷马的“缪斯是记忆的女儿”的比喻，认为想象和记忆之间有着密切的联系，人可以通过模仿去学习想象；霍布斯在《利维坦》中作此断言——经验产生记忆，记忆产生想象，想象产生诗的修饰;洛克、休谟等均持此种观点。前者强调天赋的创造,后者强调后天的习得。柯尔律治综合了上述两种想象观,对幻想与想象作了区分(在此之前幻想等同于想象,诸家表述时不作区分):幻想是一种联想的过程,想象是一种创造的过程。在幻想中,既存的记忆形象通过联想聚合在一起,没有新的形象生成;而在想象中,经验的原始材料被赋予新的形式和外表,生成了新的形象。因而,想象就成为一种生成新的形象的创造过程。柯尔律治的这一想象观被我们今天的文艺理论和写作理论广为采用。然而关于想象是什么的疑问并未迎刃而解,因为在这一定义中,仍有一个含义晦暗不明、游移不定的术语:形象。于是我们需要了解:形象是什么?

W.J.T.米歇尔在《图像学》一书中,对形象的观念作了细致的梳理与呈现。根据维特根斯坦提出的"家族相似"学说,我们"把形象看作一个跨越时空来自远方的家族,在迁徙的过程中经历了深刻的变形",我们为这一形象家族构建谱系如下:

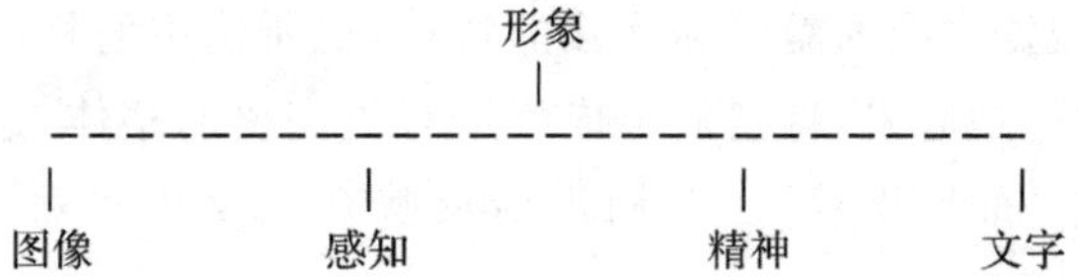

上图中每一分支代表一种形象,分属于不同知识学科范畴,比如图像形象(涉及图画、雕像、设计等)属于艺术史,感知形象(涉及感觉、可见形状、表象等)属于生理学、心理学、艺术史和文学批评之间的交叉区域,精神形象(涉及梦、记忆、思想等)属于心理学和认识论,文字形象(涉及隐喻、描写等)属于文学批评。[1] 相应地,

---

① W.J.T.米歇尔:《图像学》,北京:北京大学出版社 2012 年版,第 6 页。米歇尔的形象家族谱系中还有视觉形象,由于其主要属于物理学范畴,涉及镜像、投射等,与写作教学关联度不高,故本书中略过不表。

创造不同类型的新的形象，就是不同类型的想象的使命。

因而，常见的想象可以分为四种：图像想象、感知想象、精神想象、文字想象。它们分别创造出新的图像形象、感知形象、精神形象和文字形象。

二、怎样提高想象力

由上可知，通常谈论的指义模糊的想象力，其实是指创造出新的图像形象、感知形象、精神形象和文字形象的能力。历览诸家关于想象的论述，可以归纳出两个重要的特征：第一，想象并非凭空而来，而是建立在经验的基础之上，经验提供了创造的原始材料；第二，想象必须创造出新的形象。由此可以概括出提高想象力的原则：

- 从相似（的经验）到不同（的新经验）
- 从已知（的知识）到未知（的新知识）
- 从模仿（的形象）到创造（的新形象）

以下据此原则介绍在写作中提高不同类型想象力的常用方法。

（一）冒险：提高文字想象力

文学从根本上可以视为词语的冒险。例如，从前有一块石头，接下来就是石头这个词语的冒险——石头爆炸了，从中跳出一个猴子……这就是《西游记》；石头讲起了故事，说自己前生是个人，一生下来嘴里就含着一块玉……这就是《红楼梦》；石头上写满了天书符篆，被人推倒后从地下窜出一道黑烟，跑出了一百零八个妖魔……这就是《水浒传》。不独这块石头，任何一个词语，都有能力生成一个故事，展开自己的冒险。

1. 词语的冒险

打开任意一本书的任意一页，搜索该页第一个名词，以此名词为主人公，写出一个故事。无论这个词是动物、植物还是矿物，世界上的每一个事物，都可以有它自己的故事。

2. 词与物的自由组合

作家陈诗哥的童话《如果世界重新开始》是这样开始的：

如果世界重新开始，那将是一个早晨，不，那时候，早晨不再叫早晨，而叫“安古”，那是婴儿发出的第一个声音。

“早晨”是一只鸟儿的名字。

因此，每个安古我们都会听到早晨在歌唱。

可据此仿写，比如：玫瑰不再叫玫瑰，叫火车。大丽菊不再叫大丽菊，叫轮船。星期天，我要去花园看火车和轮船。

这个小练习里包含着索绪尔语言学中所指与能指关系的任意性原则，即事物及其命名之间的关系是偶然建立起来的，如此，想象我们回到世界的开始，在写作中给事物重新命名，创造新的形象。

3. 读民间故事，写类型童话

民间童话在一次次的叙述中繁衍，经过各种添枝加叶和改头换面，孕育出众多看似大同小异、实则趣味各别的异文。找出某一类型（比如“狗耕田”型）民间童话的不同异文，经过阅读并找出差异，用自己的方式重述这一类型童话。这一练习有助于让写作者了解民间想象是如何通过重述再生并变化的。

（二）空白：提高图像想象力

认知科学通常认为婴幼儿对阅读图像的兴趣要超过对更为抽象的文字的兴趣，而在小学阶段，儿童对文字的兴趣会逐渐提升，但这并不意味着，对图像的阅读就不再重要。事实上在被称为“读图时代”的今天，图像想象力一直被强烈地需要着，而这是一种可以通过写作加以提升的能力。读者阅读图像的时候，想象力发挥作用的地方常常在图像之外的空白处。例如：在图画书《母鸡萝丝去散步》中，前一幅图中母鸡萝丝走出鸡舍去散步，一只狐狸从后面悄悄地跟着她，后一幅图狐狸被钉耙狠狠地击中了脸，而母鸡萝丝已穿过农家的院子。在这两幅图之间的空白处发生了什么？读者可以想象出狐狸高高跃起扑向萝丝却踩中了钉耙的画面，阅读的乐趣就从这空白处的想象中生发出来，故事既发生在图画之中，更发生在图画之外的空白处，发生在每一个读者的想象之中。下面几个写作练习，都是着眼于空白的。

1.线条的旅行

写作者在白纸上任意勾勒连贯的线条，线条可以是各种颜色和形状，然后写出线条所代表的人物及其旅行，尤其是在线条之外的空白处发生了什么。这方面堪称经典的作品是法国雷吉斯·法勒绘制的图画书《POLO的故事书》，POLO顺着一根绳子爬上无尽的太空去追赶偷书的小偷，正是这一根绳子，在山穷水尽处每每另辟新路，用极简单的线条不断引出无数天马行空的瑰丽想象。

2.页间的空白

选择一本图画书，在掌握主要情节之后，把注意力放在每一页与下一页之间的空白处，写出在这里发生了什么。

3.画外的故事

选择一幅画，写出这幅画的内容以及画外的故事。

(三)放大：提高感知想象力

每个人都有感觉，能够感知到外界的形状、颜色、气息、味道。每个人都有情绪，能够体察到自己的喜怒哀乐。提高感知想象力的秘诀在于不断用放大镜观察自己和世界，把日常的一点感觉和情绪予以放大，把平常放大为异常，新的形象由是而生。比如一个小孩的鼻子比普通小孩长一点不算什么，可是如果这个鼻子能继续变长呢，如果能随着小孩说的谎话无限变长，并且这个小孩还是一个木头小孩呢？木偶匹诺曹的异常形象就在放大的夸诞中诞生了。

1.放大面孔

对着镜子仔细打量自己的面孔，想象这张面孔正在变大，然后尽可能仔细地描写出放大了的自己的面孔。这个练习锻炼的是观察自己和想象自己的能力。

2.放大事物

任选一件事物长时间打量，想象这个事物正在变大，然后尽可能仔细地描写出放大了的事物的样子。要使一个事物变得有意思起来，只需要长时间地凝视它，事物将在凝视中变成新的事物，这个练习锻炼的是观察细节和想象细节的能力。

3.放大感觉

任选一种自己体验到的感觉，将这种感觉不断放大，推向极致，然后尽可能仔细地描写出放大了的感觉。这个练习锻炼的是体验感觉和想象感觉的能力。

（四）捕捉：提高精神想象力

精神世界是个神奇莫测的领域，其中梦境、记忆和思想，都是稍纵即逝而又难以捉摸的。现代文学的历史，可以视为文学不断对精神世界进行探索的历史——普鲁斯特试图捕捉过去的记忆，乔伊斯试图捕捉现在的时刻，卡夫卡试图捕捉梦的思维……对精神世界加以探究并尝试捕捉这些飘忽不定之物，对提升精神想象力至关重要。

1.记录梦境

写作者在枕边放一个笔记本，早上醒来第一件事是速记下自己还隐约记得的梦境，持续一段时间之后，会发现能够记录下来的梦越来越多。这些梦的素材将会增进写作中的精神想象力。

2. 复现记忆

尝试尽可能仔细、全面地记录自己印象最深刻的一件事，注意要尽可能仔细与全面，仿佛要让时光倒流、记忆重现似的。

3. 反向思考

阅读一个故事，尝试对它进行反向思考，并反向改编这个故事。例如，读完了《三只小猪》，尝试从狼的角度来重新讲述它（美国作家谢思卡的《三只小猪的真实故事》就是这样做的）。又如，读完了《海的女儿》，尝试讲一个人爱上人鱼并且努力变成人鱼的故事（笔者的童话《人鱼之歌》就是这样做的①）。反向思考，有助于激发写作者富于创造性和批判性地去反思所处的环境，去对自己和这个世界发问，而这正是所有伟大的富于想象的文学所做的——不断颠覆约定俗成的标准，鼓励人们去重新思考、重新发现，而伟大的想象也常常由是而生。

在想象之中，可能性是无穷无尽的，关于如何提高想象力的答案也是无穷无尽的。此处给出的是一份参考答案，而不是唯一的答案，真正的答案，存在于每一位教师、每一位家长、每一位学生和每一位写作者的想象之中。

三、逻辑是什么

逻辑，源自古典希腊语 logos，最初的意思是“词语”或“言语”，引申出“思维”或“推理”的意思，1902 年严复将其意译为“名学”，音译为“逻辑”。简言之，逻辑就是思维的规律。狭义的逻辑专指人的抽象思维的规律，广义的逻辑也包含人的具象思维的规律。

研究逻辑的科学被称为逻辑学。它传统上被作为哲学的一个分支，19 世纪中期之后，经常出现在数学和计算机科学中。

---

① 常立：《从前，有一个点》，桂林：广西师范大学出版社 2013 年版，第 148－162 页。

了解逻辑学的基本原理，对写作有两大助益：第一，使文章结构更严密，条理更分明，主题更明确，能以理服人。第二，可以有意识地颠覆逻辑原理或运用逻辑谬误，以创造出具有异常逻辑的有创意的作品。

因此，简要介绍下逻辑学的基本原理①：

● 同一律：事物只能是其本身。你就是你，你不会是我，也不会是他或她；苹果就是苹果，不会是橘子，也不会是香蕉。

● 排中律：对于任何事物在一定条件下的判断都要有明确的"是"或"非"，不存在中间状态。你要么在教室里，要么不在教室里，没有中间状态。

● 因果律：宇宙万物都有其存在的充足理由，也叫充足理由律。宇宙万物的存在都有其理由。姚明的父母是姚明存在的理由，没有父母，姚明就不会出世。姚明的篮球教练是优秀篮球运动员姚明存在的理由，没有篮球教练，姚明就不会成长为优秀的篮球运动员——当然，教练的存在只是诸多理由中的一个。

● 矛盾律：在同一时刻，某个事物不可能在同一方面既是这样又不是这样。例如在性别方面，你不可能既是男生又是女生（双性人既不是男生又不是女生）；你是一班学生和你不是一班学生，这两个命题不能同时成立。

四、怎样培养批判性思维

在美国，批判性思维相关课程是大学生的必修课，从小学阶段起，批判性思维的培养就开始了，小学生需要反复训练分清事实和观点。例如：你此刻正在读的是一本教材——这是个事实，这的确是一本教材，而你此刻正在读；你此刻正在读的是一本很棒的教

① D. Q. 迈克伦尼：《简单的逻辑学》，北京：中国人民大学出版社 2008 年版，第 26—28 页。

材——这是个观点，虽然我希望它是一个事实，但必须承认它此刻还是一个观点（我的观点，也希望是你的观点）。

培养批判性思维是教育（尤其是高等教育）的基本目标之一。这是因为批判性思维：

● 是人的成长所应具有的典型的知性功能。怀疑之前所学的普遍真理和生活原则，是成长的必经阶段。

● 对个人的生存必不可少。置身于不断变化的生活环境中，能够从纷纭复杂的信息和观点中分辨真相，并且批判性地理解自己的行为和支持这些行为的基本价值观，对于一个人更好地认识自己、适应世界是必要的。

● 现代公民社会里的一项政治必需品。可以帮助人依据理性和程序解决问题，而不是单纯依靠权威和力量。

培养批判性思维可以从以下几个方面着手：

（一）假设分析

学会分辨一个观点或行为所具有的通常的价值观假设。例如：你是否把同学逃学的事情告诉班主任？如果你选择告诉，那么你所持有的价值观假设是（对班主任的）诚实。如果你选择不告诉，那么你所持有的价值观假设是（对同学的）忠诚。

（二）环境意识

认识思想是从文化中创造的属性。例如：以儿童为本位的思想是随着启蒙运动逐渐兴起并繁盛的，并且跟医学的进步密切相关，在医疗水平低下、婴幼儿夭折率近半的时代，要求成年人对婴幼儿投以无限深情是不现实的，法国作家雨果丧子时痛不欲生而蒙田丧子时相对平静，并非雨果比蒙田更爱子心切，而是两者所生活的年代的环境不同，尤其是医疗环境。

(三)想象性推测

探索习惯性思维以外的途径。这和创造性写作密切相关,反向是写作的正向——训练的也正是探索新的可能性。

(四)反思性怀疑

需要对下列事物保持不信任——最终的解决办法;单原因的解释;神圣地规定的真理。要对它们说一句胡适先生的话:"拿证据来。"

(五)远离逻辑谬误

梅森·皮里的《笨蛋!重要的是逻辑!——逻辑的分析、破解与运用》(*How To Win Every Argument*)一书中讲解了75个常见的逻辑谬误。我们在这里以刘易斯·卡罗尔的《爱丽丝漫游奇境》中的片段为例,介绍8种常见的谬误。[1]

1.违反排中律

> 没过多久,她看到桌子下有一个小玻璃盒子,就打开来,发现里面有一块很小的蛋糕,上面用草书漂漂亮亮排成两个字:"吃我"。爱丽丝说:"好吧。吃就吃。吃了变大,就拿得到钥匙;吃了变小,就可以从门下钻过去。反正怎样都可以到花园去,管他变大变小!"

果真如此吗?爱丽丝此处的思考违反了排中律,符合排中律的说法是:吃了蛋糕后要么变大,要么不变大,而不变大有变小和不变这两种可能,爱丽丝的思考出现了逻辑谬误,因此当她吃了蛋糕后,发现一点都没变,"觉得很意外"。

---

① 刘易斯·卡罗尔:《挖开兔子洞——深入解读爱丽丝漫游奇境》,张华译注,吉林:吉林出版集团2013年版。

2. 以偏概全谬误

> 正说着忽然脚下一滑，哗啦一声掉在咸水里，一直淹到下巴，她第一个念头是掉进了海里。“这样就可以搭火车回家了。”她自言自语说(爱丽丝这么大只去过海边一次，以为每个海滩都一样，海里有很多“游泳车”，沙滩上有小孩用木铲在挖沙玩，还有一排出租房子，房子后面就是火车站)。

果真如此吗？爱丽丝此处的思考犯了以偏概全谬误，只去过一个海滩，就轻率地推论所有海滩都一个样儿，不过“她不久就知道是掉进了眼泪池里，她三米高时哭出来的”。

3. 诉诸权威谬误

> ……她甚至和鹦鹉争辩了好久，最后鹦鹉生气了，只说：“我年纪比你大，当然比你懂得多。”

果真如此吗？此处鹦鹉犯了诉诸权威谬误，不过爱丽丝也没分辨出来，她不赞同鹦鹉比自己懂得多，是因为“她不知道鹦鹉有多大，鹦鹉又怎样都不肯说出来，两人就再也没讲话”。

4. 中项不周延谬误

> 鸽子用非常藐视的口吻说：“说得倒真像！我这辈子看见过许多小女孩，从来没有一个像你脖子这么长的！不对，不对！你是蛇，赖也没有用。我知道你还想告诉我，你一只蛋都没吃过！”
>
> “我当然吃过蛋，”爱丽丝说，她是一个非常诚实的孩子，“你知道，小女孩和蛇一样吃很多蛋。”
>
> 鸽子说：“我不信，要是她们吃蛋，我只能说她们也是蛇。”
>
> 这种说法爱丽丝想都没想过，一时没话可说……

果真如此吗？此处鸽子犯了“中项不周延”的逻辑谬误，这里的三段论是：

所有的蛇都吃蛋。

爱丽丝吃蛋。

所以爱丽丝是蛇。

所谓“中项不周延”是指中项“吃蛋”不能涵盖所有吃蛋的动物，世上不是只有蛇才吃蛋的，所以不能就此推论爱丽丝是蛇。顺便说，三段论的论证能否成立，关键是看中项是否周延。

5. 违反矛盾律

> “能不能请问一下，”爱丽丝有点胆小地问，因为她不知道先开口说话合不合规矩，“为什么您的猫会笑？”
>
> 公爵夫人说：“因为它是柴郡猫，没听过‘笑得像柴郡猫’吗？猪！”
>
> ……“我不知道柴郡猫会一直笑，说真的，我根本不知道猫会笑。”
>
> 公爵夫人说：“猫都会笑，而且大多爱笑。”

此处是公爵夫人违反了矛盾律，她给出的两个命题——“只有柴郡猫会笑”和“猫都会笑”明显自相矛盾。

6. 违反同一律

> 第一个证人是帽匠，他一手拿茶杯，一手拿着一片奶油面包走了进来，一进来就说：“请陛下恕罪带这些东西上堂，刚吃一半就奉召上庭。”
>
> 国王说：“你早该吃完了。什么时候吃起的？”

此处是国王违反了同一律，他本该审问是谁偷了馅饼，而不是茶会的不相干的细节。

7. 诉诸怜悯（或其他感情）谬误

> 一位陪审员问：“但是睡鼠说了什么？”
>
> 帽匠说：“我记不得了。”

国王说："你非记得不可，要不然就把你处死。"

可怜的帽匠放下茶杯和奶油面包，单膝跪下说："陛下，我是个可怜人。"

国王说："你说话的技巧更可怜。"

此处帽匠犯了诉诸怜悯（或其他感情）的谬误，企图争取到国王对自己的怜悯以避免自己被追责。这一招在许多时候很灵，但是面对残暴的国王可不灵。

8. 循环论证谬误

"是犯人的笔迹吗？"另一个陪审员问。

"倒不是，"白兔说，"怪就怪在这里。"

"一定是模仿别人的笔迹。"国王说。

"禀告陛下，"杰克说，"这不是我写的，也不能证明是我写的，上面没有签名。"

"你不签名更糟，"国王说，"证明你心里有鬼，要不然为什么不敢像别人一样老老实实签上名字？"

此处国王犯了循环论证谬误，把论点换个说法，在论证中将需要被证明的结论变成了支持结论的证据。他先认定是杰克写的信，再根据信上没有签名来证明杰克心里有鬼。

五、结构是什么

结构是文章的组织方式和内部构造，是文章部分与部分、部分与整体之间的内在联系和外部形式的统一。

在构思阶段，作者对于材料的组织安排、结构布局，只能是大概而粗线条的。从大的方面看，他要考虑采取什么样的结构形态，是单一线索还是复线结构，文章分为几个部分，先讲什么，后讲什么；从细小点的角度看，他要考虑从哪里落笔开头，在哪里停笔收束，是从心理角度切入还是从故事情节切入，各个部分之间怎么串联,哪些部分是重点,哪些部分次要点,等等。朱光潜谈到文章的结构组织时说:“苏东坡论文与可画竹,说他先有‘成竹在胸’,然后铺纸濡墨,一挥而就。‘成竹在胸’于是成了‘腹稿’的佳话。这种方法似乎是理想的,实际上很不容易做到,我自己也尝试过,只是在极短篇幅中,像做一首绝句或律诗,我还可以把全篇完全在心里想好,如篇幅长了就很难。”原因之一是“我们的注意力和记忆力所能及的范围有一定的限度,把几千个甚至几万字的文章都一字一句地记在心里,同时注意到每字每句每段的线索关联,并且还要一直向前思索,纵假定是可能,这种繁重的工作对于心力也未免是一种不必要的损耗。”①

纵然如此,谋篇布局在写作中确有举足轻重的作用。歌德曾说:“倘若你在整体上安排不妥当,你的精力就白费了。还不仅如此,倘若你在处理那样庞大的题材时没有完全掌握住细节,整体也就会有瑕疵,会受到指责。”②由此看来,合理地安排结构,是写作的一项重要步骤。

文章结构的要素包括层次、段落、开头、结尾、过渡、照应、线索等。

(一)层次与段落

层次是内容上相对完整的意义单位,也叫意义段或部分。多数文章的层次是内在的,没有明显的格式上的标志;也有一些是以空行、序号、小标题等形式来加以表明的,这样可以使文章的层次一目了然。段落,也叫自然段,指在书面形式上以换行为标志的结构单位。

---

① 朱光潜:《朱光潜美学文学论文选集·作文与运思》,长沙:湖南人民出版社1980年版,第265页。

② 爱克曼辑录:《歌德谈话录》,北京:人民文学出版社2008年版,第4页。

(二)开头与结尾

开头即文章的开端,它可以是头几句话,也可以是第一个自然段。开头在文章中占有十分重要的地位。叶圣陶说:"文章的开头犹如一幕戏剧刚开幕的一刹那的情景,选择得适当,足以奠定全幕的情调,笼罩全幕的空气,使人家立刻把纷乱的杂念放下,专心一志看那下文的发展。"①鲁迅的《秋夜》章的开头是这样写的:

在我的后园,可以看见墙外有两株树,一株是枣树,还有一株也是枣树。

"一株是枣树,还有一株也是枣树"是很不寻常的说法,示范了白话文学运动发轫之际的一种独特要求:作者有意识地透过描述来展现观察的程序,使读者"看到"作者是怎样观察世界的,描述的目的不只在告诉读者"看什么"而是"怎么看"。鲁迅"奇怪而冗赘"的句子"不是让读者看到两株枣树,而是暗示读者以适当的速度在后园中向墙外转移目光,经过一株枣树,再经过一株枣树,然后延展向一片'奇怪而高'的夜空"。② 这个开头用一句话将读者引入了作者所曾经身处的那个世界,奠定了全文的基本氛围。

结尾是文章的收束部分,可以由单独一两段构成,也可以由最后几句话构成。古人以"豹尾"比喻文章的结尾,其意在于说明结尾要精练有力。叶圣陶在说到文章结尾的时候用了一个比喻,他说:"找到适当的结尾好像行路的人遇到了一处适合的休息场所,在这里他可以安心歇脚,舒舒服服地停止他的进程。若是找不到适当的结尾而勉强作结,就像行路的人歇脚在日晒风吹的路旁,总觉得不是个妥当的地方。"③

---

① 叶圣陶:《怎样写作》,北京:中华书局 2007 年版,第 67 页。
② 张大春:《小说稗类》,桂林:广西师范大学出版社 2004 年版,第 17 页。
③ 叶圣陶:《怎样写作》,北京:中华书局 2007 年版,第 68 页。

(三)过渡与照应

过渡指的是上下文之间的衔接、转换,它的功能是强化文章的逻辑性与层次感,使结构更严谨。常见的过渡方式有三种:一是用关联词语过渡(常用于议论文),如“由此可见”、“然而”、“但是”、“综上所述”等;二是用句子过渡;三是用自然段过渡。

照应是指文章前后内容上的关照、呼应。通常是交代在前,呼应在后;暗示在前,挑明在后;伏笔在前,应笔在后。

过渡和照应的运思,将材料和立意巧妙而自然地串联其中,好的过渡应自然不着痕迹,好的照应则能让读者心神顺畅,恍然大悟。

(四)线索

线索是将文章联成一体的行文路线。各类文章的线索具有不同的特征:记叙文中常常以人物、事件、事物、时空等为线索;议论性文章一般以说理的走向为线索;说明性文章一般以说明对象的特征为线索。在德国作家米切尔·恩德的《毛毛》中,其贯穿行文的线索是时间,一边是要拯救人类时间的毛毛和她的伙伴们,另一边则是想要偷走时间的窃贼,时间的线索隐藏在每个情节背后,只要读者稍一思考即可看到。恩德巧妙地以时间为线索将主题和材料穿插其中,凸显了全书的整体性。

六、怎样设计结构

一般来说,结构的设计需要考虑以下四个原则:

(一)结构要服从主题的需要

从主题需要出发来确定文章内容的先后、主次等。如莫泊桑所说:“要利用那最恰当的结构上的巧妙,把主要的事件突出表现出来，而对其他的事件则根据各自的重要性，把它们作深浅程度适当的浮雕，以便产生作者所要表现出来的特别真实所具有的深刻感觉。”

（二）结构要考虑到人们认识事物的规律

人们认识事物常用两种方法：分析和综合。分析是把整体分解成各个部分加以研究。分析的种类很多，如：方面分析、阶段分析、层次分析、分类分析、因素分析、因果分析、定性分析、定量分析等。综合是把对象的各个方面按其内在联系结合成有机的整体。综合能克服分析所可能造成的视野局限，在思维中恢复和把握事物之间的联系和事物的整体性。

（三）不同体裁的文章对结构的要求不同，不过有一些相对稳定的结构模式可以借鉴

一般来说，同一体裁的文章在结构上总要表现出一些共同的、基本的特征。比如记叙文多以时空为序写人叙事，叙事线索通常都要分明；说明文多是总分式，从不同的几个方面，并列地说明事物的不同特征；议论文多是按照提出问题、分析问题、解决问题的顺序来安排结构；新闻消息的写作，也则有其固定结构：标题（副标题）、导语、正文、背景和结尾；一些实用性文体，如书信、通知、公文等，都有固定的结构。在写作不同体裁的文章时要区别对待。

下面介绍一种金字塔结构模型，可以运用于相当多类型的应用文写作。

如果你写的文章呈金字塔结构，文章的思路自金字塔顶部开始逐渐向下展开，那么读者会发现你的文章清晰易懂。建立你的文章的金字塔结构，需要以下几个步骤：

第一步，金字塔顶部的方框里填上你要写的文章的主题，然后给它打上一个“?”。你要思考的是：为了阐述或表现这个主题，你

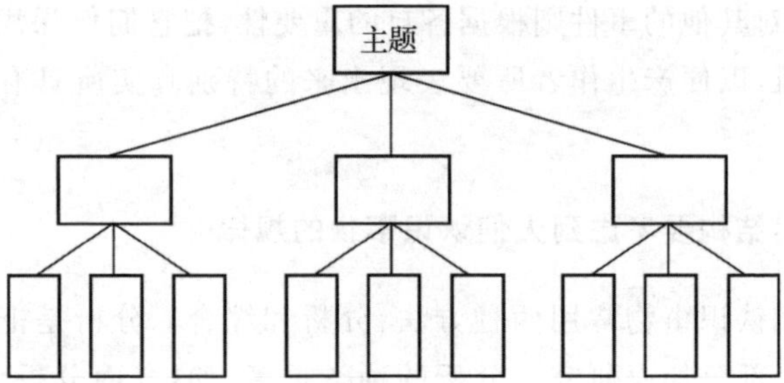

金字塔结构模型

需要从哪几个层面/角度/方向来着手?

第二步,把你的答案填写在第二层的方框里,方框的数量根据你的需要而定,考虑到读者的耐心和记忆力,除顶层外每一层一般有 3～5 个方框为宜。

第三步,重复前面两个步骤,以你的金字塔第二层为次级主题,分组向下铺展,直至金字塔完成,一般来说一篇文章的层数以 3～5 为宜,每组的方框数以 3～5 为宜。

你可以通过检查你的思想是否以金字塔结构相互关联,从而预先确定你是否正确地建立了文章的结构。具体地说,文章中的思想必须符合以下规则:

第一,文章结构中任一层次上的思想都必须是其下一层次思想的概括。段落的主题就是对段落中各个句子的概括;章节的主题也是对章节中各个段落的概括。

第二,每一组中的思想都必须属于同一范畴。如果某组思想中的一个思想是关于某件事的一个原因/建议/方案,那么该组中的其他思想也必须是关于同样一件事的其他原因/建议/方案。

第三,每一组中的思想都必须按逻辑顺序组织。组织思想常见的逻辑顺序有四种:

- 演绎顺序(大前提、小前提、结论)

- 时间顺序(第一、第二、第三)
- 空间顺序(波士顿、纽约、华盛顿)
- 重要性顺序(最重要、次重要,等等)

写出条理清楚的应用文(包括学术性论文)的关键,就是在开始写作之前先将你的思想放入金字塔结构,并根据上述规则进行检验。如果不能将你的思想充分纳入到金字塔中,通常说明你的思维尚存在问题,或者你的思想还没有得到充分的完善,或者你组织思想的方式不能立刻使读者理解你表达的信息。这时,你可以对你的思想进行修正或改变,以使其能够符合金字塔原理的规则,从而免去反复改写文章的烦恼。

(四)推翻一切模式,重建你的结构

对于创造性写作来说,这点最重要,也最难。下面介绍几个结构独特的文学作品:

- 卡尔维诺的长篇小说《寒冬夜行人》:以一本装订错误的书为载体,把十篇不同类型的小说组成一个整体,这十篇小说均只写到第一章。
- 乔伊斯的《尤利西斯》:戏仿了《荷马史诗》的结构,但把人物从古代英雄改成现代普通人,把内容由奇幻的冒险改成平庸的生活。
- 马克·萨波塔的《作品第一号》:全书每页独立成篇,没有页码,不用装订,合起来成为一本扑克牌式的书,读者在阅读之前,可以任意洗牌,每次洗牌都会获得一个新的故事。
- 乔治·佩雷克的《人生拼图板》:依据数学家 Franqois Le Lionnais 制作的图形来设计小说的结构。

数学家制作的图如下:

小说中每个空间出现的次序如下：

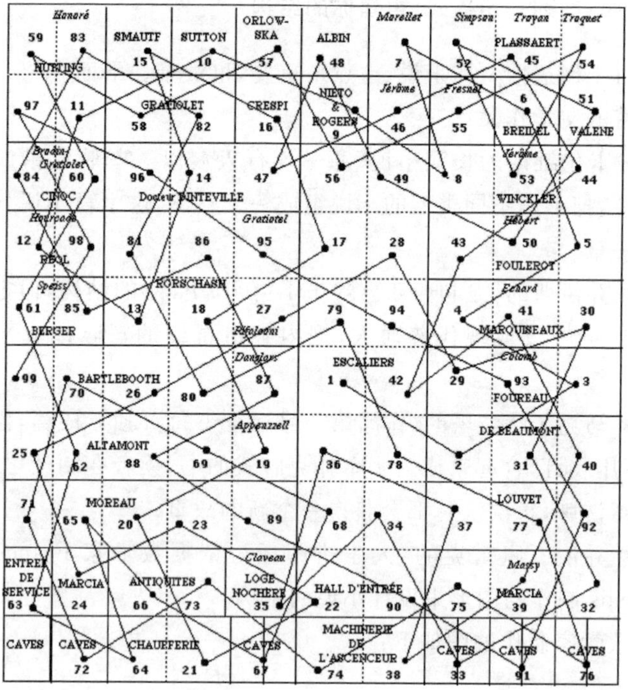

练　习

1. 假定你是泰国蛇药研究中心的一位销售人员，你需要对来自浙江的一批教师游客做一个演讲，演讲的目的是推销蛇药。你该如何设计演讲稿的结构？请制作一个关于这次演讲的金字塔结构图。

2. 写一篇名为“我的宠物”的文章。唯一的要求是，你写的必须是一只你没有养过的宠物。它可以是任何动物，从一只小猫到一只恐龙，从一只苍蝇到一条龙。形容一下你的宠物的长相，你是怎么得到它的，它吃什么，在什么地方睡觉，它有怎样的能力，以及它是怎么同你的家人、朋友、邻居相处的。

很多家庭都养有宠物。人们养宠物的动机可能有：保护的需要；爱的需要（一个你可以爱护和/或爱你的生物）；美的愉悦（美丽的宠物，作为内部装饰或地位象征的宠物）；做父母的感觉（孩子的替代品）；虐待的冲动（虐待某个东西），等等。在你的练习中，宠物的功能是什么？

通过一只宠物的形象还可以创造出它主人的形象。从这个练习中，我们对宠物的主人有什么了解？

3. 记录你的一个梦境。然后在这个梦中选择一个意象，用一百字来描绘这个意象。最后，根据这个意象写一个故事，写成什么样都可以。

第六章　表　达

写作的艺术不可能得自别人传授，但写作的技巧是可以传授的。

——诺亚·卢克曼(Noah Lukeman)

经历了上述的立意、选材和运思三大阶段，我们来到了很关键的一个阶段——表达。在这一阶段，写作者选择适当的表达方式和表现手法，把运思中的主题、材料、结构诸要素具体地表述出来，使之转化为物质形态的书面语言文字。随着运思的展开，作者采用相应的语段将它们记写下来——这些语段或是叙述性的，或是描写性的，或是抒情性的，或是议论性的，或是说明性的，这就是平时说的"表达方式"。基本的表达方式有五种：叙述、描写、抒情、议论、说明。在实际写作中，各种表达方式常常是综合运用的，孤立运用某一种表达方式很难使文章具有良好的表达效果，但不同的文体，往往有着该文体的主要的表达方式，如，议论性文章主要运用的是议论，说明性文章主要运用的是说明，记叙性文章主要运用的是叙述、描写。怎么选择最适合你的方式来表达，在你的作品产生过程中有十分重要的作用。

一、怎样叙述

叙述是将人物、事件本身及其原委陈述给读者或听众的一种表达方法。要将事实过程交代清楚，势必涉及人物、事件、时间、地点、原因、结果等要素，因而这些要素被称为叙述要素。叙述要素是把事件来龙去脉交代清楚的基本条件。叙述是小说等叙事性文章体裁的主要表达方式。

（一）作者、叙述者和隐含作者是什么

作者、叙述者和隐含作者是我们在阅读和写作过程中会经常遇见的三个“人”。（注意，是三个人！而不是同一个人。）写作者要想在写作中自如地表达，就得了解这三个人各自的身份和作用。

作者是现实世界中实际存在的人，他创造了叙述者，然后由叙述者讲故事。你写出了作品，那么你就是这部作品的作者。

叙述者是由作者创造出来的抽象的人，他负责在作品中讲故事，他和作者不是同一个人。小说的文字由作者写出来，而小说的内容，则通过小说中的一个或几个“叙述者”之口传达给读者。

在以第一人称“我”来叙述的小说中，“我”便是“叙述者”，但不等同于真实的作者本人，比如在王小波的小说《万寿寺》中，第一人称“我”的名字是王二，患有失忆症，是个在历史研究所工作的人，但现实世界中的作者是王小波，没有失忆症，也从未在历史研究所工作。第一人称小说中，人物的命运、故事的来龙去脉，都是由“我”这个小说人物来介绍的。“我”的所听、所见、所思，贯穿全篇，是小说的主要黏合剂。但“我”却并不一定是小说的主要人物。例如在《了不起的盖茨比》中，主要人物自然是盖茨比，而不是叫尼克的“我”。可是如果没有这个作为“叙述者”的“我”，那么读者就永远无法了解盖茨比那令人同情、引人深思的一生，因为是“我”与盖茨比相识，而非《了不起的盖茨比》的读者（和作者）与盖茨比相识。

第三人称小说的“叙述者”，则是小说作者创造出的一个无所不知、无所不晓的全能人物。这个全能人物，上知天文，下知地理，洞悉小说中所有其他人物的内心、历史和前途。它把自己知道的一切（事实上，它什么都知道，只要它愿意）娓娓道来，告诉给读者。

而全能人物本身,却不参与到小说的任何事件、任何进程中去,它是一个旁观者,一个隐身人,一个告密者。它了解小说中所有别的人物,而小说中所有别的人物却完全意识不到它的存在。于是读者通过这个隐身的全能人物(也就是"叙述者"),了解到小说的虚构空间里所发生的那些形形色色、或喜或悲的故事。

隐含作者也是由作者创造的抽象的人,它是读者通过阅读而产生的对作者的感性形象。来猜一下这句诗的作者会是谁:

引刀成一快,不负少年头。(　　)

A. 谭嗣同　B. 辛弃疾　C. 夏明翰　D. 秋瑾　E. 陆游　F. 岳飞　G. 汪精卫　H. 李清照

答案是G。这是汪精卫1910年和同盟会刺杀摄政王失败被清朝逮捕入狱时所写,后在社会广为流传。如果单单由这句诗推断,读者从中感受到的隐含作者应该是一个大义凛然、置生死于度外的人,这与社会刻板印象中的汪精卫的卖国贼形象不符。事实上,作品既成,其隐含作者的形象虽因读者而异,但对同一读者而言常保持稳定,而生活中的真实作者则可能变化多端——抵抗并战胜波斯大军的希腊英雄忒弥斯托克利在被雅典人放逐之后投靠波斯来对抗自己的同胞至死;建立日伪政府的汪精卫年轻时也可能勇敢无畏而创造出富有革命激情的隐含作者;毕竟隐含作者与真实作者并不尽然相像,更不永远相同。

(二)叙述人称

叙述人称是作为作者的你展开叙述的观察点和立足点,有第一人称、第二人称和第三人称。

以当事人的口吻"我"或"我们"来叙述的,称第一人称叙述。第一人称叙述给人以真实、亲切的感觉,如《了不起的盖茨比》、《麦田里的守望者》等小说是采用第一人称叙述的杰作。但它不能写"我"活动范围以外的人和事。

第三人称叙述是指叙述者以局外人的口吻，叙述“他”或“他们”的事情。这是运用最为广泛的一种叙述方式。采用第三人称叙述，可以不受时间、空间、生理、心理等因素的限制，但不及第一人称那么真实、亲切。

以“你”或“你们”来叙述，称为第二人称叙述。它具有一种双向交流的对话性质。第二人称叙述在书信及书信体文章之外并不常见。

叙述人称不同于叙述视角，但是很多人把这两者混为一谈。

（三）叙述视角

叙述视角指的是叙述者从什么角度来叙述故事，它取决于叙述者与故事相对应的位置，具体体现为故事由谁来观察或感知。叙述视角一般可以分为以下几类：

● 全方位叙述视角，也称全知叙述。这种叙述视角的特点是叙述者无所不在、无所不知。

● 作品人物叙述视角。这种叙述视角借某个人物的意识和感官去感知世界。

● 外视角。在这种叙述中，叙述者只向读者叙述人物的言语和行动，而不进入任何人物的意识，也不对他的叙述作出某些解释。这类作品留下许多空白，能给读者广泛的想象空间。法国新小说的代表人物罗伯·格里耶的《嫉妒》就采用了这种叙述视角。

（四）叙述的方式

1. 顺叙

按人物的经历或事件的发生、发展的先后顺序进行的叙述。这是一种最基本最常用的叙述方法，便于把叙述内容表述得条理清楚，自然顺畅，局限是易流于罗列，易写成流水账。运用顺叙要区分主次，讲究详略和疏密，防止平铺直叙。

2. 倒叙

把事件的部分结局或事件中最突出的片断提在前面，然后再按时间顺序叙述事件的发展过程的叙述。倒叙强调了时间的结果或高潮，容易造成悬念，吸引住读者的兴趣。《麦田里的守望者》总体上采用了倒叙的手法，霍尔顿在纽约街头的流浪徘徊及他痛苦崩溃的历程，都是他躺在医院的病床上回想起来的。但注意不要“故弄玄虚”，对一些时间跨度小、情节单纯的事件，不宜采用倒叙。

3. 插叙

在叙述主要事件的过程中插进另一有关事件，然后再回到原来的主要事件上的叙述。插叙的内容可以是对往事的回忆联想，也可以是对某些情况的诠释说明，还可以是对人物、事件及背景的介绍。从插叙的内容看，如插入的内容较多，则影响到结构，就成为一种叫作“横云断岭”的结构技巧。如《水浒传》在第一打、第二打祝家庄之后，插入解珍解宝争虎，孙立孙新劫狱。插叙是使叙述生出变化与波澜的一种方法，但使用插叙，切记不要喧宾夺主，模糊了主要情节的发展。

4. 补叙

在叙述到一定阶段时，对前面事件做某些补充的叙述。这种叙述不发展原来的情节，只起丰富、补充的作用，也叫追叙。它在很多时候也是一种“插叙”，不过它叙述的不是正在发生的事，而是事后的一种交代，或是对相关情况的说明，但往往意义重大。北野武执导的电影《那年夏天，静静的海》的结尾有一个出色的补叙：电影主干情节是展现两个聋哑人的与众不同的“安静”的爱情——主要表现方式是男女主角一前一后抬着冲浪板“安静地行走”，以及男孩去冲浪时女孩叠好衣物坐在沙滩上“安静地等待”，然而在影片的结尾，当男孩冲浪遭遇不幸只有冲浪板被海水带到岸上时，补叙了男女主角之前像普通情侣一般嬉笑打闹的恋爱情景，瞬间拉近了男女主角和观众的距离，在生与死的映衬下将感情推向高潮，感人至深。

5. 平叙

对同时发生的两件或多件事进行分别、平列的叙述，也叫分叙或间叙，一般用于头绪多、联系面广的事件的叙述。传统说法即“花开两朵，各表一枝”。平叙便于叙述纷繁复杂同时并进的事，使用时要注意交代好事情发生的起止时间。

二、怎样描写

描写就是用语言文字把人物的状态、动作，景物的性质、特征等具体地描绘出来的表达方式，经常与叙述结合在一起使用。

（一）描写的类别

依据描写的对象，通常把描写分为人物描写、景物描写、场面描写和细节描写四类。

1. 人物描写

人物描写是对人物所作的描写，包括肖像描写、语言描写、行动描写、心理描写等。在文章中，这些描写是综合进行的。作为一种手段、方法，它们又各有自己的特点、要求。

肖像描写是对人物外形特点的描写，它包括人物的容貌、神态、服饰等。肖像描写要抓住人物的特点。成功的肖像描写，是理解人物的钥匙，是文章不可分割的内容。像阿Q头上的破毡帽，孔乙己身上的破长衫，赵七爷蓄着的那条光滑乌黑的大辫，都不是可有可无的。肖像描写要从生活实际出发，不能脸谱化、模式化；要抓住主要特征，不要巨细无遗，面面俱到；不要光写“形”，更要写“神”，要通过肖像的刻画揭示出人物的身份、性格、遭遇，不要为肖像描写而肖像描写。

语言描写是对人物对话、独白和语气语调的描写。“言为心声”，出色的语言描写，不仅能交代故事情节，渲染环境气氛，还能再现人物动作情态,揭示人物的思想性格。鲁迅在《看书琐记》中指出:“《水浒》和《红楼梦》的有些地方,是能使读者由说话看出人物来的……如果删除了不必要之点,只摘出各人有特色的谈话来,我想,就可以使别人从谈话里推见每个说话的人物……作者用对话来表现人物的时候,恐怕在他自己的心目中,是存在着这人物的模样的,于是传给读者,使读者的心目中也形成了这个人物的模样。”写人物的对话、独白,要因人因时因地,不能千人一腔。这里要注意的是要按照文中人物的样子来描写,使他说着自己的话,而不要蒙上作者的色彩。果真能抓得准的话,那么三言两语便可把人物的性格特征传达出来。

行动描写里的行动不是指一个人做的某一件事,而是指特定场合中人物的行为举止。它是刻画人物的主要手段,写小说,写剧本,要让人物“动”起来,“活”起来,就离不开行动描写。黑格尔曾指出:“能把个人的性格、思想和目的最清楚地表现出来的是动作,人的最深刻方面只有通过动作才能见诸现实。”人物的动作主要体现在“做什么”和“怎么做”两个方面。要具体,要抓主要特征,也要注意揭示人物的思想、性格、生活和命运,让读者思考人物动作的内在依据,不能为了动作而动作。

心理描写是对人物的思想活动和内心感受的描写,包括人物在特定的环境下产生的看法、感触、幻觉、意识流等。心理描写是深入细致地刻画人物的重要手段。可以分为直接描写和间接描写。如《水浒》第二十一回写宋江将招文袋遗落在阎婆惜房内,阎婆惜意外地发现了信,便忍不住自言自语起来:

> 好呀!我只道吊桶落在井里,原来也有井落在吊桶里。我正要和张三两个做夫妻,单单只多你这厮,今日也撞在我手里……且不要慌,老娘慢慢地消遣你!

这一段语言描写是人物内心的真实流露;“慌”字把阎婆惜抓

到宋江把柄时的兴奋紧张之情披露无疑，而“消遣”一词则展现出阎婆惜冷酷、蓄意捉弄人的心理。

2. 景物描写

景物描写也称环境描写，包括对自然景物和社会环境的描写。任何人物、事件都生活在或发生在具体的环境中。如果忽视了环境描写，人物、事件就好像生活在、发生在真空中一样，文章也就失去了应有的感染力。它对展示时代风貌，烘托人物心理，渲染情调气氛，增强文章感染力都有着不可或缺的作用。像曹雪芹笔下的大观园，沈从文笔下的边城，都是杰出的风景画、风俗画，都是文章中不可切割分解的有机部分，都具有相对独立的审美意义。

> 由四川过湖南去，靠东有一条官路。这官路将近湘西边境到了一个地方名为“茶峒”的小山城时，有一小溪，溪边有座白色小塔，塔下住了一户单独的人家。这人家只一个老人，一个女孩子，一只黄狗。
>
> 小溪流下去，绕山岨流，约三里便汇入茶峒的大河。人若过溪越小山走去，则只一里路就到了茶峒城边。溪流如弓背，山路如弓弦，故远近有了小小差异。小溪宽约二十丈，河床为大片石头作成。静静的水即或深到一篙不能落底，却依然清澈透明，河中游鱼来去皆可以计数。小溪既为川湘来往孔道，水常有涨落，限于财力不能搭桥，就安排了一只方头渡船。这渡船一次连人带马，约可以载二十位搭客过河，人数多时则反复来去。渡船头竖了一枝小小竹竿，挂着一个可以活动的铁环，溪岸两端水槽牵了一段废缆，有人过渡时，把铁环挂在废缆上，船上人就引手攀缘那条缆索，慢慢的牵船过对岸去。船将拢岸了，管理这渡船的，一面口中嚷着“慢点慢点”，自己霍的跃上了岸，拉着铁环，于是人货牛马全上了岸，翻过小山不见了。
>
> （摘自沈从文《边城》）

3. 场面描写

场面描写是对特定的时间和空间条件下，以人物活动为中心的生活画面所作的描写。场面描写既要写物，又要写人；既要突出整体，又要兼顾个别。人生活在社会中，不能总一个人待着，免不了与人交往。有了三两个人物的活动，也就构成了“场面”，像运动场面、劳动场面、游行场面、闲谈争吵场面、婚丧礼仪场面等都是常遇到的。场面描写是写记叙类文体的基本功。它通常需要运用多种表达方式综合进行，场面描写要有中心，有层次，要点面结合，既有全场的鸟瞰，又有个别人、事的特写镜头。

4. 细节描写

细节描写是对生活中具有典型意义的细枝末节的描写。细节描写在表现事物、刻画形象上有着不可替代的作用。一篇文章要生动地刻画人物，再现事物，势必要从细节着笔。写一个人的肖像就要涉及容貌、姿势、衣饰、精神等方面的细枝末节。这些细节通常属一般性的细节描写。而在文章中特别显眼、特别具有表现力的核心细节则称为典型细节。文学文体和新闻文体对细节描写的要求是不同的，前者要求艺术的真实，后者要求新闻的真实，但都要求具体、生动、准确，于细微处见精神。

(二)描写的方法

1. 白描和细描

白描，是指用质朴、简练的笔法勾勒物象，显示事物的特征和本质，不加任何色彩和渲染，重在传神的描写手法。它以洗练、质朴的文字，勾画事物的主要特征，寥寥几笔就能“穷形尽相”。白描本是中国画的传统技法，它着重于人和事物本身的描绘，黑线勾勒，不着颜色，没有背景，古代叫“白画”。后人将这一技法借用到文章中来称之为白描。白描是一种尽可能省俭的写法，最主要的特点是抓住特征，避免浮夸。因而鲁迅将之概括为“有真意，去粉饰，少做作，勿卖弄”。如朱自清的《背影》中频繁使用的就是白描手法。

细描，也叫工笔，是用细致、逼真的笔法对描写的对象进行精雕细刻的描绘，语言往往绚丽多彩。细描笔法细腻工巧，语言绚丽多彩，能生动展现对象，给读者以如闻其声、如见其形的效果。同出朱自清之手的散文《荷塘月色》用的就是细描。白描与细描，主要是风格特点、美学追求上的不同，其间并无高下雅俗之别，只要运用得好，都是可取的。

2. 直接描写和间接描写

直接描写也叫正面描写，就是对描写对象进行直接的具体的描绘。直接描写是一种基本的描写方式。我们要再现某个人物或事件，不可能绕开要表现的人物、事件，总得要对人物作一些直接的描写，否则文章内容就会显得空洞。对描写对象作正面的、直接的描写是一种“攻坚战”，不能有半点投机取巧，它需要雄健的笔力和对对象准确的了解。直接描写能使读者从正面直接感知到被描写对象的具体状况和情态。

间接描写又叫侧面描写，就是对描写对象不进行直接描写，而是通过与之相联系的周围事物的描写来映衬烘托被描写的对象。它是一种“言在彼而意在此”的描写方式。比如汉乐府民歌《陌上桑》对行者、少年、锄者、犁者的种种描写，它的着意点不在于表现行者或少年，而是要表现罗敷的美貌。间接描写是一种很巧妙的描写方式，能激起读者的想象力，激发读者在想象的过程中完成对被描写对象的审美创造。

直接描写困难的时候，可以从描写对象与周围事物的关系着手。

3. 主观描写和客观描写

主观描写就是以浓厚的情感色彩描写人物或事象的一种描写手法。人物或事象往往是作者或作品人物情感世界的一种关照和折射，如“感时花溅泪，恨别鸟惊心”。文学创作中的描写大多是主观描写。南唐后主李煜之词《虞美人》即为主观描写的典范：

春花秋月何时了？
往事知多少。
小楼昨夜又东风，
故国不堪回首月明中。
雕栏玉砌应犹在，
只是朱颜改。
问君能有几多愁？
恰是一江春水向东流。

而客观描写是客观地描写事物本来的形态和状貌，不带作者情感色彩的一种描写手法。这种描写手法大多运用于一些说明文体的写作中。叶圣陶说：“我们要记着把握住印象是描写的根本要义。恰当地把握得住，具体地诉说得出，描写的能事已尽了。从反面看，就可知不求之自己的印象，却从别人的描写法里学习描写，是简介的、寡效的办法。如其这么做，充其量也不过成了一件复制品。而自己的印象仿佛一个无尽的泉源，时时会有新鲜的描写流出来。”[①]所以说，恰当的描写是以精确的观察为前提的。

（三）糟糕描写的三个特征

相对于叙述而言，描写这一表达方式是静态的，它具有一个重要的功能：让读者在不断翻页的阅读动作中稍作停留，让飞逝的时间放慢一点，好让我们的思想、灵魂赶上来。但是对此使用不当的话，会成为糟糕的表达。一般来说，糟糕的描写有以下三个特征：

---

① 叶圣陶：《怎样写作》，北京：中华书局 2007 年版，第 31 页。

1. 过多地偏离主题

这样的描写使时间完全停滞、使叙述陷入中止。不妨记住爱勒莫·雷纳德的忠告:“我总是力图去掉那些读者会跳过去的内容。”偏离主题、与主线无关的描写如同堤坝一样阻碍着叙述的流动,常常是“读者会跳过去的内容”。解决的方案是:尽量让描写指向你的主题,尽量把描写穿插在人物的行动中。例如,可以将第三人称叙述者眼中的山川河流换作人物眼中的山川河流,这样在对山川河流的描写中,还顺便展露了人物的性格、视野、思维方式等能够引导或推动情节发展的有效信息。

2. 过多地关注非重要环境

这样的描写是在浪费篇幅。试比较以下三段景物描写。

> 科莉从列车的车窗向外看,这列车正载着她经过乡村驶向旧金山,她将在那儿举行婚礼。列车在爱瓦的比格利弗镇(标牌上写着:人口 251)停下,她看见了一排排毫无生气的房屋,全都千篇一律,就连房前熟睡的大黄狗都如出一辙。早先,比格利弗曾是一个繁荣的矿业小镇,但现在它已没落,不再有往日的生机。她看见一个拄着拐杖的男人在站台上卖报。该镇由马修·克鲁姆(1850—1899)于 1892 年建立,它最能引以为荣的一件事就是 1912 年罗斯福在这儿待了整整一天,“棒极了”,他说道。列车呼啸了两声,科莉便告别了比格利弗小镇,以后再也没见过它。

> 尽管科莉从未见过,但她仍然十分了解这个小镇,它和所有的小镇一样,科莉憎恶它们。她来自一个和比格利弗极为相似的小镇,只不过叫别的名字,地处西弗吉利亚罢了。现在,谢天谢地,她将去一个城市,一个繁华的大都市,在那儿,她的美貌和音乐天赋都将得到赏识。她迫不及待地等着列车驶离这座丑陋的小镇。

科莉立即爱上了这个小镇,它绿树成行的土路、刷得粉白的小教堂和熟睡的大狗捍卫者一派宁静的氛围。也许在结婚后,她能说服爱德离开拥挤的旧金山,而到一个酷似比格利弗的小镇定居,她婚后打算要三个孩子,这种小镇将是抚养子女的好去处。

第一段属于糟糕的描写,在无足轻重的地方浪费笔墨——除非那个标着"人口 251"的标牌暗示了一个秘密宝藏的地址所在,或者那个在站台上卖报的拄着拐杖的男人是科莉的初恋情人,否则这些描写就是不必要的。

第二段和第三段描写的存在具有更充分的理由,从中我们可以了解到人物的希望、梦想和性格。对景物合理有效的描写"应是人物对周围环境的反应",你可以为环境赋予任何情感,第二段是"恨",第三段是"爱"。请牢记大卫·罗吉的格言:"一部好的小说中的描写绝不仅仅是描写。"①

3.过于概括,不够具体

这样的描写模糊而毫无重点。例如:"天空是蓝色的,鸟儿飞来飞去,远方的山模糊不清,绿色的田野上开满小花。"又如:"春回大地,万物复苏,百花齐放,百鸟争鸣。"这样的描写除了能起到识字的功效,很难有审美方面的促进。契诃夫在一封信中告诫一位朋友避免描写的概括化:

我认为,对于自然的真正描写应该相当简略并与主题存在相关性。应该避免落入俗套的描写,比如,"落日沐浴在黑色海洋的浪花之中,绛紫色的金光一泻而下"等等。在描写自然时,要抓住细节,而且要达到这样一种程度,即使闭上双眼,

---

① 敏言编译:《文学创作手册》,北京:中国国际广播出版社 2000 年版,第 112 页。

也仍能看到你所描写的场景。如果你这样写道,“在水坝上,一只破玻璃瓶的瓶颈折射出一星亮闪闪的星光,塑像倒映出圆形的黑影,一只狼慢慢地出现在视野之中并开始奔跑”,你也就将一个月朗星稀的夜晚的效果描写到了极致。

三、怎样抒情

抒情就是抒发和表现作者或文章作品中人物的感情。“文章不是无情物”,各类文章都离不开感情的抒发,但各类文章对抒情的要求是不同的:就其频率来说,诗歌散文运用最多,小说、戏剧次之,至于议论文、说明文及实用类文体则较少运用;就其运用方式来说,诗歌、散文、小说、戏剧,常借助于事、景、物、理来抒情,议论文和说明文则将抒情融入观点的阐发和事物的解说之中。

(一)抒情的方法

1. 直接抒情

直接抒情是作者或作品人物直截了当地抒发思想感情。作者将自己内心强烈的感情不加掩饰地倾泻出来,真实质朴,震撼人心。如西班牙诗人加西亚·洛尔迦的《情歌》:

我望着你的眼睛
在我还小且好的时候。
你的双手轻抚我
并给了我一个甜蜜的吻。

(钟表走着同样的节拍,
夜晚缀着同一簇星星。)

我的心就此绽放

犹如一支花开在天空下，
花瓣片片茁壮
花蕊就像美梦一场。

（钟表走着同样的节拍，
夜晚缀着同一簇星星。）

我在房间里啜泣，
仿若那故事里的王子
因为他心爱的小金星
从那些战场上消失。

（钟表走着同样的节拍，
夜晚缀着同一簇星星。）

我离开你的身畔，
爱着你却并未得知。
记不清你眼睛的样子，
还有你的双手和发丝。
只是我的额间已然印下
那蝴蝶一般的亲吻。

（钟表走着同样的节拍，
夜晚缀着同一簇星星。）

诗歌抒发了情窦初开的小男孩对心中女神的朦胧恋慕之情，也抒发了这恋慕最终成为一抹成长回忆的怅然之情。

再来看以情诗著称的聂鲁达的《我在这里爱你》一诗的结尾：

因为我爱你,风中的松树
愿意歌颂你的名字,借助它们那钢丝针叶

还有诗人艾青的《我爱这土地》的结尾:

为什么我的眼里常含泪水?
因为我对这土地爱得深沉……

两首诗的最后一句均直接抒情,情真意切。

2. 间接抒情

间接抒情即通过叙述、议论、描写等表达方式进行抒情,其特点是比较委婉含蓄,耐人寻味。常见的间接抒情方法大致有以下三种:

第一种是依附于事的抒情,即以叙述来抒情。即借助叙事抒发强烈的主观感情,往往情由事起,事由情转,叙述不求完整,带有强烈的或外发或内敛的感情色彩。如张籍的《秋思》一诗:

洛阳城里见秋风,欲作家书意万重。
复恐匆匆说不尽,行人临发又开封。

诗人没有去直接抒发肝肠寸断的思乡之情,而是叙述了书写家书并托人捎信的一件小事,欲写家书却无从说起思念之情,好不容易写好信、封缄好,交给了送信人,可是当送信人临行之时却忽然觉得言未尽、情未了,只好重新开封,再作补充,思乡之情绵绵不绝,尽在貌似平淡的叙述之中。

第二种是依附于理的抒情,即以议论来抒情。这是一种议论抒情,除交代论据、进行论证之外,必须辅之以充满感情的文字,情理相生。鲁迅的许多杂文就带有强烈的感情。英国作家切斯特顿也是以议论来抒情的高手,试看《为轻率的誓言辩护》的片段:

在我们这个时代,反对宣誓已达到了这种程度,甚至典型的结婚宣誓也要加以反对。听听那些反对婚姻的人士对此问题的意见,这是最令人开心的事。他们似乎认为忠贞不渝的理想是魔鬼神秘地强加在人类身上的枷锁;而不是像实际那样是所有情人始终如一地强加在自己身上的枷锁。他们发明了一个短语,其中两个词如同黑白一样自相矛盾——“自由性爱”——仿佛情人从来就是,或从来就可能是自由似的。爱的本质就是要约束自身,而婚姻制度不过是信任普通人的誓言而表示致敬而已。现代圣贤带着不怀好意的狞笑向情人允诺最大的自由和最充分的不负责任;可是他们并不像古代教会那样尊敬他;他们并不把他的誓言写在天上,作为他最神圣时刻的记录。他们给予他样样自由,除开自由出卖他的自由,而这一点倒是他唯一需要的东西。……正是这种后门,这种身后有退路的意识,在我们看来,才是现代快乐中那种毫无用处的精神。到处都存在着获取快乐而不付出代价这种固执而疯狂的企图。因此,在政治方面,现代侵略主义者实际在说:“让我们享受征服者的快乐而无须让战士受苦;让我们坐在沙发上就成为吃苦耐劳的民族。”因此,在宗教和道德方面,颓废的神秘家就说:“让我们享受神圣的纯洁芳香而无须自我约束的痛苦;让我们轮流向童贞玛利亚和普里阿普斯唱圣歌。”因此,在爱情方面,自由性爱者就说:“让我们享受献身的光辉而无须遭受承担义务的危险;让我们看看一个人自杀能不能达到无限多的次数。”……对旁观者、业余爱好者来说,无疑有着惊心动魄的时刻;可是有一种惊心动魄却只有那为国旗而战斗的军人才知道,只有那为获得启发而忍饥挨饿的苦行者才知道,只有那最终做出选择的情人才知道。正是这种脱胎换骨的自律精神才使得誓言成为一桩真正合情合理的事。对情人或诗人来说,知道由于一时的决定,所以那条奇异的链子便悬挂在阿尔卑斯山静寂的星辰和白雪之中长达若干世纪之久,

这事准能满足他们心灵的巨大饥渴。……①

毫无疑问切斯特顿是道德保守主义者，但是这充满激情的议论甚至能够说服激进主义者，毕竟那"写在天上的誓言"、那由于一时的决定而悬挂在阿尔卑斯山静寂的星辰和白雪之中长达若干世纪之久的"奇异的链子"，准能满足人们"心灵的巨大饥渴"。

第三种是依附于景的抒情，即以描写来抒情。以眼前的景物为媒介，或者通过对某种象征性事物的描绘，来寄寓和抒发作者的感情。这样的描写往往染有作者的感情色彩，形象具有比拟性、象征性。许多唐诗宋词即是依附于景抒情的典范之作。如苏轼的《念奴娇·赤壁怀古》中的"大江东去，浪淘尽，千古风流人物……人生如梦，一樽还酹江月。"依附江边之景抒发存亡兴衰之感。

间接抒情的运用一般比直接抒情要来得多，其效果也比直接抒情好，因为人的喜怒哀乐悲恐惊都是抽象的。直接抒发往往抽象空泛，不易动人，但若间接抒发，将抽象之感情渗透于事、理、景中让人再自己体会，则会达到动人的高潮。当然，也不能一味否定直接抒情的表达效果，要根据表现对象而定。

（二）抒情的要求

情感是人对现实关系的一种态度体验，与信念、观点、习惯、态度、生活方式密切相关。抒情首要在于真挚，要有真情实感，不能矫揉造作、无病呻吟，有了真挚，即使是反常的情感也能抒写得感人肺腑，例如纳博科夫小说《洛丽塔》的著名开头：

洛丽塔，我的生命之光，我的欲念之火。我的罪恶，我的灵魂。洛—丽—塔：舌尖向上，分三步，从上颚往下轻轻落在

---

① G.K.切斯特顿：《切斯特顿随笔选》，天津：百花文艺出版社2005年版，第128—131页。

> 牙齿上。洛。丽。塔。
>
> 在早晨，她就是洛，普普通通的洛，穿一只袜子，身高四尺十寸。穿上宽松裤时，她是洛拉。在学校里她是多丽。正式签名时她是多洛雷斯。可在我的怀里，她永远是洛丽塔。

而没有真挚，即使是热爱人类这种普遍的情感也能抒写得令人反胃。抒情其次要有节制，泛滥的感情终究会导致读者的厌倦，而节制的感情在喷薄爆发的时刻会格外动人。加缪小说《局外人》的结尾部分，主人公莫尔索的一段爆发式抒情是个很好的例子：

> 他走了之后，我平静下来。我累极了，一下子扑到床上。我认为我是睡着了，因为我醒来的时候，发现满天星斗照在我的脸上。田野上的声音一直传到我的耳畔。夜的气味，土地的气味，海盐的气味，使我的两鬓感到清凉。这沉睡的夏夜的奇妙安静，像潮水一般浸透我的全身。这时，长夜将尽，汽笛叫了起来。它宣告有些人踏上旅途，要去一个从此和我无关痛痒的世界。很久以来，我第一次想起了妈妈。我觉得我明白了为什么她要在晚年又找了个“未婚夫”，为什么她又玩起了“重新再来”的游戏。那边，那边也一样，在一个个生命将尽的养老院周围，夜晚如同一段令人伤感的时刻。妈妈已经离死亡那么近了，该是感到了解脱，准备把一切再重新过一遍。任何人，任何人也没有权利哭她。我也是，我也感到准备好把一切再过一遍。好像这巨大的愤怒清除了我精神上的痛苦，也使我失去希望。面对着充满信息和星斗的夜，我第一次向这个世界的动人的冷漠敞开了心扉。我体验到这个世界如此像我，如此友爱，我觉得我过去曾经是幸福的，我现在仍然是幸福的。为了把一切都做得完善，为了使我感到不那么孤独，我还希望处决我的那一天有很多人来观看，希望他们对我报以仇恨的喊叫声。

正是这一段抒情，让我们对冷漠无情的“局外人”有了崭新的认识，体会到在他冷漠无情的表象下蕴藏着怎样的激情，也让我们对自己有了崭新的认识，怀疑自己是否才是真正对人生意义置若罔闻的“局外人”。

四、怎样议论

议论就是对客观事物进行评论，以表明自己的观点和态度。作为一种表达方式，议论与议论文的区别是明显的，前者是手段，后者是一种文体。但两者又是紧密相连的，议论文最主要的表达方式即为议论。我们以学术性论文的写作为例来解释应当怎样议论。

（一）议论的要素

1. 论题

论题是需要分析和阐释的问题，论题的提出是议论展开的前提和基础。议论必须紧扣论题，解答论题。

2. 论点

论点是作者要阐明或论证的观点、见解或主张。论点在议论中起主导作用，它限定和制约着论据的运用。论点可以分为中心论点和分论点。其中统摄全文，起决定作用的是中心论点；从属于中心论点，对中心论点起支撑作用的论点是分论点。

3. 论据

论据是用来证实论点的依据。论据分成理论论据和事实论据两大类。理论论据，即以理论观点为论据，包括哲理、科学原理、名人名言等。事实论据，即以在现实或历史中存在的具体事例为论据。

4. 论证

论证就是运用论据证实论点的过程，揭示论点和论据之间内在的逻辑联系。

(二)怎样写学术性论文

1. 论文题目拟定

题目应当抓住整篇论文的精髓,能够显示论文的主题,最好能出现论文的核心关键词;风格上可以平铺直叙也可以标新立异,还可以采用主副标题形式,一面明晰重点,一面引人兴趣。

2. 撰写前言

前言中通常介绍研究的背景(动机、脉络与意义),可以与研究者个人生活经验相关,也可以谈论研究者受到的学术理论或社会实践的启发,给读者以有趣、富有理论价值和实践意义的印象为佳。

3. 文献综述

文献可以帮助我们给自己的研究定位。了解自己的研究选题已有多少既有研究,研究到怎样的程度,从而避免重复他人的研究,并且在他人研究基础上继续向前探索。此外,对他人的理论观点及其研究方法的梳理,也有助于我们从中找到研究的新题目,补充或修正前人的观点也使综述颇具价值。撰写综述需要注意以下几点:

- 客观评价前人的研究成果,不过分赞誉,更不可过分贬低。
- 客观评价自己的研究与前人研究的关系,不可过分夸大自己尚未做出的学术贡献。
- 紧密联系自己的研究选题,只涉及与本论文直接相关的文献,不可无限扩大文献的范围,不要在综述中描述很多伟大或流行的理论,可等研究一开始却再也不理它们了。
- 要利用文献,将既有研究作为自己的资料来源,提供自己研究的正当性,帮助决定自己的方法与观点,而不是让文献利用,过度依赖某一既有理论,把理论强加到自己的研究之上。
- 可以参考 Flowerdew 提出的 5C 原则来写综述:全面、精简、一致、积累、批判(comprehensive/concise/coherent/cumulative/critical)。让读者了解你对文献的评价,其长处与短处何在,并且知道你的研究放置在既有知识基础的哪个位置。

4. 正文

第一,从结构入手,确定论文的大致结构(可以套用我们在第五章论及的金字塔结构)。

第二,论文的语言运用需要避免以下陷阱:

- 按照自己意思随意使用专有名词。
- 使用具有种族、年龄、性别、能力歧视的用语以表达偏见。
- 过多使用口语化的文字。
- 过多使用情绪化的文字。
- 过多使用如到、着、了、过、会等赘词。
- 过多使用成分复杂的长句。
- 过多翻译腔。

第三,论文写不下去时需注意:

- 不要坚持从第一章写起,写作本身就是思考与分析的过程,应该从自己最有把握的地方写起。

- 不要埋怨自己的写作能力不足,写作停顿的时候,问题往往不出在写作本身,而出在最基本的概念方面,这时应尝试重新厘清概念,找准方向。

- 不要完全隔绝孤立自己,除非你想象普鲁斯特一样写出《追忆似水年华》,可以找老师、学长、学长聊天,也许能激发你的新思想,找到新出路。

- 不要对自己的论文习焉不察,习惯之后会忽略许多存在的问题,可以尝试营造陌生感以产生新思路,比如大声朗读,更动排版,倒着阅读,换个环境。

第四,学会正确引用:

- 原文引用加引号“”。

● 引文英文(包含)超过 40 字或中文超过 4 行,将其自正文中独立出,自成一段,不必加引号,更改字体。

● 转述不必加引号(需有注释,提供文献来源)。

● 引文中,如果有删节,删节句子中间的字,必须用…替换,如果是句子与句子中间删掉几个完整句子,则加上……。

● 引文,能引用原典就不要用二手资料,回溯相关的最先的原始文献,会显得很专业。

● 引用中文翻译文献,除应引注原作者中文名外,最好也标注英文原名。

第五,特别提醒写长篇论文的作者——一般而言本科论文需万字左右,硕士生论文需三万字左右,博士生论文需十五万字左右,写论文的过程可能充满孤独与焦虑,需要心理减压,做运动、练瑜伽、看电影、打游戏等都可以,小心让压力压垮自己。

5. 结论

结论不是把研究所发现的论据和所证明的论点重复简述一遍,而是将研究结果再进一步理论化。它意味着在研究完成后,在与论文资料分析的细节有一定的距离时,如何看待论文的整体,自己静下心、退一步、跳高一层,想想论文做完了,是否回答了原来提出的问题,为什么? 自己的研究发现与分析可以跟现有理论产生怎样的关联,是验证、否证、修正或是丰富它的意涵? 自己研究整体的意义在哪,在学术界多自己这样一篇论文的价值何在?

6. 参考文献

当读者对作者所引用文献感兴趣时可据此找到全文来阅读,倘若你引用了一个令人兴奋的新概念,读者很想把这个概念研究清楚,却从你列的参考文献中找不到相关书目,会觉得沮丧。文献格式有许多种,要依照就读科系的规定或所投稿的学术刊物的规定来设置格式。①

五、怎样说明

说明就是用简洁准确的语言对事物的性质、形状、用途、成因、结构、功能、特征等加以解说和介绍的表达方式。简而言之：你不知道，我客观、公正、准确地告诉你，这就是说明。说明不仅是说明书等说明性文章体裁的主要表达方式，也是其他文类的常用表达方式，如消息中的注释性背景材料，应用文中的情况交代，散文游记中的风物介绍，诗歌前的小序或题记等都需要运用说明这一表达方式，甚至在有的小说中，说明也被大量使用，比如罗伯·格里耶的《海滩》中出现了大量数字用以说明人物、事物的特征或人物与事物之间的距离："十二岁左右"，"浸湿几英寸"，"三条相似而均等的连贯脚印"，"距离三个孩子一百码左右"，"这些脚印的深度是不变的；不足一英寸"，"就在海浪边缘，约莫一百码之处"……

下面以实用技巧类文章的写作来介绍应当怎样说明：

如拉尔夫·柯雷根所说，"任何能够吸引你的活动，从划独木舟，到烹饪，收集内战遗物，为自己理发，都可构成一篇指导生活实用技巧的文章"。

第一，提出一个问题作为导入。这个导入的问题最好跟自我形象、经济、健康、爱情、家庭关系或休闲活动的改善有关。比如，如果父母学会使用微信，是否能改善亲子关系？或者，如果你学会自拍，是否更能彰显个性？

第二，用鼓舞人心的话对你要介绍的活动、能力、技巧做个简短介绍。大意不外是"很简单，只需要五个步骤/五分钟/五天/五次就可以学会"之类的。

---

① 毕恒达：《教师为什么没告诉我：论文写作枕边书》，北京：法律出版社 2007 年版，第 159、160 页。

第三，尽可能用人们熟悉的事物作类比来描述新概念，比如微信就像远古的巫术一样可以进行远距离传输。

第四，尽可能简短、清晰、准确的介绍。比如在烹调书里说“20ml 清水”要比“两勺清水”清楚多了。

第五，先说总的原则，是按照时间顺序组织，还是按照先易后难排列。再介绍具体步骤，一步一步介绍，可以照顾大多数遵循程序不愿冒险的读者。

第六，配以插图，有插图的技巧类文章，不但读者更喜欢阅读，刊物也更愿意发表。

第七，提醒读者注意有可能把事情搞糟的各种陷阱，这是很贴心的小设计，但注意不要让陷阱显得太多、太可怕，以免读者望而生畏。

现在，你可以用自己喜欢的个人口吻来介绍你想介绍的任何一项技能了。

练　习

1. 一篇小说的开头第一句话是：“她在公共汽车上专心致志地读着书。”请运用描写把这篇小说的开头续写下去，丰富具体的细节，以展现人物。

2. 运用说明向从未使用过微信的人介绍微信的使用方法与技巧。

3. 写一段文字，运用间接抒情来抒发爱情。

第七章　语体与文体

我对我国字字珠玑的语言感到惊异，每一个声音都不啻一件礼品，全都饱满而又硕大，就像珍珠，真的，有些东西的名称比东西本身还要可贵。

——果戈理

如你所知，面对同样的写作对象，不同的人会写出不同的作品，其间的差异是多方面的，从遣词造句、结构布局到主题内涵、艺术风格各个不同，造成这种情况最主要的理由是写作的人各个不同，而在写作过程中，人的不同最主要表现在语言的不同。语言是写作者的物质手段与传达媒介，海德格尔所谓“语言是人类存在的家”，用来描述写作者和语言的关系再确切不过了——“语言是写作者存在的家”。

一、语体是什么

语体是指不同的人在不同语境下运用的不同的语言体式。其中“不同的人”包括在性别、年龄、身份、地位、职业、阶层、民族、种族、兴趣、习惯等任何方面不同的人；“不同语境”包括不同的时间、地点、场合、谈话主题、谈话对象等；“不同的语言体式”包括不同的语气、语法、选词、造句等。我们在日常生活中考虑“什么人在什么场合说什么话”的时候，其实就是在考虑语体。

语体分为口头语体和书面语体两大类。根据交际的领域不同,口头语体可分为对白体和独白体,还可分为演讲语体和谈话语体。书面语体因交际领域、交际目的不同,形成文艺语体、科技语体、议论语体、事务语体。

以下是一个关于喝咖啡的事务语体的例子:

报告类别:调查报告

行业分类:食品烟草\非酒类饮品

调查地点:北京、上海、广州、天津、沈阳、济南、南京、福州、厦门、深圳、杭州、青岛、大连、成都、武汉、西安、昆明、重庆、郑州、哈尔滨

调查时间:2001 年

调查方法:媒体监测

样本数量:1000 种媒体

样本情况:报纸、杂志、电视、广播、电影院、户外广告以及网络等

调查机构:《国际广告》杂志社

报告来源:中商网

报告内容:

咖啡是中国民众高阶层的彰显性消费

喝咖啡的人比较追求流行时髦、求新求变、具有独特风格、喜欢发达国家的生活方式和品牌,也比较在乎享受,譬如重视商店的气氛、喜欢过浪漫的生活。

喝咖啡在中国仍可说是一种特殊的生活方式。进一步分析饮用咖啡的比例和人口特征的关系,我们发现,小学程度的城市居民喝速溶咖啡的比例只有 8.1%,初中程度的有 27.7%、高中程度有 24.2%、中专/技校程度的有 27.8%、大专程度的有 32.5%,而大学以上程度者喝速溶咖啡的比例则上升到最高点,达 35.8%,不论重度、中度或轻度消费者,其

比例均有随教育水平而提高的现象。

此外，家庭月收入和喝速溶咖啡的比例也成正比。家庭月收入在1999元人民币以下的居民，只有7.9%的比例有饮用速溶咖啡的习惯，但是到了月收入8000元以上的家庭，消费者饮用速溶咖啡的比例却高达42.5%。

教育水准、家庭月收入和饮用速溶咖啡的频率呈现显著的正相关，意味着咖啡这种西方传入的饮料在中国大陆是一种象征优势阶层的生活方式。所以尽管上海星巴克一杯咖啡要价22元人民币，人们还是趋之若鹜，看来喝咖啡不但是一种生活享受，更是一种彰显性消费（conspicuous consumption）。可以预见，随着中国经济的繁荣昌盛，追求这种彰显性消费的民众将越来越多，无论是老板，还是职员，甚至包括学生，越来越多的人将走进咖啡店。

上海地区喝速溶咖啡人口比例最高

虽然上海并非是个人收入最高的大陆城市，但是根据中国市场数据库CMDB在2000年针对速溶咖啡产品所进行的调查，上海民众的饮用比例是全国最高的。大陆20个主要城市居民过去一年内喝过速溶咖啡的人口比例是24.7%，而上海民众却高达42.7%。此外，上海居民每天都喝速溶咖啡的重度消费者有5.2%、每周至少一次的中度消费者有21.5%，均明显高出其他城市。由此不难看出，星巴克连锁咖啡店能够在上海成功抢滩并非偶然。

根据同项调查，过去一年内喝过速溶咖啡的人口比例在30%以上的地区除了上海之外，还有昆明、厦门、杭州和天津，20%以上的地区则有南京、大连、深圳、福州、广州、西安、郑州、青岛、武汉和北京。调查显示，速溶咖啡饮用率较高的地区，当地居民对咖啡的接受度较高，是连锁咖啡店进军的好地点。我们认为，重庆、哈尔滨、沈阳和成都这四个地区的民众饮用速溶咖啡比例最低，这四个城市的咖啡市场将比较难打开，其他城市是进攻的重点。

喝咖啡这件事在文艺语体中则是这样子的：

蛇年初一。我在机场
喝咖啡。母亲的航班
顺利起飞。我狠狠地
喝下最后一口
然后，想象着——
母亲是怎样的一朵云

——老藏《蛇年初一，我在机场喝咖啡》①

二、怎样正确使用语体

写作的时候要选择恰当的语体。例如，记叙文主要用文艺语体，说明文主要用科技语体，议论文主要用议论语体，一般应用文主要用事务语体。语体运用不当，如在一个严肃会议上运用家庭成员间的闲聊语体，而家庭成员间的闲聊却用程式化的会议语体，这就叫"不得体"。

有这样一个笑话：有一天，安妮收到了未婚夫的来信，只见信上写道："亲爱的，我想念你那 80 厘米长的金发，浅蓝色的眼睛，高高的颧骨，还有你左手上直径 1.5 厘米的伤疤，以及一米六五的身高。"安妮的朋友见了这封信，说："这封情书真少见！你的未婚夫是干什么的？""他在警察局里专门写寻人告事的。"安妮的未婚夫没认识到：情书是一种要抒发情感的文体，一般应呈现出文艺语体的特点，与寻人启事的事务语体有较大的差别。（当然，这也是一封别具一格的情书，没准儿安妮会喜欢的。）

---

① 选自《诗歌月刊》2013 年第 6 期。

选择恰当的语体，要注意身份和场合。假如有一个人竞选总统，他对选民说："我很穷，什么都没有，请你们都投我一票吧。"他采用这么一种干巴巴的语体，很难打动选民。（何况他还犯了"诉诸怜悯"的逻辑谬误。）1860 年，林肯也说了上面的意思，但他用了如下的语体："有人打电话问我有多少银子，我告诉他们我是一个穷棒子。我有一位妻子和一个儿子，他们都是无价之宝。我租了一间房子，房子里有一张桌子和三把椅子，墙角有一个柜子，柜子里的书值得我读一辈子。我的脸又瘦又长，且长满胡子，我不会发福而挺着大肚子。我没有可以庇荫的伞子，唯一可以依靠的就是你们。"林肯就靠这种诚实而风趣的演说文体赢得了选民，就任美国第 16 任总统。①

选择恰当的语体，要依据文章的体裁，体裁不同，语体也不相同。相传有一位文人为慈禧在扇子上题写王之涣的一首七言绝句：黄河远上白云间，一片孤城万仞山。羌笛何须怨杨柳，春风不度玉门关。谁知不小心漏了一个"间"字，慈禧勃然大怒，以为文人嘲笑她没有学问。文人急中生智，说自己写的不是诗，而是一首词：黄河远上，白云一片，孤城万仞山。羌笛何须怨，杨柳春风，不度玉门关。慈禧这才没话可说。同为韵文语体的诗和词，体裁不同，语体运用也迥异。再如，大家都熟悉的《清明》一诗：清明时节雨纷纷，路上行人欲断魂。借问酒家何处有，牧童遥指杏花村。有人曾将它改写为戏剧，选用的语体也就由原文的韵文体改为了戏剧文体：

时间：清明时节

地点：路上

场景：雨纷纷 杏花

行人（欲断魂）：酒家何处有

① 童庆炳：《文体和文体的创造》，昆明：云南人民出版社 1994 年版，第 2 页。

牧童(遥指):杏花村

这两者运用的字词基本一致,但选用的语体不同。前者是七言绝句,因而选用的语体要求字句简练、讲究平仄押韵、节奏感强,只能选择韵文语体。而后者是戏剧,语言通俗,有一定的情节,因而选用的语体要求口语化、着重叙述和描绘、不求平仄押韵,则只能选择戏剧文语体。诗歌和戏剧虽同属文学文体,但在语体的选用上也有差异。

如果不知道正确选择语体,会写出不合规范的文章,例如某学生写电影《祝福》的评论文章时,不适当地用上了不少语气词、叹词:“当我读到祥林嫂……然后……唉,多可怜!”“加上这个情节,会让祥林嫂这个角色活灵活现啊。这是我个人的意见吧。”这样的文章看起来就不像典型的议论文了。

三、怎样混用语体

在文学作品中时常会出现语体的混用现象,而且是写作者有意为之。混用语体是创造性写作的一种写作技巧,通过对不同语体的灵活运用,给读者以自由不羁的阅读感受,尤为重要的是,通过语体的混用,可以产生特别的艺术效果,起到解构的作用。戏仿就是有意混用语体的一种修辞方式。

戏仿,又称谐仿,是指在自己的作品中对其他作品进行借用,以达到反讽、讽刺、怪诞、游戏或者向经典作品致敬的目的。戏仿的对象通常都是大众耳熟能详的作品。比如,鲁迅的《故事新编》戏仿了“大禹治水”、“后羿射日”、“女娲补天”等多种神话传说,还戏仿了笔记体小说与庄子的著述。中国当代文学史上的“先锋小说”与“新历史小说”以戏仿为重要写作方法。比如,余华的《古典爱情》是对才子佳人小说的戏仿,《鲜血梅花》则是对武侠小说程式的颠覆。刘震云的《故乡相处流传》的“在曹丞相身旁”一章是对

“三国”故事的戏仿,《故乡面和花朵》的题记戏仿了艾青的诗句“为什么我的眼中常含泪水,因为我对这土地爱得深沉”,将之变为“为什么我的眼中常含泪水,是因为这玩笑开得过分”。李冯的《我作为英雄武松的生活片断》是对《水浒传》中的“武松打虎”故事的戏仿,李冯的《十六世纪的卖油郎》是对《卖油郎独占花魁》的戏仿,《梁》、《祝》则是对梁山伯与祝英台故事的戏仿。上世纪末起在网络上声名远扬、至今仍深受读者喜爱的王小波的《万寿寺》、《红拂夜奔》、《寻找无双》等小说同样也是对历史故事的戏仿。这些小说把历史上神化的英雄人物当成普通人来刻画,打破既定的情节模式,是对宏大叙事、传统思想、历史真相、艺术成规的质疑和再思考。

戏仿修辞有升格戏仿和降格戏仿两种。

● 升格戏仿,是指用崇高宏伟的语体叙述微不足道的琐事。例如周星驰电影《大话西游》中有一句对白,在主人公至尊宝中了七伤拳变成斗鸡眼之际,他解释道:“我只是把视力集中在一点,以改变我以往对事物的看法。”这句台词把不能登大雅之堂的“斗鸡眼”上升到了认识论的高度。

● 降格戏仿,是指用粗鄙荒唐的语体来表达认真严肃的大事。例如周星驰电影《国产零零漆》中有如下对白:

> 007(感激涕零地):十年了,已经十年了,我还以为国家根本把我忘记了。
>
> 达文西(激动热情地):怎么会呢?就算是一条内裤、一张卫生纸,都有它的用处。

这句对白把007“高大上”的爱国之情、报国之志降格为一条内裤、一张卫生纸的基本用途。

下面是一篇充分运用了戏仿修辞的网文《鲁迅对早恋问题的精辟回答》,你能看出是哪种戏仿吗?____________________

> 问:父母应该怎样看待早恋问题?

答:他们应该有新的生活,为我们所未经生活过的。

问:您怎样看待早恋现象在校园里的蔓延呢?

答:其实地上本没有路,走的人多了也便成了路。

问:您对已经被老师家长发现了的早恋学生有何建议呢?

答:不在沉默中爆发,就在沉默中灭亡。

问:您对早恋中的男女有何劝告呢?

答:不能只为了爱,而将别的人生要义全盘忽略了。

问:您对早恋本身的看法是?

答:他是这样的使人快活,可是没有他,人们也便这么过。

问:请您将国内外同龄人的早恋问题做一个比较?

答:东京也无非是这样。

问:您对教师干涉学生早恋抱什么态度?

答:我将深味这浓黑的悲凉,以我的最大哀痛显示于非人间,使他们快意于我的痛苦。

问:您对教师不干涉学生早恋又抱什么态度?

答:则普天下之人民其欣喜为何如。

问:您对早恋者的评价是什么?

答:这是怎样的哀痛者和幸福者。

问:您对学生某某因早恋事发被其父殴打有何看法?

答:我已经出离愤怒了。

问:您认为早恋的学生应具有什么样的气质?

答:横眉冷对千夫指。

问:胆量呢?

答:我以我血荐轩辕。

问:您觉得早恋者该怎样面对师长呢?

答:我们的第一要著,是在改变他们的精神。

问:您自己有过早恋的经历吗?当然您可以不回答。

答:我在年轻时候也曾经做过许多梦,后来大半忘却了。

网友通过对经典的戏仿与作家鲁迅进行了一次“对话”，通过对权威的消解产生了一种颠覆的快感，实现了自己的“创造”，消解了原文的严肃性，削平了原文的深度，虽然带有恶搞之嫌，曲解原文本意，妨碍理解原作者，不过在写作练习中不妨一试。因为戏仿几乎总是从经典文本或是教科书里的素材下手（法国文学中被戏仿的作品最多的是《拉封丹寓言》和古典戏剧），其目的或是出于玩味和逆反（围绕原文加以讥讽），或是出于欣赏。萨莫瓦约在《互文性研究》中指出：“尽管在大多数时间里，戏仿是出于玩味，但在练习风格上，目的却会是严肃的：在模仿一位作家的时候，我们不仅在练习写作，同时也要避免自己的风格有意无意地落入被仿作家的窠臼。”

四、怎样提高文体价值

（一）文体和文体学

人们常常望文生义，认为文体就是文章的体裁，实际上，文体是一个综合的概念，是指所有文章的体式状貌，既包括体裁，也包括语体、风格等。完整的文体应是语体、体裁、风格三者的有机统一。体裁是文体的外形，语体是文体的核心，风格是文体的最高呈现形态。

20 世纪 60 年代起兴起了一门综合性的学科叫文体学，它主要运用现当代语言学的理论与方法来研究文本体裁的特征、本质及其规律，也叫风格学。

（二）文体价值

判断文章的文体价值高低的主要标准是：看文章是否创造了一种有别于现代人的常规审美经验的文体。也就是说，一种文体越是有别于现代人的常规眼光，其文体价值就越高，艺术性就越强，如狄德罗所说："艺术就是在平凡中找到不平凡和在不平凡中找到平凡。"几乎所有优秀的作家都是文体大师，他们能够运用语言创造出富于个人魅力的新文体，创造出一个个新的艺术世界，让普通读者和文学史家都为之惊奇。

比较下例中的两句话，看看哪一种说法更具有文体价值。

例 1　一根树枝在他的脸旁长了出来。
　　　一支箭射到了他的脸旁。

例 2　洛克的胃告诉他不能吃这根树枝。
　　　他知道这箭不能吃。

两例中的首句取自英国作家威廉·戈尔丁的《继承者》，刻画的人物洛克是个具有原始思维的"野蛮人"，说出了有别于现代人常规眼光因而更具文体价值的话。

再来欣赏一下聂鲁达的一首诗《我喜欢你是寂静的》：

我喜欢你是寂静的，仿佛你消失了一样。
你从远处聆听我，我的声音却无法触及你。
仿佛你的双眼已经飞离远去，
仿佛有一个吻封住了你的嘴。

如同所有的事物充满了我的灵魂，
你从事物之中浮现，充满了我的灵魂。
你就像我的灵魂，一只梦的蝴蝶，
你就像忧伤这个词。

我喜欢你是寂静的，仿佛你已远去。
仿佛你在悲叹，你蝴蝶的低语如鸽子的轻唤。
你从远处听见我，我的声音无法企及你。
让我在你的沉默中安静无声。

并且让我借你的沉默与你交谈，
你的沉默明亮如灯，简单如指环。
你就像黑夜，拥有寂静与群星。
你的沉默就是星星的沉默，一样真实而遥远。

我喜欢你是寂静的，仿佛你消失了一样，
遥远且哀伤，仿佛你已经死了。
彼时，一个字，一个微笑，已经足够。
而我会觉得幸福，因那不是真的而觉得幸福。

这首诗中的几乎每一个比喻，都别出心裁，有别于常规眼光——“你就像忧伤这个词”，“你的沉默明亮如灯，简单如指环”，因而具有极高的文体价值。

(三)“胡适之体”和“鲁迅风”

在中国现代文学史上，有两种文体最具盛名，一种是“鲁迅风”，一种是“胡适之体”。这两种文体同属“启蒙话语”，但“最触目的差别在于一为传统型通儒语言，一为现代型专家语言”，“通儒语言可以熔议论、沉思、刻画、虚拟、感觉、想象、激情、梦幻于一炉，文史哲自然无所不包，广出犄角，连类旁通，适应性强，不以论题影响其个性。鲁迅无论谈什么，其语言总是本身有所诉说的存在，而非单纯诉说外物的工具。……专家语言也有一贯色彩，但易受客观牵制，常随治学领域与议论对象而变化。胡适写政论就明显异于做小说考证及哲学史方面的‘述学之文’。”①

胡适、鲁迅都习惯深夜写作，但胡文是给白天报纸杂志显著版

① 郜元宝:《“胡适之体”和“鲁迅风”》,《文学评论》1998 年第 1 期。

面预备的，因而“胡适之体”是高头讲章，“我要让大家知道……”、“我要告诉人们……”、“你们应该晓得……”的句式俯拾皆是，重心在语言所表露的思想，语言本身则通俗易懂，洋洋洒洒并不检束。

鲁迅则只愿在不会太多的“懂得的人的脑子里”留一点痕迹，像木刻家的小刀，划在窄窄的木板上，因而“鲁迅风”是写给爱夜的人的，“爱夜的人要有听夜的耳朵和看夜的眼睛，自在暗中，看一切暗”①，因此语言考究，美而深奥，语言所包含的思想错综复杂，甚而矛盾冲突，一如“于浩歌狂热之际中寒，于天上看见深渊，于一切眼中看见无所有，于无所有中得救”②。

（四）拥有自己的风格

风格是文体的最高的呈现形态。语体和文学的其他因素相结合，发挥到极致就形成了风格。宋人俞文豹《吹剑录》中有这样一段记载：

> 东坡在玉堂日，有幕士善歌，因问：“我词何如耆卿？”对曰：“郎中词，只如十七八女子，执红牙板，歌‘杨柳岸晓风残月’；学士词，须关西大汉，绰铁板，唱‘大江东去’。”为之绝倒。

幕士把苏东坡和柳永的词概括成两种不同的风格，前者豪放，后者婉约。风格，即指作家具有特色的写作方式，是作家对一系列的词、句、修辞、语调、措辞和整体结构的选择，是作品在整体上表现出来的独特而鲜明的风貌与格调。例如，卡夫卡的《城堡》具有神秘而安谧的文体风格，与小说中那个魔幻现实主义式的城镇相辅相成；福克纳的《押沙龙！押沙龙！》具有冷酷无情的风格，与小说中那个衰落凋敝、支离破碎的南方家族的秘密相得益彰。作者

---

① 鲁迅：《鲁迅全集（第5卷）·夜颂》，北京：人民文学出版社1981年版，第193页。

② 鲁迅：《鲁迅全集（第2卷）·墓碣文》，北京：人民文学出版社1981年版，第202页。

可以根据不同的写作目的、读者群和场合改变自己的写作风格。

一般来说,简洁的风格是一种良好的写作风格。马克·吐温在1880年3月20日致华蒂·鲍塞尔的信中说:

> 用平易的、简单的英语,短字和短句。这是现代的写法,最好的写法——英语就得这么写。坚持这么写;不要浮华花俏,不要赘言冗长。你一想起一个形容词,就消灭它。不,我不是说形容词一个也不用,而是说大多数不要用,这样留下来的就有分量了。形容词挤在一块儿,文章没力,离远点儿就有力。一个人一旦养成好用形容词的习惯,或者写的冗长、花俏,就好比染上其他恶习一样,很难改掉。

这话对许多写作者来说都富于教益,有不少作家就是以简洁的风格而著称于世的,比如海明威,其作品被公认为具有“电报似的简洁”。有一次,记者问他:“你那简洁的风格秘诀在哪里?”海明威回答说:“站着写。”海明威对自己的这种写作习惯作了解释:“我站着写,而且用一只脚站着。我采用这种姿势,使我处于一种紧张状态,迫使自己尽可能简洁地表达我的思想。”

不过也不要偏激地认为只有简洁才是好的,福克纳的作品就充分体现出繁复的风格之美。事实上,法国作家伏尔泰说的是对的——“每一种风格,只要不是单调的,都是好的。”所有好的作家的好的作品都具有一个共同的品质:拥有自己的风格。

美国作家塞林格的《麦田里的守望者》被认为是20世纪美国的经典作品之一。这本书自出版以来一直受到青少年的喜爱,得益于其独特的风格。

> 刹那间,我打定了主意,我要他妈的马上离开潘西——就在当天晚上。我是说不再等到星期三什么的。我实在不想在这儿待下去了。我觉得太寂寞太苦闷,因此我打定主意,决计到纽约的旅馆里开一个房间——找一家最便宜的旅馆——一

> 直逍遥到星期三。到了星期三，我休息够了，心情好转，就动身回家。我盘算我父母大概总要在星期二、三才会接到老绥摩的信，通知我被开除的事。我于是回到屋里，开亮灯，开始收拾东西。两只手提皮箱。我只花了两分钟。收拾行李时，有一件事有点儿叫我难过。我得把我母亲刚在几天前寄给我的那双崭新的冰鞋装起来，这使我心里难过。我想象得出我母亲怎样到斯保尔丁商店里，向售货员问了百万个傻里傻气的问题——可我这下又给开除了。这使我觉得很伤心。我拿了手提箱什么的准备动身。还在楼梯口站了一会儿，顺着那条混账走廊望了最后一眼。不知怎的，我几乎哭了出来。我戴上我那顶红色猎人帽，照我喜欢的样子将鸭舌转到脑后，然后使出了我的全身力气大声喊道："好好睡吧，你们这些窝囊废！"我敢打赌我把这一层楼所有的杂种全都喊醒了。随后我就离开了那地方，不知哪个混蛋在楼梯上扔了一地花生皮，我他妈的差点儿摔断了我的混账脖子。

戴维·洛奇在《小说的艺术》中将这部小说的叙述语气称为"少年侃"。"侃"是指用第一人称叙述的口语体小说形式。在这种小说或故事中，叙述者也是其中的一个人物，他（或她）称自己为"我"，把读者称为"你"，所用的词汇和句式均具有口语特点，似乎是在即兴讲故事，而不是提交一篇构思审慎、语言考究的作品。塞林格笔下的霍尔顿·考尔菲德，是个16岁的中学生，看不惯这世界的"假模假样"。所选的这段叙述了他离开学校时的情景。他的叙述用的是十几岁少年的词汇和语气。首先是重复使用俗语，如"他妈的"、"老"、"傻里傻气"、"混蛋"、"混账"等。其次用夸张的词汇表达自己的情感，如"太寂寞太苦闷"、"只花了两分钟"、"百万个"等等。再次，句子短小，贫于变化。这种独特的叙述风格是小说吸引读者的重要原因。

在学习写作的过程中，不要盲目追逐风尚，因为风尚常常是一种稍纵即逝的时髦，而应努力找到自己的风格，发出自己的声音，因为风格代表个体的殊异性，有风格的作品更有文体价值，也更能存之久远。但在寻找或塑造自己的风格之余也需注意避免以下几种情况：

● 作品让人感觉有些勉强或者夸张，风格与主题似乎无法匹配。

● 文字似乎与故事的情节或者人物不大相关，作者倒是很关心文字本身，仿佛文章只是作者炫技的样板。

● 文字太扎眼，妨碍读者读下去，甚至妨碍了读者对故事的关注。

● 累赘冗长。事件和想法不断重复，彼此之间只有细微的差异。

● 无法摆脱下面这张感觉，即作为读者你是被人利用了。它显然不是写给你读的，而是写给作者自己读的。①

练　习

1. 运用升格戏仿来描述发生在寝室的一件日常小事。

2. 运用降格戏仿来描述一件神圣庄严的大事。

3. 写一首关于洋葱的小诗，并努力提高其文体价值。

---

① (美)诺亚·卢克曼：《写好前五页：出版人眼中的好作品》，北京：中国人民大学出版社 2013 年版，第 51 页。

第八章　起草与修改

天才即耐心。

——布封

当你对文章已经有了构思，这时你就要动笔把它写出来，写出初稿即为起草。本章所要谈的内容是你怎样写出初稿，并怎样在此基础上进行修改。

一、怎样起草

初学写作，在写初稿之前往往需要先写提纲。

（一）写提纲

写提纲是以提要的方式将一篇文章的观点、材料的组合及其层次脉络表现出来。提纲写得越仔细，对文章所要表达的意思以及怎样表达也就想得越清楚。提纲即使不写在纸上，也得写在脑海里，即所谓的腹稿，当然，一般还是写在纸上更靠谱一些。

提纲的内容一般包括标明主题和安排层次。标明主题就是把你的文章想要表达的主题用一句话先写下来，方便统领其他。安排层次就是根据立意的需要，把文章的层次和段落、开头和结尾、过渡和照应、线索和脉络等，尽可能地用文字或者图标的形式标列出来，让你一看就明白文章的逻辑与构造。

提纲的形式多种多样，常被使用的富于概括力的形式有：标题式(小标题或关键词)、提要式(较完整的句子)、图标式(框架结构图)。

写提纲对初学写作的人大有益处。不过有时提纲也会束缚你的思维，这时不妨将提纲暂且搁置到一边，试试自由联想，随意书写，以使你的思路开阔起来，产生新的想法。除自由联想之外，对自己提问(5个W和1个H——who，what，when，where，why，how)、画金字塔框架图等技巧也可以帮助你完善你的构思。

(二)一气呵成

“一气呵成”是一种写短文章时的比较好的起草方法。即要趁着写作激情，把想到的一切都不假思索地写下来，不管修辞，也不回头看，一直写下去。像这样一气呵成，你的写作激情才能尽情喷发。关于这一点，鲁迅在致叶紫的信中曾经说过：“先前那样十步九回头的作文法，是很不对的，这就是在不断地不相信自己——结果一定做不成。以后应该立定格局之后，一直写下去，不管修辞，也不要回头看。等到成后，搁它几天，然后再来复看，删去若干，改换几句。在创作途中，一面炼字，真要把感兴打断的。”海明威则说：“任何作品的初稿都一文不值。”记住这句话，不要太在意自己的初稿，不要把它当作媲美莎士比亚或者曹雪芹的传世之作，不要自己过分审查，不要担心离题。以后会有时间处理这些，但你却无法处理还没有写下来的东西。更何况有些时候，你越是满不在乎，写得就越是好。

(三)在顺的地方停笔

起草长文章当然不可能一口气写完，这时就要选择在一个恰当的地方停笔。写到什么样的地方停笔比较好呢？许多作家认为应该在写得顺的时候停笔。因为这时虽然笔是停了，但潜意识还在活动，所以思路不会中断，等到接着写的时候更容易衔接、持续。

二、怎样修改

(一)重视修改

写出自己的第一稿后,这时你就应该对文章进行修改,通过删减、增添、替换、重新安排等手段评估你的稿子,以便更好地实现你的写作目的和满足你的读者。修改是写作的要素之一,是写作中最令人痛苦也最令人愉悦的部分。痛苦,是因为你必须舍弃之前创作的大量文字;愉悦,是因为屡次修改的过程是作品逐步成形的过程。这个“痛并快乐着”的过程让作家具备了这样的专业精神:重写他们重写的句子,然后再重写他们的句子。很多初学写作的人,往往对修改不够重视,要么紧紧抓住自己的想法不放,要么马马虎虎不肯花工夫修改。而实际上,文章不经过修改就定稿的情况是非常少见的,许许多多文学名作,其实都不是一纵而就,而是通过不断锤炼才生成的,是长期耐心琢磨、反复修改的产物。

● 福楼拜就从来不信任灵感,他认为涂改和难产才是天才的标志。

● 克雷洛夫每写一篇寓言,总要反复地重抄,不断地推敲,他的寓言诗《杜鹃和雄鸡》草稿有二百行左右,而发表出来的定稿竟只有二十一行。

● E. B. 怀特通常每部作品都要重写八九次。

● 托尔斯泰在创作初期就给自己立下了一条规则——坚决、不断地修改自己的作品。他的《战争与和平》、《安娜·卡列尼娜》、《复活》等杰作,都经历了一个漫长而又艰苦的创作过程。《复活》整整写了 10 年,其间六易其稿;《战争与和平》的开端写了 25 次;《安娜·卡列尼娜》开头一句话则经过了几十次的反复斟酌与修改。1887 年托尔斯泰在写给新作家热尔托夫的信中说:“最主要的是创作不该匆忙从事,不要怕修改,改写,十次,二十次地修改一篇作品。”①

● 海明威把《永别了，武器》的最后一页修改了三十多遍。他写的《老人与海》的手稿，在反复读了二百多遍之后才定稿付印。

(二)冷处理

完成初稿后，不要马上修改，先“冷却”一段时间，至少一天，然后再进行修改。因为文章写好后，有些问题是不容易马上发现的，过一段时间才能更好地看出问题来。修改不仅是字句的增删，其实质是对写作对象认识的不断提高，是思想、意义的不断完善。可能过一段时间，对事物的认识加深了，会改变原有的思想。

最好能用批判的眼光审视自己的作品，尽可能冷静客观地分析自己的作品。如果你很难跳脱主观印象，不妨参考别人的意见。

(三)参考别人的意见

俗话说：“当局者迷，旁观者清。”别人容易发现自己没有发现的问题。F. 司各特·菲茨杰拉德曾建议海明威删掉《太阳照常升起》一书整个开头部分。海明威勉强接受了这个建议，结果使这本书获得了更大的成功。T. S. 艾略特的史诗《荒原》在修改过程中不断得到庞德的建议，有的地方甚至是整段整段地删，这才使这部作品更具可读性。

初学写作的人应该要多听听老师或朋友的意见，因为即使是文学巨匠也曾受惠于他人的修改意见。当然，什么时候应该拿给别人看，应该拿给谁看，这完全取决于你自己。但是请注意，在前期修改阶段，其他人的看法和与之相关的建议常常会使事情变得复杂，你在修改过程中可能会过多地受到别人的观点的影响。同

① (俄)古谢夫：《托尔斯泰是怎样进行创作的》，倪蕊琴编：《俄国作家批评家论列夫·托尔斯泰》，北京：中国社会科学出版社1982年版，第467页。

时，选择谁来读你的作品也要小心谨慎。朋友和家人很难客观地给出意见。不是因为他们不好，而是因为他们太好了，他们不想伤害到你的感受。过于礼貌的人对你的写作毫无价值，过于吹毛求疵的人也同样没有用。最好的办法就是和一个写作的朋友做一下交换：你读他的作品，他读你的，然后你们彼此交谈。

（四）把稿子念几遍

修改稿子不光要“看”，还要“念”，可以诵读，也可以默默地念。初稿写成后，念几遍，自然会发现疏忽的地方。上下句不接气，前后段不连贯，词和词不照应，句子成分多了或少了，诸如此类的毛病都可以发现。在念的时候，觉得不顺口、不连贯的地方，就是需要修改的地方，再念几遍，修改的办法也就来了。总之，写完一篇文章，多念念，至少从头到尾通读一遍，这样做对修改大有好处。这一步看似简单，但是大多数想当作家的人往往做不到。在小说完篇之后从未认真重读过。他们花在重读自己的作品上的时间只够把稿子从电脑硬盘上发送到某个电子邮箱里去。

（五）逐步进行

文章修改一般应按照主题、材料、结构、语言表达的顺序逐一进行。从提炼主题，到增删材料，到调整结构，最后到推敲语言。托尔斯泰在日记中，具体指出了作品加工的程序：“要写草稿，不必考虑思想表达的场合及其正确性。第二次缮写的时候，摈弃一切多余的东西，并使每个思想有适当的地位。第三次缮写的时候，润饰表达方式，力求确切。”

在进行修改的时候，集中精力一次解决一个问题。例如，第一次读稿的时候，看一看组织结构，接着看一下语气，最后检查一下错别字等技术性问题。

修改流程表

——写下你所有的想法。

——让写完的东西冷却。

——两周后，用全新的眼光重读你的文章。把注意力放在立意、选材、结构等大问题上。

——两天后，对文章进行剪裁。果断删减材料，再次审视文章的亮点设置。

——处理中稿。主要修改开头和结尾，衔接和过渡。

——打印稿件，逐步检查遣词造句。

——最后，大声朗读你的作品。

——你的作品可读性强吗？

——可适当寻求他人意见。

——相信自己的判断，提交终稿。

（六）照顾整体

文章的修改总是从局部进行的，但是要有全局的眼光，即一定要考虑到整体。如果某个地方写得很好，你很满意，但是和整体不和谐，也要果断删掉。

（七）使用修改核对表

如果使用修改核对表，修改起来就会容易多了，这有助于我们在修改自己的文章时记住哪些要素需要考虑。以下是一份通用核对表①，供你参考使用。当然，不同文体所需要的核对项也有所不同。比如，写短篇小说和写诗就需要采用不同的核对表，因为这两

① （美）劳丽·罗扎基斯：《创造性写作》，沈阳：辽宁教育出版社2002年版，第53—54页。

种写作有着不同的要求。写小说，需要创造出引人入胜的故事情节和令读者难以忘怀的人物形象。而写诗则要求语言精练，意象深刻。因此，你应该对下面这份修改核对表做些修改，以适应不同的写作活动的需要。

修改核对表

——你的写作目的清楚吗？

——你的语言和题目适合读者吗？

——你的写作在组织结构上符合逻辑吗？

——你删掉了所有那些离题的素材吗？

——你的句子简洁正确吗？

——你的写作优美流畅吗？

——你使用了描述性的、确切的词汇吗？

——你的作品可读性强吗？

——你使用有偏见的语言了吗？

——语法、用法、标点符号等方面的错误你改正了吗？

（八）掌握修改符号

不管是给自己还是给别人看，修改最好要讲究书面的规范和美观。下面介绍一些常见的约定俗成的修改符号。

运用这些修改符号可以有效率地修改病句：

步骤	常见病因	修改方法
一读	缺少成分	增
二找	重复啰嗦	删
三改	词序颠倒	调
四查	用词不当，前后矛盾	换

文章修改符号及其用法

编号	符号名称	符号形态	符号说明	用法示例
1	改正号	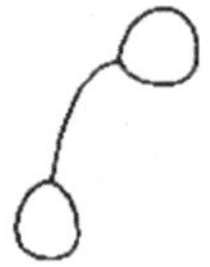	表明需要改正错误，把错误之处圈起来，再用引线引到空白处改正。	
2	删除号		表明删除掉。文字少时加圈，文字多时可加框打叉。	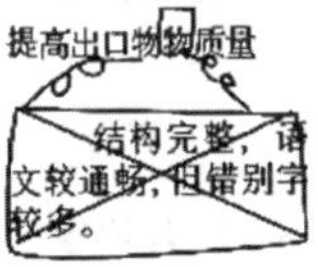
3	增补号		表明增补。文字少时加圈，文字多时可用线画清增补的范围。	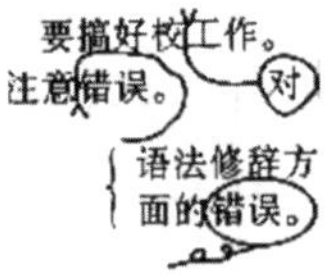
4	对调号		表明调整颠倒的字、句位置。三曲线的中间部分不调整。	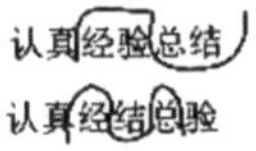
5	转移号		表明词语位置的转移。将要转移的部分圈起，并画出引线指向转移部位。	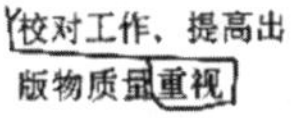
6	接排号		表明两行文字之间应接排，不需另起一行。	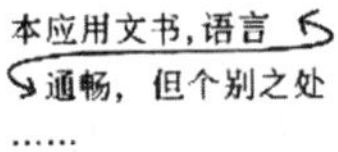

续表

编号	符号名称	符号形态	符号说明	用法示例
7	另起号	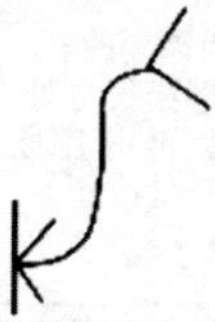	表明要另起一段。需要另起一段的地方，用引线向左延伸到起段的位置。	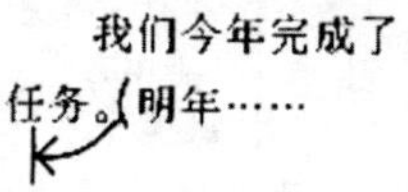
8	移位号	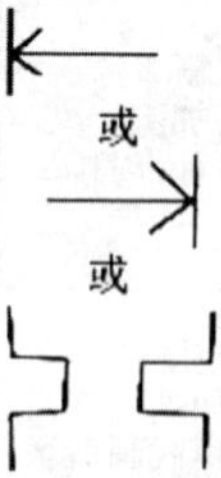	表明移位的方向。用箭头或凸曲线表示。使用箭头，是表示移至箭头前直线位置；使用凸曲线是表示把符号内的文字移至开口处两短直线位置。	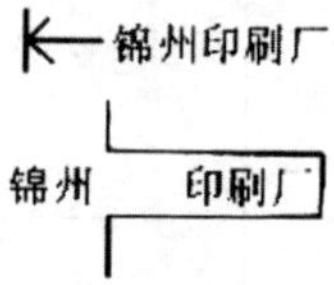
9	排齐号	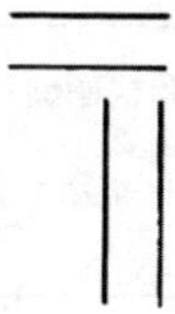	表明应排列整齐。在行列中不齐的字句上下或左右画出直线。	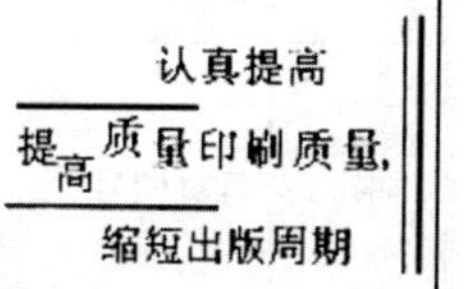
10	保留号		表明改错、删错后需保留原状。在改错、删错处的上方或下方画出三角符号，并在原删除符号上画两根短线。	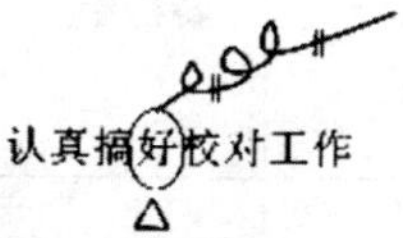
11	加空号	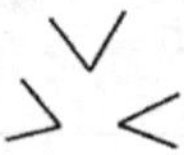	表明在字与字、行与行之间加空。符号画在字与字之间的上方；行与行之间的左右处。	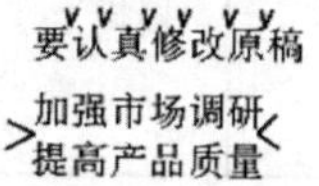

续表

编号	符号名称	符号形态	符号说明	用法示例
12	减　号		表明在字与字、行与行之间减空。符号使用方法同上。	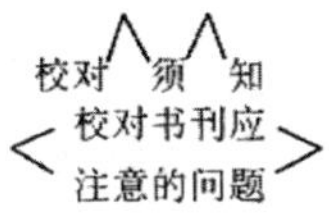
13	空字号空		表明空一字距；表明空1/2字距；表明空1/3字矩；表明空1/4字矩。	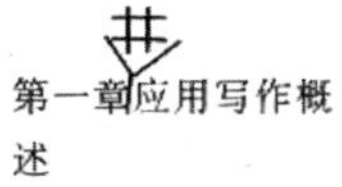
14	角码号		用以改下上、下角码的位置。	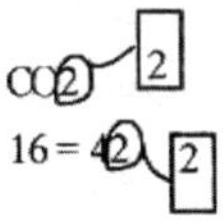
15	分开号		用以分开外文字母。	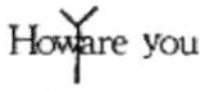

(九)一则修改的例子

《有关大雁塔》是韩东早期诗歌的代表作，带有强烈的韩东个人风格的印记。然而，《有关大雁塔》最初却别有一番模样，与我们熟知的版本有很大的差异。两个版本有何差异？韩东做了怎样的修改？他为什么要做此修改？下面我们先来看一下《有关大雁塔》最初的版本。

有关大雁塔
我们又能知道些什么
有很多人从远方赶来
为了爬上去
做一次英雄

也有的还来做第二次
或者更多
那些不得意的人们
那些发福的人们
统统爬上去
做一做英雄
然后下来
走进肮脏的大街
转眼不见了
也有有种的往下跳
在台阶上开一朵红花
那就真的成了英雄
当代的英雄

可是
大雁塔在想些什么
他在想，所有的好汉都在那年里死绝了
所有的好汉
杀人如麻
抱起大坛子来饮酒
一晚上能睡十个女人
他们那辈子要压坏多少匹好马
最后，他们到他这里来
放下屠刀，立地成佛了
而如今到这里来的人
他一个也不认识
他想：这些猥亵的人们
是不会懂得那种光荣的

有关大雁塔
我们又能知道些什么
我们爬上去
看看四周的风景
然后再下来①

下面是最终的版本：

有关大雁塔
我们又能知道些什么？
有很多人从远方赶来
为了爬上去
做一次英雄
也有的还来第二次
或者更多
那些不得意的人们
那些发福的人们
统统爬上去
做一次英雄
然后下来
走进下面的大街
转眼不见了
也有有种的往下跳
在台阶上开一朵红花
那就真的成了英雄——
当代英雄

---

① 韩东：《有关大雁塔》，《他们》前身——《老家》第一期。

有关大雁塔
我们又能知道些什么?
我们爬上去
看看四周的风景
然后再下来[①]

可以看出,除了几处用字的差异之外,两个版本最显著的不同是多出了由 14 行诗句构成的整整一节。这一节把大雁塔拟人化了,以大雁塔的视角进行叙述,假想了大雁塔的情感和思维,而假想的内容又是对往昔英雄的赞美和对当今凡夫俗子的鄙薄。从形式上讲,这一节直接叙述大雁塔"在想什么",与前文的"有关大雁塔/我们又能知道什么"构成了明显的矛盾——我们既然不知道有关大雁塔的事,又怎么能知道大雁塔在想什么呢?这里对大雁塔的揣度,仍然不脱"朦胧诗"诗人追忆历史的范式。从内容上讲,这一节中提及的对"所有的好汉"的赞美和哀悼,实则仍受英雄主义与悲剧情怀的影响,大大削弱了下文中"我们爬上去/看看四周的风景/然后再下来"的消解力度。去除这一节之后,整首诗立刻变得更为简洁、纯粹和有力——去除这一节,其实是去除了对事物(大雁塔)的历史想象,去除了事物的文化象征意蕴,去除了事物被赋予的崇高的精神向度。此外还有一处微小的差异值得注意——最初版本中"然后下来/走进肮脏的大街"一句,含有贬义的"肮脏"一词被修改为中性词语"下面",诗歌因而去除了叙述主体情感的直接介入(对今不如昔的感喟立刻消弭于无形),显得更为客观、冷静、中立,让事物呈现自身。

以上两处修改,鲜明地表露出韩东诗歌的美学特征:去除事物

① 韩东:《爸爸在天上看我·有关大雁塔》,石家庄:河北教育出版社 2002 年版,第 10—11 页。

的历史想象、文化象征和崇高的精神向度，去除叙述主体情感的直接介入，让事物呈现自身。①

练　习

1. 运用修改流程表、修改核对表和修改符号修改你的一篇文章，以确保你的写作达到应有的质量。

2. 把你的一篇文章（超过三千字，低于五千字为宜）打印下来，像编辑一样审查它，纠正语法与词汇错误，然后对自己提出一个要求，把这篇文章缩简掉一千字，使它更精炼。

① 常立：《“他们”作家研究：韩东・鲁羊・朱文》，上海：上海三联书店2010年版，第41—43页。

第九章　散　文

现代的散文之最大特征，是每一个作家的每一篇散文里所表现的个性，比从前的任何散文都来得强。

——郁达夫《中国新文学大系·散文二集导言》

这是一个“散文时代”。从20世纪90年代以来，由于报纸杂志的增多，网络的普及，也由于出版机构的改组，文学体制的变革，散文最终成为文学市场上通过竞争中留存下来的优胜文体，社会上出现了前所未有的“散文热”，“文化散文”、“女性散文”、“学者散文”等名词也流行起来。今日写散文的人可谓比比皆是。20世纪80年代，坊间流传一个说法——随便扔个砖就可以砸中一个诗人。今天，用这个砖砸到的恐怕都是写散文的了。

有人承认自己不会写小说，不会写诗，而很少有人会说自己不会写散文。很多人把散文当作是写作的小儿科。事实上，散文是一种易写而难工的文体。

一、散文是什么

散文经历了文学史上的漫长演变。在中国古代，人们把与韵文相对的文章称为散文，当时的散文大多是为圣人立言的用以载道的正经文章。从五四新文学运动后，白话取代了文言，诸多名家在报纸副刊(首先是《晨报》副刊，继而有《大公报》副刊、《申报》“自由谈”、《时事新报》“学灯”等)撰文发表白话文章，“用平淡的谈话，包藏着深刻的意味，有时很像笨拙，其实却是滑稽”。——此是胡适在《五十年来之中国文学》一文中的总结，较之以新诗、短篇小说、长篇小说、戏剧，胡适对白话散文的文学成就评价最高。五四新文学运动起，人们才把散文看作是与诗歌、小说、戏剧并称的一种文学体裁。

白话散文诞生伊始，就有学者将它称为“美文”，在《美文》一文中论及它的性质及要求：

- 要合于广义的“论说”；
- 要“真实简明”；
- 要有“余情”；
- 不要滥情，不要因多用“衰弱的感伤的口气”而“不大有生命了”。

这几点放置今日，仍然切中肯綮，道出了散文的真义。当然第一点中“论说”的含义还需继续扩大，今之散文不必恪守议论文的属性，事实上学者们后来也已经不再强调散文的论说性质了，以小品文指称它，称小品文“在个人的文学之尖端”，是“言志的散文”，“集合叙事说理抒情的分子，都浸在自己的性情里，用了适宜的手法调理起来”。这种对散文兼具多种表达方式并具有跨文体性的概括与爱默生不谋而合，爱默生也认为散文中允许出现任何内容——哲学、伦理、神学、批评、诗歌、幽默、娱乐、临摹、趣闻、笑话、口技……可以记人、叙事、描景、抒情、说理。当代诗人于坚也这么说：

> 散文是某种更自由的东西，小说、诗歌、剧本之间的某个辽阔的灰色地带。……我以为散文最自由的就是，它可以只是一种叙述。散文就是一种叙述。没有故事、没有情节，也不是道理的阐释，但你可以喋喋不休。……散文是散步，诗歌是

跳跃，小说是策划。[①]

五四以后白话散文的发展历史十分曲折，有急速的狂飙猛进，也有漫长的停滞、僵化甚至恶化、退化，但总体而言，散文在中国现当代文学史上取得了光辉的成就，出现了为数众多的著名散文家，如：鲁迅、周作人、朱自清、俞平伯、沈从文、施蛰存、孙犁、杨绛、汪曾祺、黄永玉等。

现在一般写作教材上把散文定义为选材上丰富多彩、写法上灵活多变的短小精粹的真实性文章。此处的散文概念特意强调了“真实性”的特征，但不包括“以真实为第一要义”的新闻和其他应用性文体，而特指文学性散文。

二、散文允许虚构吗

散文强调真实性，但并不完全排斥虚构，可以因作家内心的需要而虚构，也可以因审美的需要而虚构，如冯骥才所指出的，“它不能像小说那样虚构事件和人物，但可以虚构情境和气氛”。

设想对散文提出必须绝对真实的要求会怎样？那便等于从根本上取消了散文创作，乃至一切文学创作。因为严格意义上讲，人无法真实而完整地记录整个世界，也无法真实而完整地记录世界上任何一处、任何一天发生的事情，就算有摄像机 24 小时不停地记录，它也不能记录下所有的角度，所有的细节，更不能记录表象之下的心理活动和头脑中飞腾的想象。“任何一位作家试图再现大脑里储存的生活表象，都无法避免自觉或者不自觉的主体加工和改造。正因为如此，鲁迅才在《朝花夕拾·小引》里写道：这十篇作品‘就是从记忆中抄出来的，与实际容或有些不同，然而我现在只记得是这样。’更何况散文写作是一种精神创造，作家在将生活

---

① 刘会军，马明博主编：《散文的可能性：关于散文写作的 10 个提问及回答》，北京：人民文学出版社 2006 年版，第 208 页。

事实由眼中转入胸中再付诸笔下的过程中，是离不开必要的生发、剪裁和取舍的。”①

反之，设想散文允许无限制的虚构会怎样？那也无异于取消了散文所具有的独特的文体特征，因而使散文混同于小说，因为散文与小说的一个重要区别就在于前者重在“真实”，而后者意在虚构。“如果散文一旦可以像小说那样随心所欲地编织故事，来去自由地塑造人物，那么，它便不仅解除了自身底线性的叙事规约，而且完全破坏了读者的心理期待和接受前提。”②

显而易见，两相比较并加以综合，散文允许一定程度上的虚构但要基本真实的折中观点，更值得我们重视，它既给作家留出了创造的空间，又坚持了散文的本质个性。当然，还可以继续追究、进一步探讨：散文的虚构与真实的限度何在？各自具有哪些特点？需要遵循怎样的规律？

我们需要进一步厘清这些问题：

- 余情
- 言志
- 在个人文学的尖端
- 浸在自己的性情里

由上可见，散文所表现的主要是写作者“我”所感受和认识的大千世界，散文的所谓基本真实，主要是一种主体内在的真实，无论它采用叙事、描写，还是议论、抒情，都必须承载和传递作家真实的情感、理念和体验。而散文的允许虚构，可以理解成：“作家为了丰富作品的审美表现力和艺术感染力，而对客观事物和事件所进行的必要的增减、调整和合理的渲染、想象。而所有这些增减、调整和渲染、想象，都必须有益于突出和高扬作家主体的真实，而不

---

① 古耜：《散文：你到底能不能虚构？》，《文学报》2006 年 7 月 28 日。

② 古耜：《散文：你到底能不能虚构？》，《文学报》2006 年 7 月 28 日。

是伤害乃至解构这种真实。”①

三、从胡适、俞平伯、鲁迅的散文中能学到什么

刘绪源在《今文渊源》一书中对白话散文这一文体的发生、发展做了精辟的归纳，并着重介绍了著名的散文的特征及其对后世的影响，下面来看看我们能从他们的散文创作中学习到什么。

（一）胡适：一清如水

> 要说五四以后“谈话风”散文的影响力，首屈一指的，无疑还是胡适，别的大家，诸如鲁迅、周作人、徐志摩、林语堂、冰心……或如酒，或如药，或如冰，或如火，特色俱在；而胡适只是一味的淡，一味的白。事实上，胡适的行文风格，已化成现当代中国文章一种最基本的样式，成了白话文的一种底色了。②

此处谈及的“白话文的一种底色”是指典型的胡适文风——平白、清浅，用老舍的话来说则是“浅明简确”，“用最简单的话，几乎是儿童的话”，“描写一切”（《我怎样写〈小坡的生日〉》）。

（二）俞平伯：涩味如茶

“胡适之体”明白晓畅，但也被人指出其文章形式过于单一，好的散文应当富于“涩味”，更耐读。需要注意的是，这并不反对平白清浅，而是在文章平白清浅的基础上，再加上“涩味”即“简单味”加“涩味”，如此才能成为艺术之散文。

如何增加“涩味”呢？俞平伯散文集《燕知草》的跋文中提出了“杂糅调和”的方法，具体而言，“以口语为基本，再加上欧化语、古

---

① 古耜：《散文：你到底能不能虚构？》，《文学报》2006年7月28日。

② 刘绪源：《今文渊源》，上海：上海文艺出版社2011年版，第28页。

文、方言等分子，杂糅调和，适宜地或吝啬地安排起来，有知识与趣味的两重的统制，才可以造出有雅致的俗语文来”。可见，此处所说的“杂糅调和”，一是指丰富语言成分的杂糅，二是指知识与趣味的调和，如此才能“耐读”。俞平伯的《眠月——呈未曾一面的亡友白采君》一文就是这样“耐读”的文章，它的结尾是：

> 我今日虽勉强追记出这段生涯，他已不及见了。他呢，却还留给我们零残的佳句，每当低吟默玩时，疑故人未远，尚客天涯，使我们不至感全寂的寥廓，使我们以肮脏的心枯干的境，得重看自己昔年的影子，几乎不自信的影子。我们不能不致甚深的哀思和感谢。
>
> 虽明明是一封无法投递的信，但我终于把它寄出去了！这虽明明是一封无法投递的信。

（三）鲁迅：风雨如晦

鲁迅对自己置身其间的社会的黑暗有深刻的洞察，对自己内心的黑暗也有真切的体认。他在《两地书》中一九二五年五月三十日的信里说：

> 我所说的话，与我所想的不同，至于何以如此，则我已在《呐喊》的序上说过：不愿将自己的思想，传染给别人。何以不愿，则因为我的思想太黑暗，而自己终不能确知是否正确之故。……我对人说话时，却总拣择那光明些的说出……

在此情况下，鲁迅的散文时而愤激绝望、时而深奥晦涩，但又时而振奋人心，每每“于无所希望中得救”。这是因为，鲁迅以为“苦痛是总与人生联带的”，“苦茶加糖”，“聊胜于无糖”，“对于苦闷的办法，是专与袭来的苦痛捣乱，将无赖手段当作胜利，硬唱凯歌，算是乐趣，这或者就是糖吧”。因此，虽风雨如晦，仍鸡鸣不已，这大概就是鲁迅散文中一以贯之的“鲁迅精神”吧。

刘绪源将鲁迅风的妙处归纳为以下六点：

1. 气韵生动，生气勃勃。鲁迅去世前几天撰写《因太炎先生而想起的二三事》，虽开篇即说“已经没有力气”，并用将日报“拉过来一看”加以佐证，但接下来“摩一下头顶”，“惊叹”，“乱翻增刊”，“自己心里想”依然写得跌宕起伏、神完气足：

> 做了《关于太炎先生二三事》以后，好像还可以写一点闲文，但已经没有力气，只得停止了。第二天一觉醒来，日报已到，拉过来一看，不觉自己摩一下头顶，惊叹道：“二十五周年的双十节！原来中华民国，已过了一世纪的四分之一了，岂不快哉！”但这“快”是迅速的意思。后来乱翻增刊，偶看见新作家的憎恶老人的文章，便如兜顶浇半瓢冷水。自己心里想：老人这东西，恐怕也真为青年所不耐的。例如我罢，性情即日见乖张，二十五年而已，却偏喜欢说一世纪的四分之一，以形容其多，真不知忙着什么；而且这摩一下头顶的手势，也实在可以说是太落伍了。

2. 善于自嘲，批判性的讽刺成分和自嘲的成分一半一半。如矛头指向陈西滢和新月书店的《辞“大义”》一文，开头即自嘲：

> 我自从去年得罪了正人君子们的“孤桐先生”，弄得六面碰壁，只好逃出北京以后，默默无语，一年有零。以为正人君子们忘记了这个“学棍”了罢，——哈哈，并没有。

3. “略具笔墨而神情毕肖”，擅长为对手“画图”。用形象的比喻描绘对手，让人过目不忘，比如“叭儿狗”、“蚊子”、“聪明人和傻子”、“眼睛石硬”等。

4. 运用多重笔墨，活用各种文体。

5. 有深刻的思想和学问衬底。

6. 题材和体裁多样化。

这六种妙处，并不容易学到，“现在有人觉得别人不敢说自己敢说，别人不够刻薄自己刻薄，自己就是鲁迅”，或者“只是单一的攻击和批评”，就像鲁迅一样——“这才是天大的误解”。[1]

仔细想来，我们真正能从胡适、俞平伯和鲁迅散文中学到的是：

- 语言简洁，精确；
- 文体杂糅，形式多样，不拘一格；
- 多多阅读，增加知识；
- 多多写作，“浸在自己的性情里”，写出自己的精气神。

四、怎样写书评

读到一本（或者几本）自己喜欢的（或者不喜欢）的书，就此书写了点所感所想，这就是书评。首先读书就是使人快乐的事儿，其次和人谈论读书也是快乐的事，如果能因为读书和谈论读书而得到一些稿费，那就再快乐不过了。当然你还可以进一步提高对书评的要求，如爱德华·豪尔所说：

> 请记住，你的目标不只是完成书评的写作，而且要给评论本身加上一个难忘的结尾，使它成为一篇一流的报刊文章。在被评论的书已被人遗忘后多年，你都会为这篇书评而骄傲。

这大概可以算作书评人的最高理想了——让自己的书评超越被评论的书与世长存，或者让被评论的书因为自己的书评变得更加出色而与世长存。不过在刚开始写书评的时候，我们还是务实一点，从下面几项准备工作做起：

- 找到一本（或者几本）你想为之评论的书。一般而言，新书

---

① 刘绪源：《今文渊源》，上海：上海文艺出版社 2011 年版，第 102 页。

的书评更容易发表。

● 读至少两遍(三遍更好,最好更多遍),不要相信只读一遍能写出好书评的神话,也不要相信过目不忘的神话,也就是说,你最好随手做点读书笔记。

● 思考一下你最擅长评论或研究的领域。古典文学、现当代文学、外国文学、儿童文学,还是经济学、社会学、人类学?

● 研究一下你准备投稿的报刊。了解它经常刊登哪类书评。这些书评的一般结构和写法是什么?你能看出该刊物的喜好吗?

● 做好发表不了或即使发表稿费也低的心理准备。毕竟读书和谈论书本身是一件快乐的事儿,不要因为钱的事就停止写书评了。

一般书评会包括以下几个方面:

● 一个吸引人的题目:可以务实地点明主题;也可以务虚地煽动情绪;还可以虚实结合地采用正副标题。

● 一个生动的开头:可以是作者、作品的有趣的简介;也可以是你读书最深刻的印象描述;还可以是跟这本书相关的某个有趣、有意味的场景。

● 一个由开头引出的主题:它是你写这篇书评的目的和动力(你千万不要写是为了赚稿费,即使那是真的),可以是对作品本身的艺术评价;可以是对作者的风格论述;也可以是你读书之后发散思考所引起的某个问题(可以是艺术的问题,也可以是非艺术的问题)。

● 你对此书优点或缺点的评论:可以是专业的,也可以是非专业的,当然专业的评论更能体现你的专业能力,更容易发表,也更能引起读者的关注与反响。如果你想显得专业,可以问自己如下几个问题:此书的特色是什么?此书的主题是什么?此书的作者想做什么?此书是否打动了你,为什么?此书的人物、情节、结构如何?此书的语言风格如何?如果是一本学术性论著,你还要追问:此书的结论是什么?论据充分并且可靠吗?论证过程是否合乎逻辑?

● 一个漂亮的结尾：可以是总结式的结尾，让读者对此书留下一个总体印象；也可以是升华式的结尾，让读者因此书产生某种哲思或者情感反应；还可以是问题式的结尾，让读者经由此书引发出对新的问题的新的思考。

下面是常立为刘易斯的《纳尼亚传奇》的新译版写的书评：

《纳尼亚传奇》：永不熄灭的幻想之灯【正副标题】

这是一个浩瀚无垠的幻想世界，这里有巨人、女巫、龙、半人马、小矮人，和各种会说人话的动物，它容纳了孩子们在白天最离奇的幻想，和在夜晚最不可思议的梦，而这一切都源于C. S. 刘易斯十几岁时脑海中的一个画面：一个羊怪撑着雨伞在树林里冒雪赶路。这个画面具有如此神奇的力量，就像一粒幻想的种子，最终生长出整个纳尼亚的世界。

二十六年前我第一次读到《狮子、女巫和魔衣柜》，那时也是十几岁的年纪，这么多年过去了，只要一想到"纳尼亚"，头脑中首先出现的画面是：树林里有一盏路灯，女孩露西站在灯下，不明白身在何处，更不知道要去哪儿，身后是回家的道路，身前是未知的旅程，而一个打着伞的羊怪正从林中走出来……多么奇妙！童年的我就这样在那盏路灯下和羊怪相遇，和刘易斯相识，并且爱上了他笔下的纳尼亚，直到如今。【以上两段是开头部分，讲了纳尼亚世界在作者头脑中的起源和在读者"我"头脑中的初遇。】

我后来常常想，为什么我会对林中的路灯记忆犹新？【提出这篇书评的主题，在此文中将主要回答这一问题。】

首先是它带给我前所未有的新奇感。它不符合经验世界的条条框框，它本不该在那儿，树林里本不该有路灯，就像衣柜里本不该有一扇通向纳尼亚的门，就像现实里本不该有羊怪、狮王阿斯兰和纳尼亚……但是所有这些都在刘易斯的笔下真实存在,在读者的头脑中真实存在。这盏林中路灯,照亮的正是我们的林中路上幻想与现实的边界,它引导我们进入一个前所未有的幻想世界。我们在《纳尼亚传奇》的七个故事里会邂逅各种各样通向幻想世界的"门",有时它出现在衣柜里(《狮子、女巫和魔衣柜》),有时它是卧室里的一幅画(《黎明踏浪号》),有时它是树林里深不可测的水潭(《魔法师的外甥》)……这些"门"如此千奇百怪,以致之后许多幻想小说里都带有纳尼亚的影子,比如《哈利·波特》中通向霍格沃茨的"九又四分之三站台"。所有这些"门"都在帮助我们进入托尔金所说的"第二世界",或者卡尔维诺所说的"另外一种空间"。卡尔维诺把我们生存的世界比作石头,每个人都随时可能被现实"石化","谁也没有办法躲避美杜萨那种令一切化为石头的目光",但是这些"门"却能帮助我们避免被"石化"的命运,认识到一切皆有可能,让我们得以从不同的角度看待世界,用一种不同的逻辑去体认世界,而一个新的、美好的世界正由是而生。

更重要的,林中的路灯还带给我历久弥新的安慰。置身于树林的黑暗和前途的迷惘之中,还有什么比一点光亮更能鼓舞人心呢?在童话中迷途的孩子总是能遇到这点光,童话永不会让人失望,它本就充满孩子们天真的幻想和幻想家神奇的愿望。所以《魔法师的外甥》中那个最安静的树林永远存在,林中的每一个水潭都通向一个奇异的世界,任何时候,只要你拿到魔法师的戒指,所有的世界都会向你敞开;所以《银椅》中那个越来越深的地洞虽然存在,但只要你一直向下走,最终却会来到上面的世界,来到纳尼亚王国的中心,听到小提琴、笛子和鼓一起演奏的声音,看到戴着花冠、长发飘拂的树精在跳舞,触摸到银色月光下飞来飞去的宁静的雪;所以《最后一战》中主人公们尽管离开了我们,但是他们并没有真正死亡，既然小红帽从狼腹中剖出却安然无恙，白雪公主会在棺材里被颠醒，而睡美人只需要一个吻就会睁开美丽的眼睛……为什么纳尼亚的主人公们不能复活呢？——当然能，只要我们翻开《纳尼亚传奇》的书页，阅读它，谈论它，回忆它，他们就会永远陪伴我们，童话中可爱的角色都被齐天大圣从生死簿上勾去了名字，个个都是不死鸟。而这一切，你相信吗？【从两个方面来回答上面提出的问题，这一部分其实也是在评述此书的优点。】

假如你相信，你就拥有了幻想的神秘力量，就像沼泽怪人普德格伦所拥有的："假如我们只是梦见，或者胡编乱造了这一切——树木啊、草地啊、太阳啊、月亮啊、星星啊，还有阿斯兰本身。假如事情真是这样。那我只能说，既然如此，虚构的东西也许比真实的还要重要得多……即使没有阿斯兰领导我们，我也要站在阿斯兰这边。即使没有纳尼亚这个地方，我也要尽可能像一个纳尼亚人那样生活。"

假如你相信，你心中就会燃起一盏永不熄灭的幻想之灯，它会在你心里种下一粒幻想的种子，不久就会长出自信的叶子，绽开创造的花瓣，结出不可思议的果子。

假如你相信，就像刘易斯相信纳尼亚存在一样，就像托尔金相信中土世界是真实的一样，总有一天，你会像他们两人一样，拿起笔（或者敲起键盘、触摸起手机屏），讲述起自己心中的故事——假如你也觉得世界还不够理想，关于世界的故事还不够好看，那么为什么不像刘易斯和托尔金一样自己来写一个故事、来创造一个世界呢？【进一步评述此书的优点，用三个排比段落阐明此书对读者可能产生的有力影响。】

这就是《纳尼亚传奇》的神奇力量——它能让我们从不可能通向可能，能让我们从不相信变为相信，能让我们从默默忍受走向不断创造。翻开这套《纳尼亚传奇》的新译本，你将相

信：这个世界上有一些美好，因纳尼亚而生，因幻想而生，因你而生。【总结式兼升华式的结尾。】[①]

书评的写作，除了上述一般写法之外，也可以带上作者更强烈的个人风格的烙印，甚至违反上述常规，比如马雁的这篇书评：

必须保卫黑社会【很吸引人但不知所谓的题目】

无衣【这是要评价的《诗经》中的作品】

岂曰无衣？与子同袍。王于兴师，修我戈矛，与子同仇。

岂曰无衣？与子同泽。王于兴师，修我矛戟，与子偕作。

岂曰无衣？与子同裳。王于兴师，修我甲兵，与子偕行。

我这个人从小有兵气，喜欢打架，还打得很好，经常把对手打得乱七八糟。小时候我们学校没有帮派，但有打架的传统。我们学校打架凶的人好多，但我一个也不放进眼里，所以我很快就成长为“黑社会老大”。其中的经典书写下来就是鲁迅的《无花的蔷薇》。有时候，人生就像无花的蔷薇，有香的可能性，有美的可能性，但可能性只存在于一瞬间，除此之外就唯有带刺而已。要小心伺候着人生，因为不小心受伤的是自己。而蔷薇是生命力最旺盛的植物，我外公家的篱笆就是蔷薇和木槿编织而成，木讷和谨慎当然好，但还需有蔷薇做支架，否则立起来也无防御力。

但要防御力来做什么呢？现在是升平的盛世，我也不至于没有房子住，连我这样的寒士都生有所依，没有什么了不得的大事，所以现在基本上没人家还有蔷薇做的篱笆了，有的是铁篱笆，不留一点多余的可能性，也没有香气。【童年回忆，篇幅近半，却还看不出和《无衣》一诗有何关联。】

① 常立序，刘易斯《纳尼亚传奇》，昆明：晨光出版社 2014 年版，第 6—9 页。

再来说帮会的事情，前几天我看了点帮会的书，还有香港黑社会红棍被砍杀的新闻。话说红棍不算厉害的，我看的帮会书，讲的都是大人物，比如罗祖，唉，都是些英雄豪杰，也有劳动人民，挑私盐的。但书里说四川袍哥是因为关老爷不肯换穿上老曹送他的新袍，要将刘皇叔的旧袍套在外面，这是不对的。袍哥的来源是《诗经·无衣》，这是帮会经典《海底》里的说法。穷人苦命人亡命徒念了"与子同袍"，然后经过若干仪式，就可以算袍哥。【终于从黑社会、袍哥跳跃到《无衣》的"与子同袍"了，却又语速极快，一笔带过。】

怎么说没衣服呢？我拿我的来和你穿，这比小时候穿连裆裤还铁。一件袍子可以裂帛而衣，要打仗的时候，我们就一起上。和阿Q的"白盔白甲，同去同去"一个道理。但我们四川人有文化些，知道引《诗经》。帮会真的是神秘而美妙的力量，但普通人只有一个帮，就是自己家。要么就是爱情。【引申到《阿Q正传》，从帮会跳跃到普通人"只有一个帮"。】

我觉得爱情是，再苦恼再艰难，想起心上人都是欢喜，不是互为出气筒——当然我愿意为你分担，但爱情的前提是坚信对方给出的是最好的，千挑万选来的，就像彼此能够在一起是最珍贵的。我们有困难，但想到没有爱情的人，我们已经很幸福了。虽然现在这样苦，我也感激有遇到你和我分享不多的快乐。

这就是与子同袍的意思。【全文真正的主题在结尾才娓娓道来。】①

马雁这篇书评可谓符合周作人所说"都浸在自己的性情里"。写书评，也不妨成为完全私人的事，跌宕自喜，写出自己的精气神。

① 马雁：《马雁散文集·必须保卫黑社会》，北京：新星出版社2012年版，第5—6页。

五、怎样写影评

观看一部(或者几部)自己喜欢的(或者不喜欢)的电影,就此电影写了点所感所想,这就是影评。首先看电影就是使人快乐的事儿,其次和人谈论看电影也是快乐的事,如果能因为看电影和谈论看电影而得到一些稿费,那就再快乐不过了……(我们不是在谈论"怎样写书评"而是"怎样写影评",不过到此为止真的和前文差不多,接下来会有不同的。)

(一)影评的分类

首先问自己一个问题:这是给谁看的影评? ________________

如果你的答案是:自己,且永远是自己。那么你已经学会写这一类影评了,你想怎么写就怎么写,没有任何人能限制你的自由,你给这部电影简单地"点个赞",或者你写一本与这部电影相关的长篇小说,都可以算作"写给自己的影评"。显然,我们这里要讨论的不是这类影评的写法。

如果你的答案是他人,那么根据他人的具体情况不同,影评分为三种类型:

- 给专业人士看——影片分析;
- 给一般求信息的读者看——介绍影评;
- 给一般求消遣、求意趣的读者看——个人影评;

如果你想写专业的影片分析,我们推荐几本会对你有帮助的著作:

- 雅克·奥蒙、米歇尔·马利著:《当代电影分析》,江苏教育出版社 2005 年版;
- 杨远婴、徐建生主编:《外国电影批评文选》,世界图书出版公司 2014 年版。

如果你想写介绍性的影评,推荐你去看一看《环球银幕》这一类的杂志，或者看一看 DVD 封底的介绍也可以。

下面我们主要介绍个人影评的写法。

（二）怎样写个人影评

1. 准备工作

● 选一部（或几部）影片；

● 看一遍影片；

● 再看一遍（或几部）影片；

● Google 或百度检索下相关资料（中英文）；

● 尽量掌握一些评论分析工具（这一项不是必需的，但是如果想让你的个人影评带有专业性，这一项就是必需的了）；

● 尽量掌握别人已有的评论（是不是很像写学术性论文？不过要求没有那么严格，也不要求你撰写前人评论的综述。了解他人的评论，可以让你的影评更“个人化”）。

2. 立意：提出问题，相信感觉

● 从个人观感切入评论（你要写的是你的个人影评，要相信自己的感觉，写出自己的感受，才是“个人化”的）；

● 解读主题词（例如从王家卫的《花样年华》中你能轻易解读出“孤独”这个反复出现的主题词）；

● 比较相似主题（例如《疯狂的石头》与英国影片《两支大烟枪》的比较）；

● 评论同系列电影（例如《蝙蝠侠》系列从内容到形式上的变化，当然你也可以评论《小时代》系列从内容到形式上的不变化）；

● 讨论社会伦理（例如韩国影片《素媛》、《熔炉》所反映的对儿童的侵害问题）；

● 评价导演（例如宫崎骏动画片的叙事特征）；

● 分析影像（例如杨德昌电影的时空处理、声画关系、蒙太奇艺术等）。

3. 运思：三段式结构

● 入题：可以由生活现象出发；也可以从影片简介开始；进入影片，引出你的论题。

● 论证：有条不紊地摆出你的观点和证据。

● 出题：结尾回到电影之外更广阔的生活中。

以韩松落的一篇关于北野武电影《花火》的影评为例：

北野武的花【点明主题的题目】

看到一篇朋友的文章，他说，办公室有个美艳无比却冷若冰霜的女同事，着装无懈可击，做事近乎完美，完全可以媲美冷战时期的007电影里的女特工。然而有一天，他在复印室遇到她，却见她还穿着昨天穿过的衣服，神色有点疲倦，丝袜也勾破了一点。他甚至有点欣喜，因为看到了她的瑕疵，她因此在完美之外，添了一点亲近。

很多时候，我们都在寻找一点人性的缝隙，我们乐于在冷酷中发现被掩盖的温柔，在刚硬的人身上窥见脆弱的刹那，在绝对秩序中，寻觅人灵魂的波动，在固若金汤的世俗的城池里，寻找可供攻破和缝合的缺口。【以朋友文章里提到的生活事件入题。】

在北野武的电影里看到他画的花的刹那，就有这样的惊喜，在《花火》中，最让人难忘的，就是那些北野武的画作：一匹白马，头是一朵金灿灿的葵花，两只蝙蝠，头是水红色的兰花，甚至猫眼，也是白色的马蹄莲花，还有绽放在黑色夜空里的，灿烂的焰火，还有反复出现的樱花主题，碧蓝的河水边的樱花，以及最为人津津乐道的那张画：在粉红色的樱花深处，一个穿着灰绿色衣服的人的背影，在他身边，一把短刀插在泥土里。还有，我最喜欢的那张画——它出现在末尾的字幕里：穿着花裙子的小女孩，站在开满红色和粉色花朵的墨绿色旷野里，花朵渐远渐疏，逐渐成为墨绿色背景上鲜艳的点，墨绿色像是暮色四合，而鲜花没有什么畏惧，“非常骄傲”。

这冷酷、半边面瘫、喜欢展示暴力的男人，喜欢画画，而且喜欢画花。而他的新作《阿基里斯和乌龟》，索性讲述画家的生平故事，并再度展示他的七十幅画作。

这是我们乐于在他人身上见到的一种情形，是我们在世事艰难中最天真的一种渴求，由此，它也成为小说电影最乐于采用的叙事模式：硬汉也有柔情，妓女也有真情，乖戾的老妇刀子嘴豆腐心，石缝中有小花，野百合也有春天，灰熊也有灵性，土匪在最后关头动了恻隐之心，在那些不可能的人身上，在那些最没有可能的时刻，忽然出现了豁口，并且割裂开来，显示出了灵魂最完整的图景。【这三段论述本文的主题——北野武的花及其象征意义。】

一个人，最吸引我们的，最能引诱我们与之契合的愿望的，比身体的赤裸更接近赤裸的，就是人性的缝隙袒露的时刻吧。塞林格的《献给爱斯美的故事——怀着爱与凄楚》中，那个女孩子引起主人公注意的动作之一，就是她在合唱中的心不在焉，以及她的鼻翼翕动，那说明她在悄悄地打呵欠。甚至在冗长的会议中间，两个借口吸烟溜出，在天台上遭遇的、曾是工作对手的男人之间，也会有刹那的惺惺相惜。【以塞林格的一部小说作为又一例证，强化主题。】

我们也乐于在一切庄严的场合，搜寻人性波动的刹那，就像在奥运会的开幕式上，看到队列中那个过分紧张的、不住地观察周围同伴动作的演员，还有入场式的人海中，欢迎队列里，两个女孩子片刻的耳语，那人性的缝隙，并没有妨碍它的庄严，反而使它具有了一种恰当的亲切。【出题，回到我们置身其间的现实生活，电影中归纳出的问题和获得的感受并不

止于电影，而是契合着我们的生活。】①

4. 个人影评的"四有法则"

● 有信息：能提供给读者别处没有的观点、感受、材料、思想等；

● 有趣味：能吸引读者阅读下去；

● 有细节：能给读者留下深刻印象，并且显得更专业；

● 有风格：需要多多写作，慢慢形成自己的个人风格。

5. 个人影评的"四无法则"

● 无影片之外的干扰：使得影评更客观；

● 无没有原因的结果：使得影评更具说服力；

● 无东拉西扯的问题：使得影评主题更明确；

● 无私密生活的八卦：应该说使得影评更有"节操"吧。

不过，真正"个人化"的写作是可以突破法则的，韩松落下面这则娱乐评论从头到尾都是私密生活的八卦，但颇有脱俗之气，似有深意在焉：

池塘生物链

看到这么一段文字，笑坏了我："周迅的前男友窦鹏是摇滚歌手，他是窦唯的堂弟；周迅的另一个前男友宋宁是高原的表弟，高原是窦唯的现任妻子，王菲当年的情敌；王菲现在的制作人张亚东是窦颖的前夫，窦颖是窦唯的妹妹，一直和王菲关系很好；而王菲的现男友李亚鹏又是周迅的前男友。"

马上就想到中学课本上的池塘生物链：池塘边种桑树，池塘里种莲藕，桑叶养蚕，莲藕叶子茎干可以养鱼，蚕沙也可以倒进池塘养鱼，鱼的粪便就肥了塘泥，塘泥又养育了莲藕，还可以挖出来养桑树。环环相扣，一招都没落空，非常古老实用。

① 韩松落：《为了报仇看电影》，上海：上海三联书店2010年版，第7—8页。

其实不光他们，我们知道的那些明星们，全都脱不了这个生物链，且不说最近的李厚霖和他身后的女明星们，我们心目中白衣飘飘的梁朝伟张曼玉，一样是生物链上的一个环节，A在无线电视台演员培训班是和B在一起，C参选亚姐是D幕后支持，D还支持过E，E曾经是A的爱人，结果又被F把A夺走，F后来也没和A在一起，F现在的伴侣G曾经和E的前男友H是情敌，一起争过C的芳心。不是逻辑最清楚的人，绝对会被这个蜘蛛网搞混了。

这哪里是十几亿人的中国的事情？简直听起来像一个最小的舞会上的一支圆舞曲，舞伴换了又换，类似于篮球比赛的交叉循环淘汰队队见面，到最后，哦！还是你！

其实也不奇怪，所有的人，再竭尽全力地把自己的圈子扩大，其实还是有限，精力趣味投机与否，都是这圈子半径的决定因素，明星还不如我们，看起来他们阅人无数，其实生活乏善可陈，演出、剧组、聚会，不过这么几个地方，见的不过就是那几头人，为了自己的形象，又不能也没机会接近普通人，普通人也入不了他们的眼，即便找了个圈子外边的人，谁受得了你半年在外地拍戏？大家只好近亲繁殖，在有限的空间里排列组合，简直如莫文蔚所唱："感情说穿了，一人挣脱的，一人去捡"。

所以，明星们，在池塘生物链已经铁定无法避免的情况下，务必讲究个人卫生，注意身体健康，否则，一个人感冒了，村子里所有的明星都感冒了，村子里所有的明星都感冒了，就没人上春晚了，春晚都没了，十几亿人除夕晚上看什么啊！而这一切，居然起始于，生物链上的一个明星感冒了。看，这就是生物链被破坏的恶果,这就是娱乐圈里的“寂静的春天”!①

六、怎样写游记

到一处(或者几处)自己喜欢的(或者不喜欢的)地方旅游(或长期客居),就此写了点所见所闻所感所想,这就是游记。首先旅游是使人快乐的事儿,其次和人谈论旅游也是快乐的事,如果能因为旅游和谈论旅游而得到一些稿费,那就再快乐不过了……(它真的和书评、影评差不多。)

游记和书评、影评的最大差异在于:游记的表达方式以描写和叙述为主(书评、影评则以议论为主)。典型的古典游记是这样的:

> 一色荷花,风自两岸来,红披绿偃,摇荡葳蕤,香气勃郁,冲怀罥袖,掩苒不脱,小驻古柳根,得酒两罂,菱芡数种。复引舟入荷花中,歌豪笑剧,响震溪谷。风起水面,细生鳞甲,流萤班班,若骇若惊,奄忽去来。夜既深,山益高且近,森森欲下搏人。天无一点云,星斗张明,错落水中,如珠走镜,不可收拾。
>
> (节选自宋代王质《游东临山水记》)

(一)准备工作

1. 尝试用文字再现你在家附近的一次散步经历,写出你的所见所闻所思所想。如果你能做到,说明你具备了写作游记的实力。来看一下李娟是如何在《深处的那些地方》一文中描写一次散步的:

> 每天下午,我都会进行一次漫长的散步。在河边平坦开阔的草地上一直向东走。大约七八公里处就到了河分岔的地方。那里的河水又宽又浅,流速很急。河中央卧着一块又一

---

① 本文收入韩松落《为了报仇看电影》中有较大改动,题目改为《要怪就怪这是圆舞》,删去了池塘生物链的比喻,基本观点和论证保持不变,笔者认为“池塘生物链”这一比喻,活画出娱乐圈的景观情状,因此此处采用的是早期版本。

块雪白的大石头。地势也在那里突然凹下去一块，树木突然出现了，河两岸丛林密密匝匝、高低错落。不像上游我们扎帐篷的地方，没有一棵树，开阔坦荡，遍布着又深又厚的草甸和成片的沼泽。而森林在视野上方——四周群山半山腰以上的高处，浩荡到尽头。

上游的河又窄又深，水面与河岸平齐，幽幽的，缓缓的。河两岸的草丛整整齐齐地垂在水里，像被反复梳理的刘海儿。有的河深深陷入大地深处，远远望去，平平坦坦，像是没有河似的。

相距仅几公里，上下游却有如此明显的区别——上游恢弘而华美；下游阴柔了些，但紧致、细腻，闪闪烁烁地美丽着。

我脱了鞋子过河，河水冰冷，踩上河心最大最平的那块石头后，脱下外套使劲搓脚，然后——通常这时都会如此——裹着外套躺下小睡一觉的。

当时间过去，河西南岸的树荫慢慢斜扫过来，阴住了身子，就会因寒意醒来，这才下水趟回河对岸穿鞋子回家。

回去时，尽挑阳光照耀着的地方走。黄昏由此开始了。等慢慢走回我们家所在那条山谷的谷口时，西南面大山的巨大阴影已经覆盖了大半个山谷，慢慢向我们家帐篷逼近。而我们家帐篷的阴影也延伸到帐篷前五米以外的柴禾垛了。等阴影完全笼罩了柴禾垛，并抵达更远处的炉灶时，外婆就开始张罗着准备晚饭。天天如此。我们在山里的时间都是这样计算。

2. 选一处你要去旅游的地方，并收集与其相关的资料（地图、名胜、历史、风俗、餐饮等）。它不必是名胜古迹，只要你能对它产生好奇心即可，好奇心越强，你将要创作的游记的阅读效果将会越好。事实上，你应该有这样的信念——你有能力将任何一个地方（哪怕是自己的家）变成一次旅行的目的地，只要你有一双游记作家的眼睛。

(二)随身带上你的笔(或者智能手机),开始旅游

所谓游记作家的眼睛,就是一双善于观察的眼睛,能把所见所闻随时记录下来变成写作材料的能力。不要过分相信你的记忆力,还是带上笔更保险一些。每一片海滩,每一棵棕榈树,每一条老街,每一间小酒馆,都是可能的目标,甚至你看到的每一颗星星,听到的每一次谈话,都能变成熠熠生辉的文章:

二十六

一次,我穿越田野,一群农妇,蹲在田里薅苗。在我凝神等待远处布谷鸟再次啼叫时,我听到了两个农妇的简短对话:

农妇甲:“几点了?”

农妇乙:“该走了,十二点多了。”

农妇甲:“十二点了,孩子都放学了,还没做饭呢。”

无意听到的两句很普通的对话,竟震撼了我。认识词易,比如“母爱”或“使命”,但要完全懂它们的意义难。原因在于我们不常遇到隐在这些词后面的,能充分体现这些词含义的事物本身;在于我们正日渐远离原初意义上的“生活”。我想起曾在美术馆看过的美国女画家爱迪娜·米博尔画展,前言有画家这样一段话,我极赞同:“美的最主要表现之一是,肩负着重任的人们的高尚与责任感。我发现这一特点特别地表现在世界各地生活在田园乡村的人们中间。”

五十六

在旷野,我完整地观察过星星的出现。下面,是我多次观察的简略记录:

太阳降落后,约 15 分钟,在西南天空隐隐闪现第一颗星星(即特立独行的金星)。32 分钟时,出现了第二颗,这颗星大体在头顶。接着,35 分钟时,第三颗;44 分钟,第四颗;46

分钟，第五颗。之后，它们仿佛一齐涌现，已无法计数。50 分钟时，隐约可见满天星斗。而一个小时后，便能辨认星座了。整体上，东、南方向的星星出现略早，西、北方向的星星出现略晚。（注：记录，翌日做了复察修正）

从太阳降落到满天星斗，也是晚霞由绚烂到褪尽的细微变化过程。这是一个令人感叹的过程，它很像一个人，在世事里由浪漫、热情，到务实、冷漠的一生。

（节选自苇岸《大地上的事情》）

(三)保持对所到之地的孩童般的好奇，记录该地的与众不同之处

留意你自己的与众不同的经历，尝试和当地人交谈以拓展你自己的见闻。无论是散发臭气的小城，还是种满核桃树的田野，无论是陈旧的博物馆，还是崭新的摩天大楼，无论是百年老店的佳肴，还是路边大排档的海鲜，努力去寻找它的与众不同之处吧。李娟在《深处的那些地方》一文中用叙述的方式记录了一次初次尝试又稍试则止的与众不同的散步：

唯一没有去过的地方是北面的那条山谷。

我妈倒是常常进去，从那里进山拾木耳。

但是有一次，她一大早就出去了，快晚饭的时候还不见回来。我们都很着急，外婆催着我去找，可让我到哪儿找去？这深山老林的，搞不好把自己也给弄丢了……但在家里等也不是个办法，总忍不住胡想八想。于是就一个人踏进了那条山谷。

山谷口的斜坡上扎着一座雪白的毡房子。有一个女人在门口支着一口巨大的锡锅熬牛奶，奶香味一阵一阵荡漾过来。细下一嗅，又无影无踪，只有森林的松脂香气。

我本想绕过这个毡房子，却远远地就被那个女人看见了，她对身边的一个小孩说了几句话，那个小孩子就像颗小子弹

似地从笔直地射了过来。我只好站住，等他射到近旁。

他在离我十来米远的地方停住，气喘吁吁，兴奋又认真地大声说：

"你，干什么呢？"

我指一下远处。

他又说："去喝茶吧？"

我说没有时间。

他说："你妈妈都来喝了茶你为什么不来？"

——好哇，亏我们那么担心她，原来跑到这里喝茶来了。

这一带的人都认识我们。因为这里只有我们一家汉人。

"她到你们毡房子去了吗？"

"嗯。"

"现在在吗？"

"走了。"

"往哪里走了？"

他也指一下远处。

我就对这个小孩笑笑，又冲着毡房子那边正在朝这边张望的女人挥了挥手，转身走了。

这个小孩子却一直跟着我。但是不靠近，隔着十多米的样子，不紧不慢地。我想这个小孩子一定是太寂寞了。放眼望去，这条沟里只住着他们家一家人，连个小伙伴都找不到。于是又站住，转过身大声地喊着和他说话：

"喂——小孩！你多大了？"

一连问了好几遍，他才很不好意思地问答：

"八岁……"

"你是男孩还是女孩呀？"

他就一个劲儿地笑，再也不说话了。

"你过来，让我看一看，我一看，就知道你是男的还是女的了……”

他一听，转身就跑。

我也笑着扭头走了。但过了好一会儿，都开始进森林了，回头一看，小家伙还在下面远远地，很努力地跟着。我摸了摸衣兜，刚好揣着几粒糖，便掏出来放在脚边一块石头上，冲下面喊了一声，往地上指了指，使他注意到糖，然后径直走了。

果然这样一来，这小孩再也不跟上来了。他爬到放糖的地方就停下，坐在那块石头上慢慢地剥，慢慢地吃。从我站着的位置往下看，广浩的山林莽野，只有这么一个小人儿孤零零地坐在那里，小小的，单薄的，微弱的，安静的……以此为中心，四面八方全是如同时间一般荒茫的风景、气象……

这孤独会不会有一天伤害到他的成长？

那天，我在林子里转了一圈就回去了。那些更深处的地方实在令人害怕……我只站在山谷口上方的森林边垫足往里看了一会儿，山水重重——那边不仅是一个我没有去过的地方，更是一处让人进一步逼近永远和转瞬即逝的地方……

（四）尊重你自己的真实感觉，包括视觉、听觉、嗅觉和味觉，也要尊重你自己的真实思想，随时记录下它们

深山里还会藏着什么呢？有时候我会反复地把玩那几块水晶，举起来对着阳光看。从那里面看到的情景实在没法令人大惊小怪，但实际上真的美丽极了——我看到光在水晶中变幻莫测地晃动，对面山上的森林和群山优雅地扭曲着，天空成了梦幻般的紫色。我又把它对着草原，看到一个骑马的人从山谷尽头恍恍惚惚地过来了，整条山谷像是在甜美地燃烧。那人歪在马背上，在火焰丛中忽远忽近、忽左忽右地飘荡。我移开水晶，风景瞬时清醒过来似的，那个骑马的人也清晰无比，越走越近，后来像是对我挥了挥手，又像是没有。

把水晶揣进口袋，坐在帐篷外的柴禾垛上等了好一会儿。正午的阳光明亮炫目，四处安静不已，每一棵草都静止不动，似乎连生长都停止了。一只小瓢虫附在一株青草的叶梢尖上，好长时间过去了都不曾移动一下。我伸出手指轻轻把它弹下来。这时风从指尖传来，手心空空的，我抬起头，那个骑马的人已经来到近前。他歪着肩膀，手边垂着鞭子，马放慢了速度。这时我突然觉得天空的蓝是那样地惊人，不远处的森林力量深厚。

我是在一个奇妙无比的世界上生活，这里大、静、近，真的真实，又那么直接。我身边的草真的是草，它的绿真的是绿。我抚摸它时，我是在真的抚摸它。我把它轻轻拔起，它被拔起不是因为我把它拔起，而是出于它自己的命运……我想说的，是一种比和谐更和谐的世界。我在这里生活，与迎面走来的人相识，并且同样出于自己的命运去向最后时光，并且心满意足。我所感觉到的那些悲伤，又更像是一种幸福。

世界就在手边，躺倒就是睡眠。嘴里吃的是食物，身上裹的是衣服。我不知道在这里还能再有什么遗憾。是的，我没有爱情。但是我真的没有吗？那么当我看到那人向我走来时，心里瞬间涌荡起来的又是什么呢？他牙齿雪白，眼睛明亮。他向我走来的样子仿佛从一开始他就是这样笔直向我而来的。我前去迎接他，走着走着就跑了起来——怎么能说我没有爱情呢？每当我在深绿浩荡的草场上走着起着就跑了起来，又突然地转身，总是会看到，世界几乎也在一刹那间同时转过身去……

——总是那样，总是差一点就知道一切了，总是在那时，有人向我笔直地走来。①

① 李娟：《阿勒泰的角落·深处的那些地方》，沈阳：万卷出版公司 2010 年版，第 123—124 页。

(五)组织材料

剩下的就简单了，像写一篇书评、影评或者学术性论文一样，组织笔记，给材料分类排序，列出要点，找出主题，按照时间顺序依次展开(偶尔可以采用倒叙)即可。

(六)核查信息

作为一篇既能引发读者人生感悟又能激发读者旅游欲望(后者尤其重要)的游记，所涉及的地点、时间、价格等信息务必准确，需要反复核查，因为这可能是你的读者的旅游攻略。另外，有图有真相，配上精美的照片，将会为你的游记增色不少。

练　习

1. 选择一本你喜欢的小说，写一篇书评。
2. 选择一部你喜欢的电影，写一篇影评。
3. 选择一次你喜欢的旅行，写一篇游记。

第十章　新闻报道

所有被称为伟大的故事，都来自伟大的创意，几乎在所有伟大的故事创意中，都有一种人性的展现。

——威廉·E.布隆代尔

早餐的饭桌上，爸爸一边喝着牛奶一边翻阅新鲜的报纸。沉闷压抑而又拥挤不堪的地铁里，青年男女一边保持着平衡一边指尖滑动屏幕浏览资讯。叮咚，你的手机响了一下，原来是某个新闻APP又给你发来推送了：《保卫钓鱼岛：指尖上的战斗》、《集体户口让我结不了婚》、《北京“绿卡”子女集体遭遇绿卡排斥》、《“魔鬼”埃博拉袭击地球》……

每天，我们都在接触新闻报道。比起小说、诗歌、戏剧、散文，新闻报道距离我们更近，在伸手就可以触及、抬眼就可以看见的地方。如果给你体裁不同的一叠文章，让你选出哪篇是新闻报道，我打赌你一定很快就能选出来。

但是，如果让你来写一篇新闻报道呢？

是的，我们来写一篇新闻报道吧。

一、新闻报道是什么

新闻报道，就是对新近发生的事实的报道，是记者对客观事实进行主观反映之后形成的观念性的信息。新闻呈现“真相”。正如海明威所说，在绝对意义上，描述一只猫如何拐过街角，与描述一个国家如何历经沧桑一样难。对于新闻来说，“正确”是最低标准，也是最高标准。

正如摄影从绘画中汲取养分，电视新闻向电影学习技巧，新闻报道也一直在受到小说的影响。在目的上，新闻与小说别无二致，都是讲述故事，勾起并保持读者的好奇心，试图传达文字背后的意义。是的，新闻就是讲故事，记者就是一个通风报信的人，讲故事应该是新闻最基本的特征和表现手法。故事讲精彩，新闻就精彩了。

有这样一种情况：一个记者兴高采烈、妙趣横生地给大家讲一个故事，但是他在讲故事的时候并没有意识到这个故事的新闻价值，反倒被旁听的记者听了去，写成新闻，并且还获了大奖。

我们生活的世界瞬息万变，异彩纷呈。多名记者报道同样一件事情，为什么有的写得精彩，大家喜欢阅读；有的写得滞涩，大家阅读不下去？区别就在于讲故事的能力上。

让我们把新闻报道当成讲故事吧。给读者讲一个真实的故事，再让它有趣一点。

二、新闻报道写作从哪里开始

在正式动笔之前，你得先动动脚——你的故事需要丰富的材料，你得运用各种方法找到它们。通过采访发掘事实真相则是必不可少的途径。

应该选择什么样的人作为采访对象呢？很多人会选择来自高层的信息源，他们身居高位，掌握的信息多，说话更有力度。其实不然。你更需要采访的对象是那些中间人——身处中间地带，却对上层政策和基层发生的一切都了如指掌。他们生活在聚光灯外，如果有人对他们感兴趣，他们会受宠若惊，会很乐意与你合作。他们往往会提供更多的细节，引导你把故事写得栩栩如生。

采访有具体程序吗？可以有。但是坐下来聊天也许会收获更大（如果你能够和你的信息源面对面，就不要采取除此以外的其他方式）。前者容易给信息源带来压力，他面对着自己所说的话变成文字公之于众的情况，很难用完全真诚平和的态度对待你。后者就大不一样。当你和信息源仅仅只是在聊天时，他会因为没有感受到被强行拽进某个故事中的压迫而变得放松和健谈，你们之间的化学反应会产生很大的变化。在交谈时“奉承”对方，而不是威胁对方，这能让你随心所欲。

在聊天时，多提问。美国《时代》周刊主管国际和商业新闻的行政编辑艾迪·伊格纳休斯谈到他的经验时强调，“必须提问，这是新闻工作者的职责。比如，布什政府认定必须出兵攻打伊拉克，因为伊拉克很坏。可我还是要说等一等，我要提几个问题”。

现在，你已经有了足够的材料和灵感，但是，在你把它们转变成文字之前，你还要经历一个必不可少的环节——构思。在这个环节中，你至少需要做以下几件事：

（一）确定故事范围

很多时候，你以为你能把一桌的美食全都吃光，结果发现自己不过是个“战五渣”。在写报道的时候，你同样以为自己可以把这个故事讲得面面俱到，殊不知，这样一篇报道多半是点到为止，模糊混乱，无法说清楚的。你要学会给你的故事安上围栏，确定好要写的部分，果断舍弃其他部分。

（二）确定故事主题

我们要报道的很多故事的展开是在一段时间内分阶段发生的，大致上是这样的方式：

故事的发展（某件事情开始发生）→影响（可能是好的，也可能是坏的）→反作用（随着影响变得越来越大，那些被影响的对象可能试图延缓、中止、扭转、减轻或推进这些影响)。

无论写什么样的报道,都要把主题陈述视为最重要的写作。在你的围栏内部选择最重要的一块,把注意力集中在故事的主要发展和这种发展导致的一两种影响和反作用上,其他元素都可以忽略,用简单紧凑的两三句话勾出故事的主线。

在写报道之前,先坐下来好好写主题陈述吧,然后把它贴在抬头就能看见的地方。它会为你指路,在你偏离主题的时候拉你回来。

(三)确定报道角度

每一个故事都是一个五光十色的多面体,不同的角度得到的是不同的价值。我们强调的报道角度,并不是说要让你的故事变得立场鲜明,但是你应该避免陷入"没有报道角度"的漩涡中。这样的文章虽然事实、数据、引语、结论应有尽有,却是和百科全书中的文字无异,让读者感觉不到人性和态度。写报道的时候,你要选择一个适当的角度切入,争取让你的视角既能为主题服务,又不落俗套,让人眼前一亮。

在准备以及创作的整个过程中,你一定要注意你对这个故事的感觉,跟着你的感觉走。如果你对自己的故事都没有强烈的感觉,那又怎么能把它传递给你的读者呢?

三、怎样写新闻报道

当一切材料准备就绪,鲜活的思路在脑海翻腾,你一定迫不及待想要提笔了。然而,在落笔之前,我们仍然要做出数以百计的细小决定,才能把我们手中的材料打造成理想中的故事。每篇报道都具有一些共同元素,如何处理好这些元素在很大程度上决定了故事的可读性。

下面让我们来逐个分析。

(一)如何处理导语

导语就是报道的开头,它可以是一句、一段,或是几段。

在翻阅报纸的时候,多数人是带着"随便看看"的心理。毕竟一份报纸只有几块钱,如果找不到吸引他们的内容,他们会毫不犹豫地把报纸扔进垃圾桶里。

因此,在写报道的时候,我们的目标是抓住读者的心:你要吸引我,从故事的第一个字开始,让我有一些必须阅读下去的理由。这样一来,位居开头的导语就显得至关重要了。

许多的优秀导语都含有一个共同特质——神秘。作者在报道的一开始就抛给读者一个问题,让他不得不到后面的段落中寻找答案。就像下面这段导语:

> 如果不是偶然翻阅《古本小说集成》,如果不是生于1980年代,拥有亿万青少年集体使用同一套中学语文课本的集体记忆,如果没有时代的变迁……网友"洞庭湖边的野草"、1266名跟帖者以及36万不明真相的围观群众就不会共同挖掘出这一雷人"秘密"。①

这是一个关于"818"过去的语文课本中被删改过的文章的故事。"雷人秘密"是什么？这个词可谓赚足了神秘感。读完这段导语,你不难被其吸引而继续读下去。

虽然神秘的导语能够吸引到读者,但千万要记住"过犹不及"这四个字的含义,不要过度"卖弄"这种神秘。下面就有这样一个例子:

> 这是一个充满了电视剧元素的真实故事。

---

① 《教科书:删得掉的文字 删不掉的"秘密"》,《南方周末》2009年6月25日。

这种“吹嘘型”的导语似乎总是在叫嚷着同一句话：“快来听我讲好故事啦！”如果导语已经吹得天花乱坠，后面的内容最好能够对得起读者预先支撑起的期待值，否则一定会令人大失所望。遗憾的是，很多报道都做不到这一点。

那么，我们应该怎样选择恰当的导语呢？

1. 硬新闻导语

它一般概括介绍稿件最为重要的事实，必须精炼。如果新闻报道含有确实的新闻价值，你应该把这种价值开门见山地表达出来，就像下面这条导语：

> 美国媒体《时代》周刊的网站上提前公布了将于2010年10月18日正式出版的内容，其亚洲版的封面照片格外引人瞩目——那是中国总理温家宝的头像，封面文章的标题是《温的世界》。①

这篇文章，是关于温家宝总理登上《时代》杂志封面的报道，它详细地介绍了温总理成为封面人物的原因和意义。《时代》杂志作为世界性的媒体帝国，其封面人物一直是研究者对当代历史研判的工具之一，重要性不言而喻。这条导语没有俏皮的语言，它只是迫切地告诉读者，发生了了不起的事情。

话说回来，并不是每一次你都能碰上大事件。很多时候，我们得采取另外两种类型的导语。

2. 举例式新闻导语（或趣闻式新闻导语）

很多人喜欢采用它们，因为它们看起来简单安全，容易形成号召力和感染力。如果你想要选用一些生活片段来吸引读者的眼球，试试看这两种类型的导语吧。千万要记得以下几条使用标准：

---

① 《温家宝登上〈时代〉周刊封面——用西方媒体听得懂、能接受的方式捍卫中国形象》，《南方周末》2010年10月14日。

- 简洁，导语中的例子必须清楚明了，能够被立刻理解。
- 与主题方向表达一致。
- 有内在趣味，只有精彩的生活片段才能让导语光彩照人。
- 有焦点，导语中的内容与报道的主体要有密切关系。

来看看下面这条导语：

> 21岁的利比亚青年塔哈·本·姆斯巴再也不用背卡扎菲的“第三条道路”理论，不用在考试时必须写出5句赞美卡扎菲的话。这个暑假，一切全变了。①

这是一篇关于利比亚“卡扎菲政权”倒台的报道，在2011年早春，这个国民平均年龄不到25岁的国家，赶走统治了他们42年的卡扎菲。塔哈这样的年轻人正是这次运动的主力。这则导语借塔哈生活的改变为切入点引出利比亚人民的新生活。并且“第三条道路”理论和5句赞美卡扎菲的话颇为有趣。在结尾处还留有悬念：到底这一切变成什么样了？作者自然会在后面的故事中解开谜题。

3. 概括型导语（或总结型导语）

这两类导语简单直接，能够更快地把读者带入故事当中去。这样的导语会告诉读者故事的大致内容，但不会让读者知道具体过程，它们往往会设置一个疑惑，或是“为什么”，或是“如何”，留给读者到后面的文章中去探索，就像下面这条导语：

> 百度文库最近在中国文化界与出版界惹了众怒。②

仅仅用了20个字，作者就点明了他的故事主题，并带来了巨大的疑问：百度文库怎么了？这种神秘感吸引着读者继续阅读。

---

① 《赶走卡扎菲的年轻人》，《南方周末》2011年9月15日。

② 《“盗书贼”百度的避风港》，《南方周末》2011年3月24日。

(二)如何处理人物和引语

你一定经常在报道中看到这样的段落,整段都是不同的人说的不同的话。更有甚者,将整篇报道当成人物引语的拼贴——如果是你读着这样的文章,一个接着一个的人名,记住了这个,忘记了前面一个,欸,后面好像又出现了之前的人名……我敢打赌,你读不过5段就会放弃。

刚开始写报道的时候,你可能不敢把想法直接表达出来,只好用一种委婉的方式,借由他人的口。希望你不会愚蠢到必须引用太空宇航员的话,才能确定明天的太阳是从东方升起的。到底谁、谁的话有资格出现在故事中?对此你最好铁面无私。对引用的每一句话采取高标准、严要求,将有益于整个故事。

一句合格的引语应该符合下面的一条或多条标准:

● 可信度:如果你的信息源在某方面有相当的经验或研究,能够做出专家水准的解释,千万不要忘了说明他的资历,这将会提高引语的可信度。

● 情感回应:关于这点其实无法给出严格的标准,但是你要有一种感觉,即出现在你报道中的被引用者,他说出的话完全是真情流露的。

● 鲜明有力:信息源的表达要尖锐有力度。一句态度模糊的阿谀奉承不如一声直截了当的"十足的蠢货"。你的信息源拥有完全不同的身份和经历。他们的话也许偏激,也许充满了地方土话,你不必为了这些而担心,因为正是这一切使得引语变得更加真切和独特。

● 多样性:引语有时候是报道中的辅助工具,有时候却是一记致命重拳。因此,你要选择多样的引语来确保它们的力度。

可能你会抱怨这些标准太过严格,但是当你经过一层层筛选,看着最后留下的那些引语时,你会发现你的严格是值得的。去掉了无关紧要的人物，你的报道会变得脉络分明，引语的地位也会更加突出。毕竟，并不是引语越多就越有说服力啊。

之后，你依旧要做一些加工处理。

如果你发现某个人物不止一次在报道中出现，他的话语比其他的都重要，那么，或许你可以对这个人物进行一些细节描述，就用简短的几个词，只要确保你的读者能够更好地记住他就好了。

在突出一两位主角的同时，你还需要对配角做淡化处理。淡化的方式有两种。第一，你可以分配给配角一些工作，但是不让他们说话。第二，匿名引用。很多人热衷于采用这种方法，不过对于匿名引语的使用千万要谨慎。信息源还没开口，你就急着给对方戴上匿名的帽子，这样只会招来读者的反感。读者想要看到的总归是有血有肉的人物。所以，如果"谁说的"对于证明引语的真实性非常重要，我们还是要尽可能给它们标明出处。匿名应该用在不太重要的或是主要用于支持其他论据的引语上。

在那些直接引语过多或过长的文章中，试着把一部分变成间接引语。整理过的间接引语能够让报道变得简洁清晰。这样的方式当然不是你的首选，但是有时候你不得不这样做。

有时候，你需要对引语进行裁剪。一定要让你的引语足够精简、犀利，只剩下核心部分。对，你需要的不是冗长的大段文字，你只是需要一句话或几个词语而已。精炼的引语更具有力度。

（三）如何处理结尾

当你在处理结尾的时候，以下三种类型或许能够帮助你：

1. 前后呼应型

这样的结尾会再次提醒读者报道中的中心思想或某些关键元素。不过，这种提醒往往是间接性的。你可以采用象征、情感回应、观察后的评论甚至是诗歌片段来达到你想要的效果。比如在那篇有关过去语文课本中雷人"秘密"的报道中，结尾处就对故事做了简单的总结，给予读者他想要的结束感。

> 这便是 80 后一代人成长的一幅缩影，从某种角度上说，这代人就像《天堂电影院》的主人公，在老放映师敌不过自然规律辞世时，总算有机会目睹那一长串被时代屏蔽掉的片段——
>
> "酷爱男风，不喜女色"
>
> "刚出浴的美人""荡着小船，唱着艳歌"
>
> "摇其夫语猥亵事，……二人语渐间杂，床又从中戛戛"
>
> "司徒雷登是中国人民的朋友，……一位和蔼可亲的学者，真正知道中国人民的要求的"
>
> "当你往孩子口里塞苹果的时候，当你和爱人一起散步的时候……"
>
> ……①

2. 展望未来型

未来的部分因为它的未知性而鲜少成为报道中的重点，然而，一定的推测和展望往往能够成为结尾处发人深思的好材料，使得结尾变得非常自然，就像下面这个结尾：

> 列维在书中认为，佩吉"与众不同，他将具有比尔·盖茨、斯蒂芬·乔布斯一样的影响力。没有人能像他那样整合谷歌的野心、道德观和世界观；与此同时，佩吉显得古怪、自大、神秘。在他的领导下，谷歌将更难预测"。②

这是一篇关于谷歌近年来因为 FACEBOOK 的崛起等原因跌下神坛的报道。为了拯救谷歌，它的创始人之一拉里·佩吉将坐

---

① 《教科书：删得掉的文字 删不掉的"秘密"》，《南方周末》2009 年 6 月 25 日。

② 《Google 跌下神坛："灭掉一个公司的，不是竞争，而是自大"》，《南方周末》2011 年 3 月 24 日。

回 CEO 之位。在报道的结尾处,作者引用了史蒂芬·列维对佩吉的评价。这一引用代表了大部分人对谷歌未来的复杂感情。

3. 展开拓展型

在前面的部分,我们曾经提到过划定报道范围的重要性。这种类型的结尾是对范围的打破。有时候,通过介绍给读者一些值得深思的新东西,会产生扩大报道影响力的效果,使得它更值得咀嚼和回味。

> 喜禾的妈妈已经辞职了,蔡春猪现在是五口之家唯一的经济支柱,现在他自己能挣钱,出书也是为了赚点小钱,给喜禾换点治疗费,给家庭换点生活费。他暂时还不需要向政府伸手——他有自己的自尊,如果能自救,绝不会向别人伸手——"但政府该做的事情实在是没有做。"比如:凭什么公立学校不收自闭症孩子?①

这是一篇关于自闭症孩子喜禾和他的爸爸蔡春猪的报道。蔡春猪出了一本书《爸爸爱喜禾》,把自己在不同时间、不同心境下,以得自闭症的儿子喜禾为话题写的微博连缀在一起。这个故事的报道范围是得知儿子得了自闭症之后蔡春猪心态的变化和生活的变化,他慢慢地走进喜禾的世界,也慢慢地了解自闭症患者的世界。但是在故事的结尾处,作者引入了一个新的元素:自闭症孩子的教育问题。凭什么公立学校不收自闭症孩子?这不仅是蔡春猪和作者的疑问,也是全社会应该做的思考。

(四)如何处理作者自己

身为报道的作者,你是否应该出现在你的故事中?答案是

---

① 《〈爸爸爱喜禾〉:老天开我的玩笑,我开儿子的玩笑》,《南方周末》2011 年 8 月 18 日。

Yes！下面就是为你量身定做的角色：

● 概括者/总结者：在报道的写作中，作者有必要清楚、直接地告诉读者，他掌握的证据说明了什么，做一定的总结归纳。不要害怕犯错，除非你在报道一个非常专业的领域或是一个关注度很高、非常具有争议的话题。每一个部分所做出的概括和结论将成为连接整篇报道的骨骼，并且影响中心思想。

● 裁判：如果你的报道中存在着互相争辩的双方，你必须有能力控制他们——让他们说出核心内容，却不至于互相撕扯扭打。

● 观察者：如果你对于自己掌握的一切非常满意，你可以对一些不太重要的内容进行简单评论。这会增进事物在读者心中的形象感。比如，你可以形容北京是一个“烟雾缭绕、轻易不现真身的城市”。

（五）如何运用文字的力量

处理好文字能够让你的故事更上一层楼。千万不要因为你在写的是新闻报道就忽略了文字的魅力。任何时候，美丽的文字都会为你的文章增光添彩。

下面是你需要考虑的一些问题：

1. 具体

如果你的笔下蹦出的尽是一些诸如“问题、情况、反应、利益”这样的抽象名词，你最好马上停下来，问问自己能不能用更具体的词语来替代它们。当然，有些时候，抽象词语是不可避免的，但是更多时候，不够具体只是因为你思考的还不够多。当你准备用“战斗”这个词时，稍等一下，“战役”或“小冲突”是不是更加准确？如果“房子”变成了“400 平方米的豪宅”，“他说”变成了“他怒吼”、“他低语”、“他大喊”，“反应”变成了“不安”、“兴奋”、“恐惧”，你的故事会变得更加细致和明确。具体的名词会增加故事的清晰度，具体的动词能够增强故事的活力和表达的力度。

2. 苛刻

这个“苛刻”指的是你对自己作品的态度。当你在写报道的时候，你除了是艺术家之外，还得是一个批评家。对报道中的不恰当之处，永远不要吝啬你的指责。

3. 描写

有时候，你的新闻报道需要一些精彩的描写，它们会增加故事的感染力。以蔡春猪和他的自闭症儿子喜禾的故事为例，其中有这样一段文字：

> ……饭桌上，健康的成年人聊了一个与性有关的话题。这位（自闭症）患者不会说整句话，只能偶尔说一两个字的，他突然不断地重复：“性……性……性……”①

这是蔡春猪在一次饭局上的经历。那位自闭症患者26岁，喜禾只有2岁。蔡春猪看着眼前这滑稽而又心酸的一幕陷入了深思，他在想喜禾长大了该怎么办。这段描写增加了读者对自闭症患者和他们的父母的理解，推动故事的发展。这也是描写最关键的目的之一。

描写还有另外一个目的——让读者参与进来。比如下面这段文字：

> 在设计胡锦涛礼服时，高黎明考虑到阅兵时间、天气等因素，选用了高织纱花呢，裁剪时将领口加宽立翻，4个兜里也压了层粘胶，使衣服更为平整板挺。高黎明还在缝合衣服下摆时特意加了一个褶，以备阅兵时广场起风，避免衣角上翘与摆动。②

---

① 《〈爸爸爱喜禾〉：老天开我的玩笑，我开儿子的玩笑》，《南方周末》2011年8月19日。

② 《中国的“红色裁缝”》，《南方周末》2011年4月7日。

这是一篇关于专门为国家领导人做服装的公司的报道。作者对胡锦涛主席的礼服进行了特别的描写，因为很少有人会了解其中的设计。在选择这种描写的材料时，作者总是希望能够让读者参与的同时有所收获。办公室是什么样的？汉堡包是怎么做成的？教师的日常工作是什么？读者对这些早已熟悉不过。但是，如果你描写的对象是“草原上的露天采矿”、“灾区人民的饮食”、“伐木工人的一天”，效果就会大大不同。

有的时候，你还可以利用描写来制造一些戏剧性效果。比如，一位眉清目秀的25岁女孩的职业居然是入殓师，对她外貌的描写就会与她的实际身份形成强烈反差。

你问我怎样让你的描写变得精彩？对于这个问题，我也无法给出完美的答案，不过，下面这些办法应该可以帮助你：

● 精确想象：你的描写是为了在读者心中勾勒出一幅清晰的图画，所以，让你的文字尽量具体明确些。

● 人物原则：与地点和事件相比，你还是更喜欢在报道中看到人物吧？所以只要条件允许，你得想方设法把反映人物特征的内容注入你的描写中。

● 动画处理：比起静止不动的场面，读者更喜欢看到动态的事物。作为讲故事的人，你应该尽力让报道中的任何元素都动起来，赋予它们生命力。

4. 交谈感

你一定经历过数十次沉闷的大型演讲，虽然坐在台上的演讲人看起来精神饱满，滔滔不绝。他们给人的感觉总是高高在上，台下的人不愿意听，因为他们感觉不到台上的人是在对他们讲话。我们在这里强调的交谈感，是你的报道是“为了某个人或某群人”而写的，是在你的报道中充满的一种“和某个人聊天”的感觉。交谈感让你和读者更容易建立亲密的关系，让你的文字不再是冰冷的符号。

所以，当你在撰写报道的时候，一定要经常问自己一个问题：我和朋友聊天的时候是这样的吗？这个问题能够帮助你随时调整自己的用词，让你的报道不再是一篇“高大上”的新闻报道，而是“说话”。

这样一来，你在报道中就不会绞尽脑汁用那些普通人难以驾驭的专业新闻术语了。你在说话的时候，会想要提问，会说出一些纯口语词甚至是俚语，你还会用感叹词，或者突然蹦出一两个词的只言片语。只要你确定它们能够为你的报道服务，它们全都可以出现在你的文章中。

5. 连贯性

要让你的报道变得畅通无阻，你必须要小心三个潜在的障碍：

● 过渡段落：在报道从一个部分发展到另一个部分时，许多作者都习惯使用这样的过渡句“嘿，到现在为止我们讲的都是苹果的内容，下面我们要讲橘子啦！”这实在是一个很糟糕的错误。如果你想要写好报道，必须要试着不用任何过渡词语来完成内容和段落的转换。

● 来历出处：在报道中，有时候我们需要表明信息源的来历和身份来确保信息的可信度。对于来历出处，你要秉承的依旧是“极简原则”，把那些没有用的头衔都砍掉。在这里，你还需要问自己一个问题：读者读到这个信息的时候会吃惊吗？如果答案是肯定的，这样的信息源也需要你说明来历。

● 解释说明：在很多报道中，身为作者的你都必须不断停下来，对某些地方做出解释。这些解释虽然会暂时中断故事的叙述，但它们仍旧是不可忽略的。为了尽量不拖慢故事的发展，你要将你的解释变得简单明快，只对读者必须了解的部分进行解释。

6. 精心设计的结构

对于你的报道来说，一个巧妙的结构也能够成为亮点。

● 速度感：希望获得速度感，你必须学会运用货运火车式的句型——句子的主语短语是车头，带动后面的一串宾语和从句，就像一辆有多节车厢的货运火车一样。比起多个短句，这类句子能够用最小的空间传达最多的信息，车厢越少，火车的速度就越快，读者也更愿意乘坐这样的车。

● 力量感：你可以选择很多种方式在你的报道中起到强调的效果，我在这里想要介绍的是“重复”。是的，你没听错。“重复”这个词在新闻写作中并不是什么好词，它一般意味着你总是表达同样的内容，非常糟糕。其实，为了增强力度，重复使用词语并没有什么错误。另外，你还可以通过处理关键词语在句子中的位置(将它放在开头或结尾，而不是埋没在中间)来给故事增添力量。

● 变化感：在写报道时，你需要时常变化句子的长度和结构，因为读者并不喜欢看太多类似的句子。

7. 如何打动读者？

你当然能够通过技巧赢得读者的心，但更多时候，成功打开一个人心灵窗口的是故事中深入到人性的核心层面的不断探求。

美国哥伦比亚大学新闻系教授梅尔文·门彻说过：“一个负责任的记者应懂得把事件放在特定的社会背景中来思考，来发现其原因和结果的重要性。这意味着，记者不仅要不断发展采访报道的技巧，还要扩展对人的理解、对所处的文化和社会的理解。”

一个好故事，得先用脚写，再用脑写，然后用心写。

四、你应该避开哪些陷阱

(一)采访是采访，写作是写作

“你们去采访吧，写报道交给我。”这种说法非常流行，不少人认为新闻采访和新闻写作是可以分开的——不，从来不是，采访和写作是两个不可分割的过程。整个报道过程是一个流动的程序，环环相扣，每一个步骤都相互联系，而不能孤立存在。

(二)新闻可不是闹着玩的,新闻必须是严肃的

很多人认为,新闻报道跟文学是完全不一样的两个领域,搞新闻的人不是搞文学的。因此,他们抗拒一些“特权”,不让报道中的文字有任何破格的地方,他们认为“打破语言常规”是纯文学的。在他们的报道中看不到任何可以一笑的片段,无论何时,无论报道什么样的事件,他们都是那么忧患和严肃。

千万别这样。新闻报道和文学之间并没有清晰的界线。你可以在你的报道中使用“打破常规”的语言,只要它能够为你的表达服务,为读者能够更清楚地理解服务。你可以时而幽默,时而戏谑,时而悲愤,时而谨慎。

(三)卖弄文学才华

写新闻报道不是为了炫耀你的文学才华,永远要记住这一点。新闻写作可以为了宣传、揭露真相、探讨人性,但不是为了满足你的文学冲动。让你老练的文笔和敏锐的文字感觉变成为传递真相和思考服务的工具,而不要颠倒主次、喧宾夺主。

(四)拜倒在数据的“石榴裙”下

数据有一种不容置疑的确定性,在许多故事中为整个新闻定性。正因为如此,我们无形之中就拜倒在数据的“石榴裙”下。当收集到满满的数据时,我们欣喜若狂,恨不得在故事的每一处都填上。

如果你有这样的偏向,最好马上停止。数字,尤其是大数字,以及连续的段落中密密麻麻排在一起的长串数字,简直是杀死读者兴趣的剧毒氢化物。试试看在处理数据时运用以下的小窍门吧:

- 如果数据的具体信息不是很重要,把它变成概数。不要说

某件事物“增长了 34.7%”，用“增长幅度超过了三分之一”去替换。如果是“增长了 98.6%”，就换成“几乎翻番”。

● 用最简单的方法把意思表达清楚。

● 提供一个参照对象，让数字更形象。

（五）过分强调被引用者的资历

专家说的话总是可信的——很多人对此深信不疑。只要看到他名字前那一长串令人眼花缭乱的头衔，就忽略了他的话语内涵，即使他讲的话模糊晦涩，无聊透顶，对报道毫无帮助，也会因为他顶着的闪光资历而将他放进报道中。记住，资历无论在何时都要与实质内容相结合，不要让资历变得一文不值。

（六）作者本人一再出现在报道中

如果一篇报道中有太多你的身影，就不会有足够的故事。你的每一句多余的话，都会分散读者的注意力，放慢故事的节奏。

（七）修改？太麻烦了吧

历尽千辛万苦，终于写好了一篇报道，你把笔一扔，跷起二郎腿，就等着别人来夸你了。什么？修改？没什么好改的啊——我劝你，千万不要小瞧了“修改”这个步骤，很多时候，修改甚至要比创作更费时间。

在修改上，其实没有固定的程序。不过，下面这个“三步修改法”也许可以作为你的参考：

● 内容的修改：首先看看报道中有哪些地方需要补充，而不是急着删减。你需要确定所有能够让报道变得清晰和可信的内容都没有被你遗漏。

● 结论和连贯性的修改：再检查几次，结论或总结是否表达了你想表达的内容？所有的过渡段落、出处介绍和解释说明材料是否足够简洁清晰?

● 节奏和细节的修改:很多作者在修改的时候往往是先大刀阔斧,之后才会去修剪细枝末节。我们建议你不如反过来,首先思考那些细小之处是否足够完美,逐字逐句地修改。修改细节之处,你是在砍掉赘肉,积极瘦身,而大幅度的修改必定伤筋动骨,轻易不可尝试。

练　习

1. 选择一位你认为"有故事"的老师,对他进行采访,写出你的采访报道。你的报道是否发掘并且讲述了他的"故事"?

2. 随便选择一份报纸,挑选出你认为最糟糕的一篇新闻报道的题目,为它拟一个更出色的题目。

第十一章　诗　歌

从你自己的文字出发/假装你第一个发现了诗歌/假装你是最后一个诗人

——马哈茂德·达尔维什（Mahmoud Darwish）

一、诗歌是什么

在中国古代，不合乐的称为诗，合乐的称为歌，现代统称为诗歌。汉字被认为是适合写诗的文字，中国也被称为是诗歌的国度——《诗经》、《楚辞》、《古诗十九首》，唐诗、宋词、元曲，都光耀四方，流传至今。在“五四”时期，中国诗歌从旧体诗转变为新诗，诗歌一直都在语言中不断变形，自我更新。

古往今来的诗人和学者给出许多关于诗的定义。在中国古代，大多认为诗是“志”的表现，承载着诗人的情感：

- 《尚书》说：“诗言志。”
- 《毛诗大序》说：“诗者，志之所之也，在心为志，发言为诗。情动于中而行于言。”
- 《乐记》说：“诗，言其志也。”
- 陆机《文赋》说：“诗缘情而绮靡。”
- 严沧浪《诗话》说：“诗者，吟咏性情也。”

在英文中，诗为“poem”。“poem”起源于古希腊语，意思是“创造”。诗歌是创造出来的，诗人是创造者：

- 埃德加·爱伦·坡认为，诗歌是“美的有节奏的创造”。

● 罗伯特·弗罗斯特认为，诗歌是“对表达的探索和寻求完美的努力”。

● 雪莱认为，“诗歌以其永恒的真理表现生活的真实写照，是最优秀的头脑对最美妙、最幸福时刻的记录。”

● 艾米莉·狄金森认为，“诗歌是我写给世界的一封信……”。

综上，诗歌通常表达情感，但也可以叙述故事、描写生活，它通常拥有丰富新奇的想象，但也可以还原事物的表象，它通常采用有节奏、韵律的语言，但也可以不顾及这一切。总之，诗歌就是这样一种“谁都知道是怎么回事，但又很难给它下一个定义”的文学体裁。

二、怎样迅速写出一首“诗”

诗歌时常被冠之以“文学王冠上最璀璨的明珠”，时常有人去研究怎样迅速写出一首“诗”。

(一)怎样迅速写出一首让人看不懂的诗

有人在豆瓣主页上发表了一篇文章，介绍了一种写现代诗的速成法：

> 方法非常简单，首先你需要准备几段简单易懂的句子，比如这首脍炙人口的儿歌：
>
> 我在马路边捡到一分钱，
> 把它交到警察叔叔手里边，
> 叔叔拿着钱，对我把头点，
> 我高兴地说了声：“叔叔，再见。”
>
> 然后打开在线翻译工具，把这段话翻译日语，将日语翻译成俄语，再依次翻译成法语、西班牙语、阿拉伯语……最后再翻译成汉语。就这样，在语言的世界里转了一圈之后，再稍微改动一两个字，这首儿歌就变成了这样：

我一分钱买来的马
警察叔叔的手在手里
我的叔叔，我的头在省钱
我的声音说：叔叔好

一首具有浓厚后现代主义气息的先锋诗歌就这样诞生了！值得一提的是，这是一首有着国际视野的诗歌，它的每一个字都残留着世界各大语系特有的语法和结构。①

随即就有网友如法炮制，把李白的《静夜思》再创作为：

弗罗斯特在一楼在明亮的月光和怀疑的前面。
月亮的意见，脸上的发源地。

（二）怎样迅速把散文变成诗

这是一个经典的例子，如果你早上起来，看到冰箱上贴着这样一张便条：

我吃了放在冰箱里的梅子它们大概是你留着早餐吃的请原谅它们太可口了那么甜又那么凉

你也许会有点喜悦或者其他情绪上的感动，但你一般不会把便条上的文字看作一首诗。如果文字排列成如下这样，并且出现在严肃的诗歌刊物上，你就会觉得它是诗了（至少你会去想一想它是不是诗）：

我吃了
放在
冰箱里的梅子

---

① 远子：《如何写一首让人看不懂的诗》，http://www.douban.com/note/381561377/?start=0。

它们
大概是你
留着
早餐
吃的
请原谅
它们太可口了
那么甜
又那么凉

这确实是美国诗人威廉·卡洛斯·威廉斯写的一首诗，题目叫《便条》。一分行，就把诗歌的语言与散文的语言区分开了，不是吗？

你只要随便写下一段文字，然后给它分行，你就迅速有了一首诗。

(三)怎样迅速写出一首旧体诗

旧体诗与计算机编程的爱好者已经开发出不少作诗机软件，去互联网上下载一个来安装，就能利用软件迅速“写”出一首旧体诗。例如利用“稻香居作诗机 4.0 版”，在“分析命题”输入“相思”二字，就可以迅速得到一首五律（不断点击“命题作诗”按钮，可以得到无数首“相思”诗）：

此日暗生春
当时隔日轮
沧波多疾病
白日有风尘
有隙唯逢鹤
相知此见君

门前无旧灶
井上有遗文

还可以根据用户需求作五绝、七绝、七律，还可以对联、填词。因此有网友赋诗称赞：

清韵书院[天涯明月]题七律一首

题诗有秘众人缠，平仄韵律弹指间。V B 赋歌天下最，古今奇句网中攒。

不怕李白出蜀道，敢和商隐斗华年。横空一夜新版现，从此诗星满天繁。

(四)三种诗歌速成法的原理

以上三种诗歌速成法都可以视为写作游戏，运用这样的方法创作出的"诗"从严格意义上来说并不能算是真正的诗。但这三种速成法的原理均能反映诗歌创作的某一本质要素。

1. 有人运用第一种方法对冯雪峰《山里的小诗》进行处理，将其依序用谷歌翻译转换成日语、英语、西班牙语、德语、俄语、法语、汉语，输入和输出分别如下：

鸟儿出山去的时候，
我以一片花瓣放在它嘴里，
告诉那住在谷口的女郎，
说山里的花已开了。

沃格尔山，
我把我的嘴瓣，
他对生活的女孩
如山的花打开谷口。

两相比较，孰优孰劣，一目了然。后者虽有“如山的花”这样奇崛的用语，却不再有原诗打动人心的情感力量，诗在这一连串的翻译中失去了。但是这一方法之所以能产生像诗的文字，是因为诗歌具有殊异性，经常以其“语言的陌生化”拓展人的意识领域，而通过不同语言之间的生硬互翻，去除了我们所熟知的日常的语言，让词语变得陌生（比如“嘴瓣”），让词语的组合变得新奇（生活的女孩、如山的花），让词语的引申义自由衍伸，因而借助于读者的过度诠释可以得到有些像诗的文字。

2. 第二种方法也不是万能的，比如给下面这句话分行：

以上三种诗歌速成法都可以视为写作游戏，运用这样的方法创作出的“诗”从严格意义上来说并不能算是真正的诗。

你会发现无论怎样分行，你都无法辩称你得到的文字就是诗。但这种方法清晰地标识出了对一般读者而言诗歌最外在的表现形式，即分行。有时候，同样的文字一分行，确实就能产生节奏的变化、思维的跳跃和情感的流动，因而有些像诗，但不能说分行的文字即为诗。

这也涉及诗歌与散文的区别，余光中在《缪斯的左右手——诗和散文的比较》一文中指出：“诗和散文，同为表情达意的两大文体，但诗凭借想象，较具感情的价值，散文依据常识，较具实用的功能。诗为专任，心无旁骛。散文乃兼差，不但要做公文、新闻、书信、广告等等杂务的工具，还要用来叙事、说理、抒情。诗像是情人，可以专门谈情。散文像是妻子，当然也可以谈情说爱，但是家务太重太杂了，实在难以分身，而相距也太近了，毕竟不够刺激。于是有人说，散文乃走路，诗乃跳舞；散文乃喝水，诗乃饮酒；散文乃说话，诗乃唱歌；散文乃对话，诗乃独白；散文乃国语，诗乃方言；

散文乃门，诗乃窗。”[1]柯尔律治则说：“散文是由以最精美的顺序组织起来的词构成的，而诗歌是由以最精美的顺序组织起来的最精美的词构成的”，“诗的真正反义语不是散文，而是科学。诗的反面是科学，散文的反面是韵文”。

3. 作诗机的原理如下：它以《全唐诗》、《全宋词》为词语库，搜索输入的主题词，将词语库与之相关联的词汇随机挑选出来，按照编制好的符合格律（包括用韵、平仄和对仗）的格式规范进行随机组合，就会生成一首完全符合格律的像旧体诗的“诗”。如你所见，这样生成的“诗”常常有句无篇，整体来看句子时常莫名其妙，组合也时常难以理解。

但作诗机的原理涉及诗歌创作的悠久传统，反映出诗人和诗歌传统的影响关系。《红楼梦》中黛玉教香菱如何学写诗：“你若真心要学，我这里有《王摩诘全集》，你且把他的五言律读一百首，细心揣摩透熟了，然后再读一二百首老杜的七言律，次再李青莲的七言绝句读一二百首。肚子里先有了这三个人作了底子，然后再把陶渊明、应玚，谢、阮、庾、鲍等人的一看。你又是一个极聪敏伶俐的人，不用一年的工夫，不愁不是诗翁了！”这种“摹其色象，按其音节”（钱谦益语）的写法，和作诗机的作诗法“庶几似之矣”。

三、怎样慢慢写作一首诗

如果你想写得一手好诗，那么依靠上面的速成法就收效甚微了，你得学会慢慢地写出一首诗。

（一）“诗意地栖居在大地上”

这是荷尔德林的一句诗，在此它意味着以下两重含义：

---

① 余光中：《情人的血特别红：余光中自选集》，天津：百花文艺出版社 2005 年版，第 390 页。

1. 做一个喜爱读诗的人

如果你是一个完全没有读诗习惯的人，那么搜索并加入一个微信订阅号吧——“读首诗再睡觉”，每天睡觉前读一首诗，不用花过多的时间，你甚至都不用读，有人会读给你听，不过仍然建议你自己去朗读，并且最好反复朗读你喜欢的诗。在这个过程中，你对词语、节奏和韵律的使用会越来越有感觉，似乎你越来越能控制这些本来难以控制的一切。

2. 像诗人一样生活

我们不是要你去像荷马一样流浪，像陶渊明一样隐居，像李白一样酗酒，像柯尔律治一样吸食鸦片，而是要像他们一样做一个习惯写诗的人。偶尔写诗，对你也许不算难事，但习惯写诗却并不容易。幸而培养一个新的习惯在理论上没那么难，每天留出固定的一段时间（不需要太长，15～20 分钟即可）用于写诗，坚持三周左右，你就会拥有这个习惯。在培养写诗习惯的这段时间，要全力以赴地写，大胆地写，快速地写，不要幻想自己一出手就写出莎士比亚或者杜甫级别的诗，无论写得多糟糕都不要紧，对于写诗这件事来说，一个写烂诗的诗人永远要好过一个不写诗的诗人（按照我们对写作的定义，不写诗的人是不能被称作诗人的）。

（二）“诗本质上是比喻性的语言”

这是哈罗德·布鲁姆对诗歌本质的看法，他认为“比喻是对字面意义的一种偏离，而一首伟大的诗的形式自身就可以是一种修辞（转换）或比喻”，这种修辞或比喻创造意义，“在真正的诗里，当比喻性的语言恣肆奔涌地释放，并带来新鲜的意境，这种意义的生成会得到最大限度的实现”。[①] 肯尼斯·勃克区分了四种基本的修辞，了解并掌握这四种修辞，对写作诗歌大有益处。

---

① 哈罗德·布鲁姆：《读诗的艺术》，南京：南京大学出版社 2010 年版，第 2 页。

1. 反讽(irony)

布鲁克斯将其定义为"语境对一个陈述语的明显的歪曲",在一定的语境下,一句话的字面义和真实义出现巨大差异甚至完全相反,所谓言此意彼,话中有话。如莎士比亚笔下的哈姆雷特在说"我谦卑地感谢你"之时就是运用反讽,因为他其实毫无谦卑感谢之意。例如,本书第八章讲到的韩东的《有关大雁塔》一诗,可以看作对杨炼的《大雁塔》一诗的结构性反讽(表层相似——都在吟咏大雁塔,内里相反——韩东去除了附加于大雁塔之上的历史文化内涵)。又如穆旦写于 1976 年 11 月的《退稿信》一诗:

您写的倒是一个典型的题材,
只是好人不最好,坏人不最坏,
黑的应该全黑,白的应该全白,
而且应该叫读者一眼看出来!

您写的故事倒能给人以鼓舞,
要列举优点,有一、二、三、四、五,
只是六、七、八、九、十都够上错误,
这样的作品可不能刊出!

您写的是真人真事,不行;
您写的是假人假事,不行;
总之,对此我们有一套规定,
最好请您按照格式填写人名。

您的作品歌颂了某一个侧面,
又提出了某一些陌生的缺点,
这在我们看来都不够全面,

您写的主题我们不熟稔。
百花园地上可能有些花枯萎，
可是独出一枝我们不便浇水，
我们要求作品必须十全十美，
您的来稿只好原封退回。

不难看出全诗在语调上的反讽（"您"是敬称，但诗人显然对囿于时代束缚又悖于文学原理的编辑丝毫尊敬不起来）。再如李商隐的《贾生》也是典型的反讽之作：

宣室求贤访逐臣，贾生才调更无伦。
可怜夜半虚前席，不问苍生问鬼神。

《史记》中传为佳话的文帝访贤，实质却是"问鬼神"的胡闹。

2. 提喻(synecdoche)

借助于部分相似而以部分取代整体。惠特曼被哈罗德·布鲁姆称为"提喻大师"，罗伯特·弗罗斯特则称自己为"提喻诗人"，他们都善于从天地万物一草一木出发，发现宇宙人生的道理。比如弗罗斯特的《补墙》一诗，从春天里人们修补崩塌了的墙一事出发，发现了人与人之间自筑隔阂的真相：

我看见他在那里
搬一块石头，两手紧抓着石头的上端，
像一个旧石器时代的武装的野蛮人。
我觉得他是在黑暗中摸索，
这黑暗不仅是来自深林与树荫。
他不肯探究他父亲传给他的格言
他想到这句格言，便如此的喜欢，
于是再说一遍，"好篱笆造出好邻家"。

又如弗罗斯特的《一簇花》也贯穿了从微观到宏观、从现象到原理、从局部到整体的提喻思维，因寻先他而行的割草人而不遇，诗人想到“人都注定孤单，/不管他们是一起干活儿还是单干”，又因一只蝴蝶将他引向割草人留下的“一丛高高的野花”而感慨：“人类共同劳动，/不管他们是单干还是一起干活。”再如苏轼的《六月二十七日望湖楼醉书·其一》：

黑云翻墨未遮山，白雨跳珠乱入船。
卷地风来忽吹散，望湖楼下水如天。

全诗尽是描写雨景，但暗含无常之中包含有序、风波之后正本清源之意。

3. 转喻(metonymy)

借助于邻近而以邻近事物取代本体。在转喻中，任何东西只要在空间上与替代物相近，它的名称或主要部分就可以取代替代物。比如在罗伯特·勃朗宁的独白诗中，罗兰公子在结尾被“号角”取代。又如埃里希·傅立特的《灰烬》一诗：

现在我是
我火焰的灰烬
当我还是斧子时
我变成它的柴火
柴火把我砍成小块
用我的双手
双手把我燃烧
直至我
在我的灰烬中
寻找清凉

运用转喻，“我”经过一系列与邻近之物的转换，由斧子而至灰烬。旧体诗中也多运用转喻，如“烹羊宰牛且为乐，会须一饮三百杯”(李白《将进酒》),以“杯”取代邻近的“酒”。又如“主人在马客在船,举酒欲饮无管弦”(白居易《琵琶行》),以“酒”取代邻近的“杯”。再如杜牧的《赠别》:

多情却似总无情,唯觉樽前笑不成。
蜡烛有心还惜别,替人垂泪到天明。

其中蜡烛取代多情的送别人,是典型的转喻。

4. 隐喻(metaphor)

隐喻是在严格意义上把一个词所具有的通常的含义转移到另一个词上,将意义由某事物悄悄转移到另一事物。如吉尔加美什的史诗中:“我的朋友,那迅速的骡,/在山野之间奔驰而过,是野地的同伙。”在此诗人的朋友被比喻成一只骡。又如莎士比亚的名句:“世界是舞台/男人和女人都是演戏的人/他们都有各自的出场及下场。”在此世界被比喻成舞台,男人和女人被比喻成演戏的人,各自的出生与死亡被比喻成各自的出场及下场。再如邵洵美的《季候》:“初见你时你给我你的心,/里面是一个春天的早晨。”在此爱情的初期情态被比喻成春天的早晨。《女人》:“我敬重你,女人,我敬重你正像/我敬重一首唐人的小诗——/你用温润的平声干脆的仄声/来捆缚住我的一句一字。”在此,女人被比喻为唐人的小诗,女人的性情被比喻成平声与仄声。徐迟的《都市的满月》一诗整体可视作一个隐喻:

写着罗马字的
Ⅰ Ⅱ Ⅲ Ⅳ Ⅴ Ⅵ Ⅶ Ⅷ Ⅸ Ⅹ Ⅺ Ⅻ
代表的十二个星;
绕着一圈齿轮。
夜夜的满月,立体的平面的机件。
贴在摩天楼的塔上的满月。
另一座摩天楼低俯下的都会的满月。

短针一样的人，
长针一样的影子，
偶或望一望都会的满月的表面

知道了都会的满月的浮载的哲理，
知道了时刻之分，
明月与灯与钟的兼有了。

在此都市的现代生活被比喻成机械化的时钟，人被比喻成短针，影子被比喻成长针。

(三)"诗人表明真理只能依靠悖论"

这是克林斯·布鲁克斯在《精致的瓮：诗歌结构研究》一书中提出的观点，他认为"诗歌语言是悖论的语言"，"悖论适合于诗歌"，并且是诗歌所"无法规避的"，"科学家的真理需要一种肃清任何悖论痕迹的语言"，但诗人与此相反，"诗人表明真理只能依靠悖论"。① 布鲁克斯以华兹华斯的十四行诗《威斯敏斯特大桥》为例，说明诗歌的力量来自何处：

沉寂，了无遮盖，
船舶，高塔，圆顶，剧场，和教堂
平展至旷野……

诗人罗列堆积了一系列琐碎的细节，用以描绘黎明的晨曦中城市的景象，不乏平实的写法甚至陈腐的比照，但这首诗"从它自

① (美)克林斯·布鲁克斯：《精致的瓮：诗歌结构研究》，上海：上海人民出版社2008年版，第5页。布鲁克斯在紧接引文其后说："诚然，我言过其实了，……然而，这是有原因的；我采用这种夸张，可以说明诗歌本质中某些易于被忽略的因素。"

身的悖论情境中汲取了力量”。对于诗人来说，城市“也能穿上清晨美丽的晨装”，不单是大自然有权呈现美丽，污秽狂躁的伦敦居然也是大自然的一部分，“为自然的阳光照耀，并映照得如此美妙”：“上帝！屋舍重重似沉睡貌，/博大的心全然静卧着……”反自然的工业化大城市也在晨曦中成为自然的一部分，这种悖论情境映衬出“博大的心”，令人感动。再来看几个悖论的例子：

● 蒲柏的《论人》：“犹豫不决，要灵还是要肉，/生下只为死亡，思考只为犯错；/他的理智如此，不管是/想多想少，一样是无知……”这是蒲柏很著名的一首充满悖论情境的哲理诗。

● 沈尹默的《月夜》：“霜风呼呼的吹着，/月光明明的照着。/我和一株顶高的树并排立着，/却没有靠着。”“并排立着”却没有相依相偎，而是“没有靠着”，各自独立，诗中的“我”与树的形象，可谓“五四”启蒙运动所要培养的独立的人的写照，胡适在《论新诗》一文中高度评价《月夜》：“几百年来哪有这样的好诗！”

● 冀汸的《七月的轨迹》：“从激动的流泪到痛苦的流泪/从哑巴说话到说话的变成哑巴/从老人像孩子的天真到孩子装成老人/从歌唱到悲愤的叹息/从火把到没有灯光……”句句都营造了悖论情境，力量由是而生。

● 穆旦的《一个战士需要温柔的时候》：“因为青草和花朵还在你心里，/开放着人间仅有的春天，/别让我们充满意义的糊涂，姑娘。/也把你的丰富变为荒原，/唯一的憩息只有由你安排，/当我们摧毁着这里的房屋。”置身于荒谬战争中的个体，只能寄望于理想中的姑娘，姑娘抚慰着战士的灵魂，战士却正摧毁着这里的房屋，悖论情境产生出对战争的深刻反思。

● 最后我们来看穆旦的《诗八首》之一：

静静地，我们拥抱在
用言语所能照明的世界里，

而那未成形的黑暗是可怕的，
那可能和不可能的使我们沉迷。

那窒息着我们的
是甜蜜的未生即死的言语，
它底幽灵笼罩，使我们游离，
游进混乱的爱底自由和美丽。

这一段诗歌可以视作一种诗歌的语言观——“甜蜜的未生即死的言语”却“窒息着我们”，“幽灵笼罩，使我们游离”却“游进混乱的爱底自由和美丽”，这种悖论情境可以帮助我们理解穆旦(以及其他现代诗人)诗歌中语言的暧昧、矛盾与多义。对于诗人来说，诗的语言就如同认识自我的那面镜子，通过充满悖论的语言，诗人创造一个丰富的世界，通过充满悖论的语言，诗人也试图认识丰富的自我。

(四)“假装你第一个发现了诗歌”

这是马哈茂德·达尔维什的一句诗，在此用来说明你写作的诗歌应当具有独一无二的“殊异性”，就像你是世界上第一个诗人一样独一无二，用杜甫的话说就是“语不惊人死不休”。哈罗德·布鲁姆认为，“最伟大的诗歌——在但丁、莎士比亚、邓恩、弥尔顿、布莱克那里——有一种普遍和本质的难度：它是扩展我们意识的真正的模式”，达到这一点依靠的是“殊异”(strangeness)。诗歌邀请我们去分享一种殊异——“一种能感觉到意识上的变化”，因为殊异，我们在阅读时感到惊奇，在写作时体验创造，通过具有殊异性的诗歌，我们变成了更殊异的自己，成为我们“自己的自由艺术家”(黑格尔语)。①

① 哈罗德·布鲁姆：《读诗的艺术》，南京：南京大学出版社 2010 年版，第 44 页。

下面我们来看产生殊异的几种诗歌技巧①：

1. 极简

对诗歌做减法，简略到极致，简略到不能再简略了，只剩下最精华的部分。

● 欧美文学传统中“诗歌之母”萨福的几首短诗：

你燃烧我

它们的心渐渐冷却，
任双翅垂落下来。

我不能企望
　　用自己的双手
　　　　去拥抱天空

我曾编织花环

愿你在
　　　柔软的胸脯上
　　　　　　找到安眠

我不要蜂蜜
也不要那蜂蛰

整个晚上我一直在祈祷：

---

① 李天靖、陈忠村主编：《波涛下的花园：中外名家现代诗技法鉴赏》，上海：上海文艺出版社2007年版。

但愿这一夜有两夜那么长。①

● 何植三的几首农家杂诗：

田事忙了，
去也是月，
回也是月。

【用“去也是月，回也是月”写出了“田事忙了”时农民早出晚归的生活情境，虽然繁忙劳碌，却也诗意盎然。】

乡下没有时辰钟；
晚烟起了，
便是归家的时候。

【描绘乡村生活中古老而质朴的计时方法，“晚烟起了，便是归家的时候”，被“时辰钟”驱赶的城里人读诗至此，难免会羡慕村野生活的闲适自然。】

竿上晒的裙裙，
在晚霞下，
也觉得很美丽了。

【表现浙东乡村的自然之美，美丽的晚霞映衬下，村野生活中的一切，哪怕最日常的事物——“竿上晒的裙裙”，都变得美丽起来。】

● 艾青《花与刺》中的两首短诗：

钉死耶稣的是罗马人
向耶稣祈祷的也是罗马人

① 以上各首萨福的诗选自田晓菲编译：《“萨福”——一个欧美文学传统的生成》，北京：三联书店 2003 年版，第 82、86、101、166、167、192、212 页。

向光走的时候
不要忘记后面有影子

2. 并置

将事件或人物平等放于同一时间的不同空间，包括语言的并置、意象的并置。

- 冯雪峰的《有水下山来》：

有水下山来，
道经你家田里；
它必留下浮来的红叶，
然后它流去。

有人下山来，
道经你们家里；
他必赠送你一把山花
然后他归去。

【以“有水下山来”和“有人下山来”并置，只看到水留下的“红叶”和人赠送的“山花”，诗句明快爽朗，意境却含蓄婉约，虽是爱情诗，但一字不见爱情。】

- 俞平伯的《暮》：

太阳倦了，
自有暮云遮着；
山倦了，
自有暮烟凝着；
人倦了呢？我倦了呢？

【以“太阳”、“山”、“人”、“我”四者倦了并置。】

- 戴望舒的《我的记忆》：

我的记忆是忠实于我的，
忠实得甚于我最好的友人。

它生存在燃着的烟卷上，
它生存在绘着百合花的笔杆上，
它生存在破旧的粉盒上，
它生存在颓垣的木莓上，
它生存在喝了一半的酒瓶上，
在撕碎的往日的诗稿上，在压干的花片上，
在凄暗的灯上，在平静的水上，
在一切有灵魂没有灵魂的东西上，
它在到处生存着，像我在这世界一样。
……

【以一系列的意象并置，记忆就存在于这些充满生活气息的意象之中，诗人隐匿了自己的感情，用朴实无华的口语化语言来描述日常生活的图景，但细心敏感的读者还是能从中体察到诗人对过去生活的眷恋之情和失落之感。】

● 西娃的《画面》：

中山公园里，一张旧晨报
被缓缓展开，阳光下
独裁者，和平日，皮条客，监狱，
乞丐，公务员，破折号，情侣
星空，灾区，和尚，播音员
安宁地栖息在同一平面上

年轻的母亲，把熟睡的
婴儿，放在报纸的中央

【这首诗的第一节罗列了一张旧晨报上的各项内容，第二节将熟睡的婴儿放在报纸的中央，“婴儿”的意象与上述“独裁者，和平日，皮条客，监狱……”等意象并置，借助于悖论情境显示出诗歌之力：这个天真的婴儿，总有一天会走入复杂的生活，总有一天会变成报纸所记录的人类生活的一部分。】

3. 荒诞

运用夸张的想象，哈哈镜似的反映世界，在反讽中凸显真实。

- 冀汸的《罪人不在这里》：

刽子手没有罪
被他杀死的人没有罪
来看杀人的人
没有罪……

愚蠢的没有罪！
被欺骗来的没有罪！

留声机说错了话
没有罪
刀子割断了花朵的嫩芽
刀子没有罪

【其中包含的尖锐讽刺，适用于任何一种荒谬暴虐的独裁统治。】

- 远村的《庄子研究》：

从来不看他的脸
与鱼谈完心事再叫鸟过来说说话
捕几只蝴蝶放到床边

我知道　已到了做梦的时间

隔壁学校上课的铃声也响过
迟到没有理由
出门时我还没有找到裤子
看一阵风追赶长满胡子的人
读书声已传来

随地大小便的奢侈成为夜里三点钟
粗俗的午睡也有了更多的时间
把适合自己的饭菜摆满一桌
有人倒下去
笑着停止呼吸

文字记载的不可靠
给传说不少延续的机会
验证梦开始的时候　蝴蝶已经飞散
我　还没有醒来

【运用“反常化”来营造荒诞之境，事件发生的时间顺序不能依照正常的方式来解读，正常的逻辑思维会时时被诗歌中的逆序事件打断而碎裂——“我知道”，“已到了做梦的时间”，却不睡觉而出门上课；上课的铃声已经响过，迟到已是必然，却认为“没有理由”迟到；已经出门时，却“还没有找到裤子”；“追风少年”变成了“长满胡子的人”，却被“一阵风追赶”……最后，“我　还没有醒来”——是醒是梦？是真是幻？[1]】

---

① 常立：《浙江新诗史》，北京：中国社会科学出版社 2011 年版，第 390 页。

4. 解构

解构是一套消解语言及其意义确定性的策略，也指对权威思想或传统经典进行有意识地颠覆。

- 捷克诗人米洛斯拉夫·赫鲁伯的《拿破仑》：

孩子们，波拿巴？拿破仑
是什么时候
出生的？教师问道。

一千年前，孩子们说。
一百年前，孩子们说。
没有人知道。

孩子们，波拿巴？拿破仑
这一生
做了些什么？教师问道。

他赢得了一场战争，孩子们说。
他输了一场战争，孩子们说。
没有人知道。

我们的卖肉人曾经有一条狗，
弗兰克说，
它的名字叫拿破仑，
卖肉人经常打它，
那只狗
一年前
死于饥饿。

此刻所有的孩子都感到悲哀
为拿破仑。

【声名显赫的拿破仑已经无人知晓，一只叫拿破仑的狗深受孩子同情，“拿破仑”这一名字的意义被消解了，这应是日常生活对一代枭雄的报复，这应是“庶民的胜利”。】

● 方牧的组诗《历史人物》①：

范蠡

五湖旅游公司董事长
导演吴越争霸巨片
出版西施独家专访
新印制英文名片
叫陶朱公

墨翟

召集山中百兽
讲授兼爱非攻
兽们都不愿裁减爪和牙齿
把兼爱当口香糖吃

刘邦

一个唱大风歌的人

① 方牧：《远去的帆影・历史人物》，北京：中国青年出版社 2007 年版，第 135—148 页。

挡不住枕边风

李煜

答记者问
他已不再写词
汴京稿酬低
物价上涨
小周后又病了

【组诗每首诗以一位历史人物命名，最短的只有两行，最长的不过六行，用现代人的眼光去观照古人，解构了古人的传统形象，印证了“一切历史都是当代史”的名言。以上仅举几例，从《范蠡》中我们可以看到商业社会对传统文化的扭曲和包装；从《墨翟》中则可以看到心口不一的无耻政客们的丑陋表演；从《刘邦》中可以看到现实生活中习焉不察的荒诞；从《李煜》中甚至可以看到市场经济大潮中现代诗人们的窘迫与尴尬。[①]】

● 柯平的《床上的春天》[②]：

不知晓的春眠依然发生在
已婚男子的床上。
当啼鸟吵醒了早晨
仿佛远处工厂轰鸣的机声。
当玻璃在燕子的闪电中震颤
床柱萌生萋萋芳草。
我的目光离开手中的《孟浩然集》

---

① 常立：《浙江新诗史》，北京：中国社会科学出版社 2011 年版，第 409 页。

② 柯平：《床上的春天》，中华诗库 · 现代诗库 · 柯平诗选，http://www.shigeku.com/xlib/xd/sgdq/keping.htm。

移向墙上的一架电子挂钟。

我的春天不在花园 在床上。
我的脸上有一双金属的耳朵
可以听得见闲花落地的声音。
没有一届政府能使我放弃睡眠。
我喜欢躺着怀古 在塑料百叶窗
幽暗的光线里
读书 做梦 胡思乱想。
除了吹落古诗中花瓣的那一阵风雨
已没有什么能使我改变目前的生活。

【这首诗中呈现了一对对相互抵牾、彼此解构的语词——古典的“不知晓的春天”和现代的“已婚男子的床”，大自然的“啼鸟”和工业化的“轰鸣的机声”，人工制造的“玻璃”与自然造就的“燕子的闪电”，无生命的“床柱”与有生命的“萋萋芳草”，精神养料《孟浩然集》与物质计时器“电子挂钟”；诗人用“金属的耳朵”去听“闲花落地的声音”，在“塑料百叶窗”的光线里“读书 做梦 胡思乱想”，如此繁复的对立的意象，并没有让读者感觉混乱不堪，而是在参差对照中觉得有序、有趣，这是因为，这种一般观念中的“不协调”正是诗人的日常生活的真实再现——“没有一届政府能使我放弃睡眠”，“除了吹落古诗中花瓣的那一阵风雨/已没有什么能使我改变目前的生活”，在诗人创作的文本世界中，所有的“不协调”都各得其所、各安其位，一切都“协调”起来。①】

5. 复沓

章节之间的字句基本相同，为了说得少而强烈些，形成回环迭

---

① 常立:《浙江新诗史》，北京:中国社会科学出版社 2011 年版，第 356 页。

唱的效果，可以加强全诗的感情，并又有发展和推进。

- 西班牙诗人加西亚·洛尔迦的《情歌》：

我望着你的眼睛
在我还小且好的时候。
你的双手轻抚我
并给了我一个甜蜜的吻。

（钟表走着同样的节拍，
夜晚缀着同一簇星星。）

我的心就此绽放
犹如一支花开在天空下，
花瓣片片茁壮
花蕊就像美梦一场。

（钟表走着同样的节拍，
夜晚缀着同一簇星星。）

我在房间里啜泣，
仿若那故事里的王子
因为他心爱的小金星
从那些马战场上消失。

（钟表走着同样的节拍，
夜晚缀着同一簇星星。）

我离开你的身畔，

爱着你却并未得知。
记不清你眼睛的样子，
还有你的双手和发丝。
只是我的额间已然印下
那蝴蝶一般的亲吻。

（钟表走着同样的节拍，
夜晚缀着同一簇星星。）

【“钟表走着同样的节拍，/夜晚缀着同一簇星星”在全诗中四次重复出现，回环往复，制造出吉卜赛谣曲的风格。】

● 江一郎的《在低处，甚至更低……》：

在低处，甚至更低，我见到草
被日光照耀，或陷入什么也照不到的地方
一簇簇那么卑贱，而又
沉默地绿着

在低处，甚至更低，我见到泥巴
这些丑陋的阴冷的
被踩在脚底，永远被踩着，更糟的
与垃圾埋在一起

在低处，甚至更低，我见到蚂蚁
这世上，谁在乎一只蚂蚁
如此弱小，如此不起眼
在大地最低处，活着无人理睬
死去，有谁痛惜

在低处，甚至更低，多少庸常的事物
被我看见，又常常被我漠然地
遗忘在生活的角落里

【“在低处，甚至更低，我见到……”这样的句型在每节首句出现，仿佛萦绕不去的旋律，有复沓回环之美。】

（五）“假装你是最后一个诗人”

这也是马哈茂德·达尔维什的一句诗，在此用来说明诗歌写作与诗歌传统的关系，主要体现在两个方面：一是用典，诗人的优秀作品往往是对既存经典的引用、化用、回应、重写或者颠覆与解构。二是格律，诗人不能脱离诗歌写作传统而存在，了解既有格律，才能在格律上推陈出新，在格律的束缚下写作往往也会催生出佳作，正如安德烈·纪德所说，艺术源于约束而毁于过多的自由。

1. 用典

哈罗德·布鲁姆认为在伟大的诗里用典几乎和用比喻一样重要。例如艾略特《荒原》中的名句“我要在一把尘土中给你展现恐惧”就出自丁尼生《莫德》中主人公的呐喊：“我的心是一把尘土”。又如埃德温·阿灵顿·罗宾逊的《路可·海弗格》的第一节：

走向西方的门，路克·海弗格——
那里的葡萄藤把墙染成猩红色——
你在黄昏里等待，将来临的一切。
在那里，树叶会低声诉说着她，有些树叶，
像飘飞的词，落下来的时候，击中你……

把树叶与词语融为一体的比喻，出自雪莱的《西风颂》：

把我死去的思想吹遍宇宙，
就像席卷枯朽的树叶，造就新的生命！

而且，请用这诗韵的符咒，
像在未熄的炉膛里鼓荡起灰烬和火星，
在人类中间，鼓荡起我纷纷的词语！①

2. 格律

十四行诗是指以抑扬格五音步(节奏为每行五个重音，又叫五拍)写成的诗，由于它与英语词汇的自然节奏相吻合，所以是英语诗歌中最普遍、最常用的节奏形式。

语言学家兼新诗人陆志韦多年来一直致力于为新诗探寻“诗的躯壳”，尤其是节奏形式。据他自述，“好多年以前，听元任(指语言学家赵元任)说，北平话的重音的配备最像英文。不过，仔细一比较，他的话果然不错。当时我就有一种野心，有把英国古戏曲的格式用中国话来填补他。又不妨说要模仿莎士比亚的神韵。”于是他创作了二十三首五拍诗，每首诗均为六行，擅用冷韵(如“儿”、“啦”等)，结集为《杂样的五拍诗》。

孙大雨在新诗史上创立了新诗的“音组”说，把十四行诗引入新诗。所谓“音组”，如孙大雨所说：“音组这东西，既非空无所有的一些时间片断的继续进行，亦不仅为多少截‘音长’之接踵，也不只是语音的某种方式之配合，而是这三者的有计划的综合。”简单来说，“音组”可以理解为新诗的最小节奏单元，由二字或三字通过音节组合来构成新诗节奏的时间段落。孙大雨认为十四行诗有两个格律成分——每行五个音组和押韵格式。他依照自己的“音组”结构主张，写出了一首十四行诗《爱》，发表在 1926 年 4 月 10 日的《晨报》副刊上(以下为使读者理解孙大雨的“音组”说，每行标记出音组)：

① (美)哈罗德·布鲁姆：《读诗的艺术》，王敖译，南京：南京大学出版社 2010 年版，第 26—27 页。

往常的/天幕/是顶/无忧的/华盖，
往常的/大地/永远/任意地/平张；
往常时/擎天的/山岭/在我/身旁
峙立，/长河/在奔腾，/大河/在澎湃；

往常时/天上/描着/心灵底/云彩，
风暴/同惊雷/快活得/像要/疯狂；
还有/青田/连白水，/古木/和平荒；
一片/清明，/一片/无边的/晴霭；

可是/如今，/日夜是/一样地/运行，
星辰的/旋转/并未曾/丝毫/变换，
早晨/带了/希望来，/落日底/余辉
留下/这沉思，/一切都/照旧地/欢欣：
为何/这世界/平添/一层/灿烂？
因为/我掌中/握着/生命底/权威！

孙大雨的“音组”说奠定了新诗格律形式发展的基础，使中国新诗解决自身的语言节奏问题有了可靠的前提。孙大雨的《爱》的发表，标志着新诗作者找到了对应移植十四行诗格律的一种行之有效的方法。中国新诗的十四行诗此后逐步走向成熟，诗人冯至、唐湜、岑琦等都擅长十四行诗的写作。①

你也可以循着以下提示试写一首十四行诗：

● 结构：前八行提出问题，后六行解决问题。（这是彼特拉克体十四行诗的要求，莎士比亚体十四行诗则是前十二行提出问题，后两行对句解决问题。）

---

① 常立：《浙江新诗史》，北京：中国社会科学出版社 2011 年版，第 94 页。

● 长度：十四行。

● 节奏：五音组。（参考对孙大雨《爱》的音组标记。）

● 韵脚：1、4 句押韵，2、3 句押韵，5、8 句押韵，6、7 句押韵，9、12 押韵，10、13 押韵，11、14 押韵。（也可以按照你喜欢的方式决定押韵格式。）

（六）“每月只写一行”

这是本书第三章的范例《布莱克·沃兹沃思》中诗人说的一句话，在此代表的是写作者对诗歌写作的认真态度，足够的耐心，足够的慢，才可以写出足够好的诗。有一些诗句属于“文章本天成，妙手偶得之”，但更多的诗句需要“吟安一个字，捻断数根须”，正如亚历山大·蒲伯所说：“诗艺之精巧来自推敲而非偶然，正如善舞者之步履轻盈。”认真生活吧，让平凡的生活中涌现灵感；反复修改吧，让灵感变成一首真正的诗。

练　习

1. 完成下面的比喻，并且在比喻时尽量不要把声音比作声音、味道比作味道、香气比作香气：

● 清晨的太阳尝起来像：

● 她的声音闻起来像：

● 这个音乐听起来像……一样沉重：

● 绿颜色摸起来像：

● 红颜色尝起来像：

● 午夜的雨像……一样痛苦：

● 风看起来像……一样：

● 看他走路就像听：

● 晚餐吃起来就像观看：

● 听她哭就像尝：

● 触摸着她奄奄一息的父亲的手就像看：

2.仿废名诗歌《十二月十九夜》的基本形式写一首诗：

深夜一枝灯，
若高山流水，
有身外之海。
星之空是鸟林，
是花，
是鱼，
是天上的梦，
海是夜的镜子。
思想是一个美人，
是家，
是日，
是月，
是灯，
是炉火，
炉火是墙上的树影，
是冬夜的声音。

3.给冯至《山里的小诗》续写第二节诗：

鸟儿出去的时候，
我以一片花瓣放在它嘴里
告诉那住在谷口的女郎
说山里的花已开了

鸟儿回来的时候

第十二章 小 说

建立一座以全世界为畛域的图书馆。

——伊拉斯摩斯

一、小说是什么

意大利小说家迪诺·布扎蒂在《七信使》中讲过一个离奇的故事：一位年轻的国王启程去对自己的王国作一番探险，一去八年零六个月又十五天。

> 这期间，我一天也未曾停止行路。出发的时候，我相信只消几个星期，我就能不费吹灰之力达到王国的边境。然而，实际情况远非如此，一路上，我总是接连不断地遇到新的民众，新的城镇，所经之处，人们都操着我的同一语言，都声称是我的属民。……怀疑这个边界根本就是子虚乌有的想法，常常苦苦地折磨我，王国无限伸展，无边无垠，尽管我马不停蹄，挥鞭赶路，可我永远也走不到尽头。

当一个人——哪怕他是个国王，试图去确立边界的时候，可怕的事情发生了——惯性思维意义上的边界并不存在："没有作为分界线的高墙，没有分开两国的河谷，更没有阻挡去路的高山。可能我会在不知不觉中越过边境，傻里傻气地还往前走哩。"当你想确定小说的边界时，这样的事情就会重演——似乎边界并不存在，写小说的人走到哪里，哪里就是小说。

有以下一些常见的关于小说的定义：

- 小说是讲故事。
- 小说是怎么讲故事(讲故事的艺术)。
- 小说是叙述的语言艺术。
- 小说是用故事来反映现实。
- 小说是用故事来表达思想、情感、观念。

最接近真相的应该是米勒下的定义：小说是通过语言文字对人类现实的表述。这个定义强调了语言文字(语言艺术)、人类现实(反映现实)和表述(非现实性)，分别对应文体学、传统批评和叙述学。但即使如此，似乎也未能对小说之定义盖棺论定。

加拿大学者佩里·诺德曼的“知识集”理论可以给我们一些启示，他在《儿童文学的乐趣》一书中提出了“知识集”(repertoire，有的译作“剧目”、“曲目”)的概念：

> 众多文本假设并暗指文学与生活的，或是读者知晓并能用来理解文本的一个知识集合(a body of knowledge)。

通俗地讲，我们不妨将小说当作一个“物品目录”——由粗枝大叶的人来做，就混乱无序，由细致谨慎的人来做，就井然有序。目录上列举了所有能帮助我们了解小说，或者能借以指认小说的信息，比如“语言文字”、“人类现实”、“表述”，还可以再添上“故事”、“思想”、“情感”、“观念”，如果你对小说有更深入的了解，你制作的目录上还会有“人物”、“情节”、“冲突”、“视点”、“结构”、“因果律”……这个目录可以继续编制下去，还可以编制子目录，譬如在“视点”的条目下注上“第一人称”、“第二人称”、“第三人称”……

假如把“小说”当作一个“恋人”，那么这个目录能帮助我们了解她的性格、兴趣、习惯、思维乃至心情；假如把“小说”当作一个“通缉犯”，那么这个目录能帮助我们从大千世界里把他识别出来；假如我们发现了“恋人”或者“通缉犯”的新的特性，那么我们可以在这个目录上不断地增删修改，直至越来越逼近真实的她或者他……但这毕竟是一场没有结果的恋爱，我们无限逼近但永远不能抵达美丽的恋人；这也是一场没有终结的追捕，我们永远和狡猾的罪犯相距一步之遥。我们在黑暗的迷雾中寻找光明的线索，但线索所照亮的仅仅是我们的下一步，下一步之外的一切都还在未知的黑暗中。像那位寻找王国边界的国王吗？我们像他一样怀疑、迷惑、恍惚、不知所以吗？在那个故事的最后，国王说道：

> 随着我一天一天地朝不可能的终极走去，天空中出现了一道我连梦中也没有看见的异乎寻常的光；植物，我们越过的山川，河流，好像是用不同于我们国家的物质做成的，空气带来我捉摸不定的某种东西。一种新的希望鼓舞我明天清晨踏上征程，向被夜色的昏暗笼罩住的未曾探过险的山岭走去。

所以，还等待什么呢？打点行装，让我们和国王，和所有那些热爱小说、热爱梦想、热爱未知的朋友一起出发吧，一起在小说的世界里漫游四方：风和月亮讲起了故事；妖精们手拉着手跳舞；一只天鹅吹起了喇叭；一顶帽子离开它的主人，喝了一玻璃杯水，给自己买了一根手杖，还打算和一个寡妇结婚……在小说的世界里，奇特的事情可以无穷无尽地列举下去，这是小说的自由——我们可以信口开河地讲故事，你能把你所看到的东西编成小说，你也能把你所摸过的东西都讲成一个故事，人们可以随意编造，对石子说话，和椅子玩耍，让世界在眼底延伸，深入到蚂蚁的洞穴里，开在一朵小花的花瓣上……终极的边界永远不是最重要的，最重要的是保持探索未知的激情和不断前行的意志，这样，我们才可以“总是古旧”，又“总是清新”，可以和世界深入对话，又可以和世界再次初逢。

二、怎样写类型小说

在漫长的小说发展史上业已形成和正在形成许多类型小说(当然也有一些类型小说已经时过境迁濒临灭绝了),下面是一些当下比较常见的小说类型。了解这些类型小说,看看哪种适合你的兴趣和能力,你就可以写那种类型小说。

现实小说	历史小说	冒险小说	侦探/推理小说
武侠小说	恐怖小说	科幻小说	幻想小说
言情小说	成长小说	儿童小说	青春小说
官场小说	商战小说	军旅小说	都市小说
穿越小说	后宫小说	盗墓小说	玄幻小说

下面择要介绍一些类型小说的写作要点:

(一)成长小说

“成长小说”的概念最初源自德国,意思是“成长的故事”。

- 写的应该是一段主人公成长的过程。
- 主人公应当是青少年。
- 主人公要经历某种造成切肤之痛的事件。
- 主人公要经历巨大的转变,要么是世界观,要么是性格,要么两者兼具。
- 结尾主人公应走向一个真实而复杂的成人世界。

(二)言情小说

言情小说又称爱情小说或浪漫小说,指以通俗爱情故事为主体的小说,必须要强调“通俗”二字,马尔克斯的《霍乱时期的爱情》、杜拉斯的《情人》、歌德的《少年维特之烦恼》、简·奥斯丁《傲慢与偏见》也是以爱情故事为主体的小说,但我们一般不把它们叫作言情小说。

● 写的是男女爱情故事。

● 确定爱情故事发生的地点,校园、职场、旅途、异国,写法不尽相同。

● 确定恋爱人物的年龄、身份,男要么多金,要么能干,要么兼而有之,但一定要英俊;女要么单纯,要么聪明,要么兼而有之,但一定要漂亮。

● 确定爱情发生的情境,大多是一见钟情,也有由友情转爱情。

● 增加恋爱人物之间的冲突,许多由于误会,也有性格、家庭、金钱、价值观冲突。

● 增加三角或多角关系。

● 设定结尾,要么童话式美好,要么悲剧式悲情。

(三)历史小说

历史小说是指主要讲述历史人物或历史事件的小说。

● 素材通常是著名的历史事件或历史人物。

● 故事会从某一点(常常是历史事件的中间部分)出发,并逐渐发展为猜测:如果出现这种情况或者那种情况,将会怎样发展?

● 要写出有力的历史小说,必须要对历史非常熟悉。

● 情节必须以历史事实为基础,并展开充分的想象力。

● 语言和细节要真实可信,一些小的细节即能让读者感受到那个历史时期。

● 通常采用第三人称视角来叙述,显得更真实可信。

(四)科幻小说

科幻小说是指主要描写想象的科学或技术对社会或个人的影

响的虚构性文学作品。科幻小说分为硬科幻和软科幻。

硬科幻小说(英语 Hard Science Fiction,简称 HardSF):作品的核心思想是对科学精神的尊重和推崇;在手法上,以追求科学(可能的)的细节或准确为特性;常常着眼于自然科学和技术的发展。

软科幻小说(英语 Soft Science Fiction,简称 SoftSF):情节和题材集中于哲学、心理学、政治学或社会学等倾向;所涉及的题材往往被归类为人文学科,相对于“硬科幻”,作品中科学技术和物理定律的重要性被降低了。

写科幻小说的要点:

● 灵感往往来自于科学实验室。

● 也往往来自尖端科学杂志。

● 应该多向专家请教,可以避免出现明显的错误或是陈旧的观点。

● 将你的每一个发明与现实事件相联系,增加你的想法的可信度。

● 科学技术是推动小说情节发展的动力。

● 注意前后一致,故事合乎逻辑。

(五)侦探/推理小说

侦探小说是以案件发生和推理侦破过程为主要描写对象的小说类型,又称侦探推理小说。

● 情节可以到日报或晚间新闻里寻找。

● 行动是故事的血肉,注意步伐的速度。

● 创造一个基本全面的主角,往往是警官或是司法系统的人,非凡、机智、勇敢,既能思考又能行动。

● 如果主角不能行动,比如轮椅上的侦探,必须要有一个能行动的搭档。

● 给你的主角一些可以被同情或理解的弱点,以使其更人性化。

● 创造一个独具一格的场景,场景构造应强调感官细节,显得更生动真实。

● 考虑好凶手是谁,先正向设计罪案,再反向设计推理过程。

● 确保事实的正确,运用归纳推理,从观察的事实中得出结论,这个结论和所有的证据相符。

● 结尾要明确地解决问题,如果你的小说没有结尾,读者会感到受骗。案件通常以逮捕或判罪而告结束,有时则以枪战结束。

(六)穿越小说

广义上的穿越小说指的是,主人公由于某种原因从其原本生活的年代离开、穿越到了另一个时空或者以某种特异的方式变换了身份后展开一系列活动的小说。狭义的穿越小说是指第一主人公为女性、穿越时空后以情爱为主线展开活动的小说,具体可称为"女主穿越言情小说"。网络上当前最热门的是狭义的穿越小说。

● 常见的两种穿越形态有:肉身穿越(主人公自己穿越到另一个时空);灵魂穿越(主人公的灵魂穿入到另一时空的他人身上),大多保持原性别,偶尔有男变女、女变男、人变成动物或植物的。

● 穿越需要一定的介质作传输,一般可分为:物媒类,即其媒介是古物(通常是首饰)、未来通信设备等;贵人类,贵人多为神仙,世外高人、外星人、非人等;遭意外类,如意外车祸、失足落水坠崖、被砸、被电击、被害等(其中车祸和落水运用者最为广泛);有前兆类,如梦中事物、幻觉等;自戕类,即自己一意撞车、跳崖、跳楼等。

● 穿越的主人公可以穿越到历史上真实存在的年代、地方,也可以架空历史的穿越,就算不架空历史,也只有近似的历史情境,完全不受史实的约束。

● 可以结合其他类型小说来写,比较常见的是结合历史小说、言情小说或后宫小说来写。

(七)后宫小说

当前网络上流行的多是古代宫廷的后宫类小说,主要情节围绕钩心斗角、暗藏杀机的后宫斗争展开。这种类型的小说“非我所长且不感兴趣”,我们真不会写。如果你真感兴趣的话,“本宫方才听闻一本书(《后宫——甄嬛传》),网上极是流行,私心想着这书若是让你来看,定可增加写后宫小说的熟练度,对你想必是极好的”。

三、怎样写一篇短篇小说

(一)选择视点

现在我们进入了短篇小说的表达阶段,首先要注意的就是叙述视点问题。视点是小说讲述的立场,最常见的有三种:

- 第一人称,讲述者是小说的人物之一,用代词“我”从第一人称的角度讲述所见所闻。
- 全知第三人称,讲述者不是小说中的人物,是全知全能的。这种叙述视点在长篇小说中比较实用,在现在的短篇小说中已经很难看到了。
- 有限第三人称,讲述者只通过一个人物的眼睛讲述故事。

视点也是情感的焦点。确定从什么视点来叙述故事直接影响着读者对小说人物及其行为的反应,叙述视点不同,读者对故事的情感反应也不同。戴维·洛奇说:“笨拙或稚嫩小说家的最常见的毛病之一是叙述视点前后不一……当然,并无规定小说无论如何不准变换视点,但倘若脱离开美学章法或规则任意变换,则会造成混乱,给读者的参与和文本意义的‘生成’带来障碍。”来看下面这段文字:

> “这几个人散散乱乱地坐在机场休息厅的一角。珍妮斯不明白自己刚才为什么这么傻，会到这里来，还把自己的真实感情暴露无遗。保罗擦拭着照相机镜头上的一点灰尘，巴望着能甩掉这个破坏了他的婚姻的男人。李在打着自己辞呈的腹稿，他得辞去新闻广告员的职务，因为这个当过演员的女人这么一抛头露面当众献丑，他的前程就完了。”

叙述者在这一个段落中进出于三个不同人物的内心，显得十分混乱。短篇小说的叙述视点大多采用单一视点，把视点严格局限在一个人身上以强化主题。假如你选择了单一主人公视点，就不要再进入其他任何一个其他人物的内心。单一主人公视点用第一人称或第三人称都可以，这取决于人物塑造的需要和作者的喜好。一些作者喜欢用第一人称，因为这样他们更能进入角色，而作为视点人物他们可以写得更加富有感情。鲁迅《呐喊》和《彷徨》中有不少篇目是采用第一人称叙述的，如在作品《伤逝》中，作者通过男主人公——“我”对往事的回忆，描述了涓生与子君从相恋到同居又离异的过程，“我”既是叙述者，又是主人公，在“我”的内心独白中，读者与之共同经历了欢乐、哀伤、悔恨、期待的心理历程。

被你选中作为讲述者的人物被称为视点人物，在所有人物中，视点人物是最全能的：

● 情感：视点人物有欲望或渴望，想得到爱情、名望或赏识，视点人物如何满足其渴望则提供了支配全篇小说的情感色彩，如戏剧性、神秘、浪漫或幽默。你选的人物要能提供一种支配全篇小说的情感，而且是你作为作者希望传达给读者的那种感情。

● 冲突：视点为小说提供了冲突。这冲突来自视点人物的性格特征，他的问题和解决问题的努力，以及陪衬的人物和场景。因此，你选的人物要有最迫切的问题急待解决，他的性格特征提供了与其他陪衬人物的最为内在的冲突和外在的斗争。

● 悬念：视点人物自始至终都在场，努力要解决他的问题，因此他是小说的悬念所系。这个主要人物做出的决定必定产生新的问题。为了使做出的决定引起新的复杂因素，他必须对真实的情况了解得最少。假如在《简·爱》中，如果小说一开始你就知道罗彻斯特在顶楼上有个疯妻子，小说会逊色多少？

● 读者同一感：视点人物应使读者产生最快而且最强烈的同一感，使他身心卷进小说的情节。

（二）塑造人物

大多数短篇小说有一个主要人物，我们称之为主人公。主人公是你故事中最为重要的人物，是冲突的中心。你应当确定主人公基本的性格特征，比如：有野心，懒惰，勇敢，懦弱，慷慨，自私，嫉妒，谨慎……该特征将导致主人公的成功或者失败。你在表现人物的基本特征时，要由材料的选择和安排、重复和暗示来加强人物的独特性。如果你作品中的人物是个小心谨慎的人，你不能只让这个特征显露一次，而要多次重复，当然在重复手法上一定要有变化。

你可以参考下列这些方法来塑造人物：

● 直接说明法。叙述者直接交代他本人对某个人物的看法，其他人物对这个人物的看法，或是这个人物自己对自己的看法。这个方法似乎很单调，但有时会行之有效。

● 运用独特的、活生生的、能显示个性的细节来塑造人物。

● 可以通过人物所处的环境来向我们展示他是个什么样的人，包括描写人物自己创造的习惯性环境或描写人物对一个同自己格格不入的环境的反应。

● 可以展示人物对其他人的反应。

● 可以让他讲话，对话最好能一箭双雕，比如“你的帽子总是脏兮兮的”比“你总是戴着帽子”更能揭示“你”落拓不羁的个性，同时也表现出说话者直言不讳的性格。

● 可以写他的举止动作，包括一些小小的个人习惯动作、某时某地的特别举动，或者他的贯穿小说始终的行为方式。

最好的方法，是把以上方法娴熟地融为一体。

另外，给你的人物取名也要费一番思量。结构主义语言学的基本原则之一是“符号的任意性”，即词的能指与其所指之间不存在必然的联系。正如莎士比亚所言：“一朵玫瑰即使换上另外的名称也照样发出芳香的气味。”正因为如此，有一个能指就有一个所指与之结合，如同一张纸，有正面就有反面。所以我们的父母在给我们取名字的时候，往往承载着他们的愿望或某种意义。戴维·洛奇在《小说的艺术》中说：“小说中人物的名字从来都不是毫无意义的，总带有某种象征意味，即使是普通名字也有其普通意味。喜剧、讽刺或说教型作家在给人物命名时总是具有非凡的创造性或明显的讽喻特征（Thwackum，Pumblechook，Pilgrim）。现实主义作家喜欢用带有一定含义的世俗名字（爱玛·伍德豪斯，亚当·比德）。总之，在刻画人物过程中命名也是创作的一个重要组成部分，要考虑很多，有时颇费心思……”那么怎么给你的人物取名呢？

● 首先要避免和别人重复。

● 其次名字要表现人物的个性，考虑名字的声音和内涵是否符合人物的性格。

● 可以去参考其他作家是怎么给人物取名的。如鲁迅短篇小说的人物名字，几乎个个都有深意。“九斤老太”沿用民间取名法，用出生重量取名；“闰土”是运用民间俗信，以五行取名；《故乡》中的杨二嫂“圆规”是借用人物外部特征取名；“高老夫子”是对不学无术的人进行了无情的嘲讽；《药》中设置的“华”、“夏”两家就是华夏民族的隐喻，用谐音双关取名。①

---

① 程华早：《鲁迅小说中人物取名艺术探析》，《文学教育》2008 年第 3 期。

(三)制造冲突

在日常生活中,人与人的相处追求和睦,国与国的关系重在和谐。而在小说的世界里,作者和读者都青睐冲突。

● 人物可以和自己内心的某种力量进行斗争。比如英国作家R. L. 斯蒂文森的《隐身博士》,受人尊敬的杰克医生喝了一种试验用的药剂,在晚上化身成邪恶的海德先生四处作恶,他终日徘徊在善恶之间,内疚与快感不断冲突。

● 人物也可以与外部的某种力量相抗争。比如海明威的《老人与海》就体现了老人与自然界的大鱼的冲突,也体现了老人与必将衰老的自然规律的冲突;又如老舍的《断魂枪》就体现了人与社会环境之间的冲突,老镖头沙子龙枪法神乎其神,然而社会已经开始了巨大的变革与动荡,“他的世界已被狂风吹走了”。

(四)设置情节

福斯特给情节下定义时说:“故事是关于按时间顺序排列的一个个事件的叙述。情节也是关于一个个事件的叙述,但是它所强调的是其间的因果关系。”为此,他举了一个例子来说明——“国王死了,然后王后死了”,这是故事。“国王死了,然后王后因哀伤而死”则是情节。以此来看,情节就是行动的因果序列。

但是在文学作品中整个情节的各部分的因果关系往往不是写得明明白白的,这些联系常常是间接表现出来的,主要靠的是人物的情境、意图或情感的转变。下面是常用的设置情节的技巧:

● 折叠:这种情节模式主要用于重建叙事情节的时空状态。将情节序列折叠起来,情节从折叠线(即事件的中间)切入,而被切掉的事件的起因、发展等有关细节和后面情节的因果关系被巧妙地插入情节叙述中。

● 跳移:是指情节在连接和运行的过程中,某一个重要的环节被挪移出来，直到结尾时才快速补出。当重要的环节被挪移时便产生了空白，产生了吸引读者注意和思索的悬念；当重要的环节移植到结尾快速补出时，悬念消释了，使读者产生一种阅读快感。

● 意外和巧合：这是有意调控情节发展方向、制造特定的情节效果的技法。我们常说的“欧・亨利式”的结尾就是这种情节模式，不过这种模式用得太过生硬，会降低小说的整体水平，不但要在意料之外，更要在情理之中。

（五）安排结构

1. 传统小说与现代小说的结构差异

传统小说往往采用以线索贯穿作品始终的线性结构。线索有单线、复线；明线、暗线；主线、副线之分。有的小说情节单纯，只有一条线索贯穿始终，如鲁迅的小说《故乡》、《祝福》。有的小说有两条或两条以上的线索，通常称之为复线。在复线中，往往有一条是主要的线索，称为主线，其余的线索为副线；处于明处的线索称之为明线，而处于暗处的线索则称之为暗线。如欧・亨利的《麦琪的礼物》，妻子德拉卖掉长发给丈夫买表链的线索是作品的明线，也是主线；而丈夫吉姆卖掉祖传三代的金表给妻子买梳子则是作品的暗线，也是副线。

现代小说往往打破传统小说追求的结构模式，而追求一种时空交叉的拓扑结构，把过去、现在、未来、意识、潜意识等交叉错叠起来，使作品呈现出复杂、多变的不确定感。

2. 开头，中腰和结尾

小说家厄普代克对此有一个简明的总结：“故事以寥寥数语引人入胜，在中间部分得到深入展开，然后在结尾部分完美收场。”

开头部分是人物的希望或需求，这是人物行动的目标。好的开头能吸引读者进入你的故事，比如加拿大作家艾丽丝・门罗的《播弄》的开篇：

“我会死的，”许多年前的一个晚上，若冰这样说，“如果她们不把那条裙子给我准备好，那我一定会死的。”

【这个开头富于冲击力。首先是因为“死”这个字眼，其次是因为悬念，裙子为什么那么重要，这个裙子有什么特殊的地方？】

中腰部分是人物努力实现希望，其间障碍重重，出现危机，克服困难，直至高潮。

结尾部分是人物行动的结果，好的小说在结尾应有某种乔伊斯所说的“显现”，即关于人物或情境的某种领悟。

现代小说的结尾有以下四种常见类型：

● 总结型结尾：主人公解决了问题。过去的小说大抵如此，但现在总结型结尾较少出现了。

● 思考型结尾。作者提出了一个问题，加以戏剧性的发展，却把解决留给读者去思考。

● 展望型结尾。故事结局又引出一个新的开头。

● 逆转型结尾。结尾与开头形成对照。

3. 过渡

在短篇小说的写作中，写作者往往在场面的衔接处处理不好，有的唐突不自然，有的过于迂回曲折。你可以采用这些手法来过渡：

● 情感。在场面的结尾处显示出一种情感，而这种情感又用来引导一个新场面。

● 物件。一个物件也可以轻而易举地把情节从一个场面带到下一个场面。

● 天气。一般是不同的天气，代表不同情绪氛围的场面。

● 人名。以此作过渡特别可以用于变换视点，在短篇小说中应谨慎使用。有的长篇小说甚至通篇以此来进行章节间的过渡，比如乔治·马丁的《冰与火之歌》。

● 时间。一个短短的代表时间的词语，就可以告诉读者两个场面之间相隔有多久。

(六)核对整体

1. 运用“5W+1H 问题列表”来了解你的故事：

> 谁(Who)？ 人物
> 什么(What)？ 矛盾冲突
> 什么时候(When)？ 时间
> 在什么地方(Where)？ 地点
> 为什么(Why)？ 人物的动机
> 如何做(How)？ 解决冲突

2. 也可以运用梯形图来了解你的故事：

● 给主要人物起个名字
● 用两个词描述主要的人物
● 用三个词描述背景
● 用四个词描述主要问题
● 用五个词描述问题的解决办法

按照上面的要求填写下表：

> 1. ________________________________
> 2. ________________________________
> 3. ________________________________
> 4. ________________________________
> 5. ________________________________

3.运用下列核对表，查看你是否把短篇小说所需要的一切都包含进来了。

——1.你要创作的短篇小说类型定下来没有？
——2.矛盾冲突你设计好了吗？
——3.你有主人公和对手吗？
——4.你为情节设置了时间地点吗？
——5.你的小说结构是清楚的三段式（开头——中腰——结尾）吗？
——6.矛盾冲突的解开符合逻辑吗？
——7.人物的性格是否一致？
——8.主人公的问题是否由他自己解决？
——9.你的小说标题惹人注目了吗？
——10.小说开头开好了吗？小说的结尾有所显现了吗？

练　习

1.阅读意大利作家路易吉·皮兰德娄的短篇小说《战争》，试着制作出它的5W+1H问题列表、梯形图和核对表，并思考：它运用我们前面所谈及的方法了吗？它完全符合我们前面所提出的各项要求吗？如果不符合，它这样处理好吗？为什么？

战　争

搭乘夜间特别快车离开罗马的旅客们，不得不停留在法布里亚诺小站，直到次日凌晨才改坐连接苏尔蒙纳干线的小型老式普通列车，继续他们的旅程。

天蒙蒙亮，在5位旅客刚刚过了一宿的一节令人窒息、烟雾弥漫的二等车厢里，推推搡搡地给拥上来一个身穿重丧服的大块头女人——她那模样儿看上去简直就像一件鼓鼓囊囊的行李包裹。

跟在她背后气喘吁吁、唉声叹气的，是她的丈夫——一个瘦弱不堪的小男人，脸色就像死人那样惨白，他的那双亮闪闪的小眼睛，露出胆怯不安的神色。

那个小男人最后落了座，彬彬有礼地向那些给他妻子帮过忙、让过座的旅客道了谢。随后，他转过身来，朝着正在把自己的大衣领子拉下来的那个女人，彬彬有礼地问道：

"你一切都好，亲爱的？"

妻子并没有搭理他，却把大衣领子又往上拉到眼边，遮住自己的脸孔。

"这个世道可糟透了。"那个丈夫喃喃自语，苦笑了一下。

他觉得自己责无旁贷，应该向他的同行旅伴讲一讲，那个可怜的女人确实值得人们同情，因为这场战争不仅要把他们辛苦了一辈子养大的那个年方 20 的独子从她身边夺走，而且还拆散了他们在苏尔蒙纳的那个老家，只好跟着儿子也到罗马去。当初他不得不去罗马上学，他们答应过只要他志愿入伍，至少 6 个月内保证不会把他送到前线去，可是现在突然接到了一份电报，说他 3 天之内就要开拔了，要求爸爸妈妈即速赶来给他送行。

至于那个身穿外套的女人呢，她的身子一直在歪歪扭扭地蠕动着，不时还发出野兽一般的咆哮声。她深信，尽管刚才她的丈夫对种种情况都做了说明，也是无济于事，因为从那些十之八九跟她一样身陷困境的人们那里，就连一点儿同情的影子都引不起来的。他们中间一个人在全神贯注地听了以后，就说："你好歹还得要感谢上帝，因为你的儿子毕竟是现在才开拔到前线去。我的那个儿子，打从战争爆发的头一天，就叫他上了前线。他已经两次受了伤回来，后来又把他派到前线去了。"

"那么我呢？我有两个儿子和三个外甥都上了前线。"另一个旅客接下去说。

"你说的也许不错，可是，就我们来说，那是我们的独子哪。"那个丈夫竟然放胆地说。

“你说这话到底有什么区别呢？你尽管可以拼命地宠爱你的独子，可是，如果说你还有几个儿子的话，那么在这两者之间，你总不能只宠爱他一个吧。父爱——不像面包，可以切成好几块，然后按照同样大小分给孩子们。不管一个孩子也好，还是十个孩子也好，做父亲的就是要一视同仁，把自己全部的爱交给他的每一个孩子。如果说这会儿我正替我的两个儿子揪心，那么，我替他们每一个人揪心，绝不是一半对一半，而是相反，还要加一倍呢……”

“说得有理……有理……”那个窘态毕露的丈夫叹了口气说，“可是，不妨就这么想（当然，我们大家都希望这可绝不是针对你的情况来说的），某某父亲有两个儿子在前线，要是失掉了一个儿子，那么毕竟还留下一个儿子可以安慰他……而……”

“是啊，”另一个怒咻咻地回答道，“留下一个儿子可以安慰他，但是他也一定还要为了儿子而活下去。要是换上独子的父亲呢，只要儿子一死，父亲也会死去，从此了结他那痛苦的一生。这两种境遇，哪一种更糟呢？你不觉得我的情况要比你糟得多吗？”

“胡扯淡。”另一个旅客插话说，他是一个红脸膛的大胖子，黯淡无光的蓝眼睛里布满血丝。

他心里一直在扑扑地跳动着。他胸中难以控制的那股狂热劲儿，仿佛从他凸出的眼睛里突然迸发出来，其猛烈的程度，几乎叫他那孱弱的身体都支撑不住了。

“胡扯淡。”他又说，一面拼命用手捂住自己的嘴巴，别让人们发现他早就掉落了的那两颗大门牙，“胡扯淡。难道说我们生儿育女，就是给自己图好处吗？”

在座的其他旅客都十分难堪，瞪起两眼直瞅着他。那个战争一爆发，儿子就上了前线的父亲，叹了一口气说：“你这话可说对啦。原来我们的孩子不是属于我们的，他们是属于国家的……”

“胡说八道。”那个大胖子旅客立刻反驳说，“试问我们生儿育女时,可曾想到过国家没有?我们的儿子之所以生下来,是因为……哦,不用说,就是因为他们非得生下来不可呗;所以,他们一生下来,就把我们自己的生命跟他们紧紧地拴在一起了。说穿了,就是这么回事。要知道我们是属于他们的,可他们从来都不是属于我们的。他们一到了20岁,他们活脱脱就像我们当年20岁时一模一样。我们也有爹娘,但是除此之外,还有那么多的其他东西……情人,香烟,幻想,新的领带……还有国家,当然啦,国家的号召那时我们原是响应过的——当时我们正在20岁上——哪怕我们的爹娘硬是不答应。如今,到了我们这样的年纪,我们对国家的爱,当然啦,还是不减当年,可现在我们对孩子的爱却总比它更强烈。在座各位中间不是有人(只要自己办得到的话)乐于顶替儿子上前线去吗?"

这时四周围一片沉默,每个人都点头表示赞同。

"那么,我说,"那个大胖子继续说道,"我们的那些孩子一到了20岁时,为什么我们不应该好好考虑一下他们的感情呢?像他们这样的年纪,他们认为自己对国家的爱(这会儿我说的,当然啦,是指那些好小子)甚至应该超过对我们的爱,难道说这就不自然吗?就算是这样,到头来他们一定要把我们看成寸步不离、株守家园的老头,难道说这也不自然吗?如果说今天国家还存在着,如果说国家是一种天然的必需品,就像我们每人为了不饿死都得要吃的面包一样,那就非得要有人去保卫它不可。而我们的儿子,他们一到20岁,果然就去了,而且,他们并不需要眼泪,因为他们万一死了,他们也都乐于以身殉国的(这会儿我说的,当然啦,是指那些好小子)。现在,要是有人年纪轻轻就乐于为国捐躯,一点儿没有体验过生活的阴暗面,厌世的情绪,琐事的烦恼,以及幻灭的痛苦……那我们还能向他提出更多的要求吗?每一人都应该停止哭泣,每一个人都应该放声大笑,就像我现在这样……或者说,至少要感谢上帝——就像我现在这样——因为我的儿子在临死以前给我发来一个电报，说他就是以自己所能祈求的最好方式，即将结束自己的生命，所以他也死得其所了。正如你们看到的，我之所以连丧服都不肯穿……原因就在这里。”

他抖一抖自己身上的浅黄色外套给众人看。这时，他那缺了两颗大门牙的上嘴唇正在颤抖着，两眼泪汪汪而又凝止不动。他的这篇宏论也就在一阵尖笑声（这本来可能是一阵呜咽声）中马上结束了。

“确实如此……确实如此……”人们众口一词地说。

挤在角落里、用外套遮住自己的那个女人，一直都在正襟危坐地倾听着。要知道最近3个月来，她在深切的悲痛中千方百计地从她丈夫和朋友们的言谈里去找一些宽心话，既可以安慰她，又可以指点她，作为一个母亲，应该如何心甘情愿地把她的儿子送出去，那里说不上是死路，也许只不过是一种危险的营生罢了。不过，她从他们滔滔不绝的言谈之中，哪怕是片言只语都没有找到……于是她心中的悲痛也就越发沉重了，因为她暗自琢磨，恐怕谁也不能替她分忧解愁。

可是刚才那位旅客所说的那些话，却使她为之愕然，几欲晕倒。她突然察觉到，问题不能归咎于别人理解不了她，而是偏偏怪她自己，达不到别人家父母那么高的思想境界，他们不仅在送别自己的儿子，甚至在获悉他们不幸阵亡的时候，也都是甘之如饴，从不嚎啕大哭。

她抬起头来，从她那个角落里探出身子，聚精会神地听着那个大胖子絮絮叨叨地给旅伴们讲他的儿子如何激昂慷慨，乐于为国王、为国家杀身成仁的具体过程。她恍惚觉得自己磕磕绊绊地走进了一个她从来都没有梦见过的陌生世界，在那里，她满心喜悦地听到：每一个人都在向那个一谈到儿子之死时还能如此以苦为乐的父亲表示祝贺。

蓦然间，她仿佛一点儿都没有听到刚才大家的谈话，几乎就像大梦初醒似的，转过身来向那个老人问道：

“那么……你儿子是真的死了吗?”

每个人都用眼光上下打量着她。那个老人也转过身来瞅着她，他瞪起那双凸出的、令人发指的泪汪汪的浅蓝色大眼睛，讳莫如深地端详着她的脸孔。他花了好半天时间想回答，可他总是说不出话来。他一个劲儿瞅着她，简直好像是——直到此刻听到了那个愚蠢的、自相矛盾的问题——他这才突然一下子觉察到：他的儿子真的死了——永远——永远——一去不复返了。他的脸孔一下子收缩，变成怪样；随后，他连忙从口袋里抓出一块手绢来，猛地发出一阵催人泪下、心肝欲裂，而又难以抑制的啜泣声，不由得使四座为之一惊。

2.从继母的视角出发改编《灰姑娘》，让继母变成一个值得同情的人物。

第十三章　戏剧剧本

请记住，当你坐下来开始写一个剧本的时候，一种古老而精美的艺术形式的前程正掌握在你的手中。

——彼得·西格尔

“看戏”逐渐成为一种身份的象征，懂得看戏，乐于看戏，尤其是善于写戏的人往往会引来人们的瞩目。戏剧的内容很广泛，但要入门并不难，在接下去的内容中，你会慢慢拨开戏剧神秘的外衣，了解编剧是如何创作的。在本书第一章，我们已经说过，只要有写作的欲望并且能够去写，就能成为写作者，要成为一名编剧同样如此。以下的内容能帮助你更加了解戏剧，更好地创作戏剧，相信看着自己手写的剧本被搬上舞台是一种前所未有的幸福，希望你也能尽快拥有这样的幸福感。

一、戏剧是什么

来看一下各路名家对戏剧下的定义是有益的：

- “悲剧是对一个严肃、完整、有一定长度的行动的模仿。”它“借人物动作来表达，而非采用叙述法”。——亚里士多德《诗学》
- “以歌舞演故事。”（这个中国戏曲的定义直到今天仍被普遍接受）——王国维《戏曲原考》
- “模仿人们的行为叫作戏剧。描绘人们的行为叫作戏剧。”（描绘也被采纳为戏剧的成分了。）——印度婆罗多《舞论》

● “经过逐渐清除被证明是多余的东西，我们发现没有化装，没有别出心裁的服装和布景，没有隔离的表演区（舞台），没有灯光和音响效果，戏剧是能够存在的。没有演员与观众中间感性的、直接的、‘活生生’的交流关系，戏剧是不能存在的。”“没有剧本，戏剧也能存在。”——格洛托夫斯基《迈向质朴戏剧》

● “我可以选取任何一个空间，称它为空荡的舞台。一个人在别人的注视之下走过这个空间，这就足以构成一幕戏剧了。”——布鲁克《空的空间》

● 戏剧最简洁的形式：追溯戏剧交流过程的原初形式，就是 A 演示 X，而 S 在观看。——费舍尔·里希特（Fischer-Lichte）

● 戏剧是“一种活人和活人之间的直接交流，他们之间那种魔术般的、神秘莫测的交流给了戏剧一种特殊的品格。”——艾·威尔逊《论观众》

● 各时各地各人对于戏剧的了解，虽然都不全然相同，但是有一点是极其接近的，就是戏剧必须由演员在剧场里对着观众扮演一个故事。——余上沅《戏剧概说》

● 戏剧是由演员直接面对观众表演某种能引起戏剧美感的内容的艺术。——董健、马俊山《戏剧艺术十五讲》

（一）术语

上面列举了许多名家对于戏剧的解释，你可能会看得眼花。其实要解释戏剧很简单，只要抓住它的四个要素就可以，分别是“演员”、“观众”、“空间”、“剧本”。也可以用一句话来概括——戏剧就是演员根据剧本，在一定空间内，在观众面前展示的表演。

那么戏剧的起源和发生的原因是什么呢？现在普遍认为戏剧起源于古代祭神的仪式，戏剧的发生则有三个原因：

● 人有模仿的本能与欲望；

● 人有以模仿为基点的表演的本能与欲望；

● 人有观看他人表演的本能与欲望。

这么看来其实戏剧离我们很近，在生活中，我们的身边其实每天都有很多小剧正在上演。

关于戏剧的术语，你还需要了解的是：剧作者、剧本、幕、场、人物、对白、独白、道具、舞台布景、舞台指示。不要被术语的数量吓到，因为它们都是纸老虎，一戳就破了。

1. 剧作者

顾名思义，剧作者就是写剧本的作家，如果你开始写剧本了，那你就是剧作者。在你的剧本中，由你创作出来叙述戏剧故事的抽象人格就叫作叙述者。

2. 剧本

剧本可谓是一剧之本，是指戏剧的书面形式。每一个文体都有自己的格式，剧本也不例外，只是它是一种特殊的写作格式，来看看它包括哪些内容吧：剧本题目、剧中人物关系列表、地点、幕、场、正文（包括舞台提示）。在下面的内容中会有更详细的说明。

3. 幕、场

“幕”和“场”是在剧本中最常见的内容，就像双胞胎一样常常会被混淆。幕是“大哥”，指戏剧作品和戏剧演出中的段落，按剧情发展而划分。场是幕进一步划分的结果，像是“小弟”。虽然场也有时间、地点的变化，但幕往往是时间、地点、情节的重大变化，这也是划分幕和场的标准。

4. 人物表

在剧本的开始都会有一个人物表，通常是按出场顺序列出，介绍人物以及各自之间的关系，有时也说明人物的年龄。恩格斯在《致斐迪南·拉萨尔》中说：“一个人物的性格不仅表现在他做什么，而且表现在他怎样做；从这方面来看，我相信，如果把各个人物用更加对立的方式彼此区别得更鲜明些，基本的思想内容是不会受到损害的。”在一切文学作品中，人物自身的行动都是刻画其性格的最主要的手段。在戏剧中这一点显得尤其重要，因为动作特别适宜舞台艺术。

曹禺的《日出》中的人物表如下：

陈露露——在××旅馆住着的一个女人，二十三岁
方达生——陈露露从前的"朋友"，二十五岁
张乔治——留学生，三十一岁
阿根——旅馆的茶房
潘月亭——××银行经理，五十四岁
顾八奶奶——一个有钱的孀妇，四十四岁
李石清——××银行的秘书，四十二岁
李太太——其妻，三十四岁
黄省三——××银行的小书记
黑三(即男甲)——一个地痞
胡四——一个游手好闲的"面首"，二十七岁
小东西——一个刚到城里不久的女孩子，十五六岁

契诃夫的《樱桃园》中的人物表如下：

拉涅夫斯卡雅·柳博芙·安德烈耶芙娜——女地主
阿妮雅——她的女儿，十七岁
瓦里雅——她的养女，二十四岁
加耶夫·列昂尼德·安德烈耶维奇——拉涅夫斯卡雅的哥哥
罗帕辛·叶尔莫拉伊·阿烈克谢维奇——商人
特罗菲墨夫·彼得·谢尔盖耶维奇——大学生
西梅奥诺夫—皮希克·鲍里斯·鲍里索维奇——地主
沙尔洛塔·伊凡诺芙娜——家庭女教师
叶彼霍多夫·谢苗·潘其烈耶维奇——办事员
杜妮雅莎——女仆

菲尔斯——老仆人,八十七岁

雅沙——年轻仆人

流浪人

火车站长

邮局职员

一些客人及仆人们

5. 对白

对白是剧中人物间的对话。戏剧几乎完全是通过对话——即两个或多个演员之间的交谈这种形式写出来的。和一般文章不同,戏剧中的对话不用引号,每个讲话者的话都另起一行。如:

王利发:哎哟!秦二爷,您怎么这样闲在,会想起下茶馆来了?也没带个底下人?

秦仲义:来看看,看看你这年轻小伙子会做生意不会!

王利发:唉,一边做一边学吧,指着这个吃饭嘛。谁叫我爸爸死的早,我不干不行啊!好在照顾主儿都是我父亲的老朋友,我有不周到的地方,都肯包涵,闭闭眼就过去了。在街面上混饭吃,人缘儿顶要紧。我接着我父亲遗留下的老办法,多说好话,多请安,讨人人的喜欢,就不会出大岔子!您坐下,我给您沏碗小叶茶去!

秦仲义:我不喝!也不坐着!

(老舍《茶馆》)

6. 独白

独白是人物在舞台上自言自语说出的台词,内容通常是人物的心中感受或想法。人物在独白时,有时会有其他人物在场,如果是这种情况,其他人物这时如同聋子。独白从古典悲剧发展而来,在文艺复兴时期的戏剧中使用十分广泛,是把人物的内心感情和思想直接倾诉给观众的一种艺术手段,往往用于人物内心活动最剧烈最复杂的场面。莎士比亚的《哈姆雷特》中以下这一段独白成为经典示例：

哈姆雷特：生存还是毁灭，这是一个值得思考的问题；默默忍受命运的暴虐的毒箭，或者挺身反抗人世的无涯的痛苦，通过斗争把它们扫清，这两种行为，哪一种更高贵？死了；睡着了；什么都完了；要是在这一种睡眠之中，我们心头的创伤以及其他无数血肉之躯，所不能避免的打击，都可以从此消失，那正是我们求之不得的结局。死了；睡着了；也许还会做梦；嗯，阻碍就在这儿：因为当我们摆脱了这一具朽腐的皮囊之后，在那死的眼睛里，究竟还要做些什么梦，那不能不使我们踌躇顾虑。人们甘心久困于患难之中，也就是为了这个缘故。谁愿意忍受人世的鞭挞和讥嘲，压迫者的凌辱、傲慢者的冷眼、官吏的横暴和费尽辛勤所换来的小人的鄙视，要是他只要用一柄小小的刀子，就可以清算他自己的一生，谁愿意负着这样的重担在烦劳的生命的压迫上呻吟流汗？倘不是惧怕不可知的死谷，惧怕那从来不曾有一个旅人回来过的神秘之国，是它迷惑了我们的意志，使我们宁愿忍受目前的折磨，不敢向我们所知道的痛苦飞去！这样，重重的顾虑，使我们变成了懦夫，决心赤热的光彩，被审慎的思维盖上了一层灰色，伟大的事业在这一种考虑之下，也会逆流而退，失去行动的意义！

（朱生豪译《哈姆雷特》第三幕第一场）

7. 道具

道具是演员表演戏剧需要的物品。比如林兆华导演、过士行编剧的《鸟人》一剧中，道具包括鸟笼、铁链等等。

8. 舞台布景

舞台布景即舞台装饰，是有助于展示戏剧的背景。有的布景属于写实主义布景，比如《茶馆》中的场景布置和《雷雨》中的家的装饰，有的属于非写实主义布景，比如孟京辉的《两只狗的生活意见》中的布景。

9. 舞台指示

舞台指示是指剧本中对演员、制作和导演所做的解说，指导他们如何表演和设计舞台。舞台指示一般包含在剧本的正文中，往往写在括号内或改变字体，通常是描述演员的讲话方式，穿着的服装，使用的道具等。比如曹禺《雷雨》中的第一幕，其中括号内的文字就是舞台指示：

鲁　贵：（喘着气）四凤！

鲁四凤：（只做不听见，依然滤她的汤药）

鲁　贵：四凤！

鲁四凤：（看了她的父亲一眼）喝，真热。（走向右边的衣柜旁，寻一把芭蕉扇，又走回中间的茶几旁扇着）

鲁　贵：（望着她，停下工作）四凤，你听见了没有？

鲁四凤：（烦厌地，冷冷地看着她的父亲）是！爸！干什么？

基本术语就是以上这些，还有一些更深奥的戏剧术语，比如“三一律”（即戏剧创作法则，要求剧作的情节、时间、地点三者必须完整一致，每剧须限于单一的故事情节，发生在一个地点，于一天内完成）、“第四堵墙”（隔离演员与观众）、“间离效果”（亦称“陌生化”、“离情作用”，德国戏剧家布莱希特用语，黄佐临认为译成“破除生活幻觉的技巧”更直截了当。对一个事件或一个人物进行陌生化，是把事件或人物身上那些为人熟知的和一目了然的东西剥去，使人对之产生惊讶和好奇心。）等等，你可以选择和这些术语深交，也可以到此为止，相信你到了需要的时候会主动去结交自己想要结交的朋友（更多的戏剧知识）。

(二)分类

刚才说了很多关于戏剧的术语,要了解戏剧,当然也要了解它的分类。之前说戏剧内容广泛的原因也在于此,按照分类标准的不同,戏剧可以分为很多种类:

● 从舞台呈现的形式分:话剧、歌剧、舞剧、音乐剧、木偶剧、皮影戏、哑剧、广播剧、戏曲等。

● 按剧情构成方式的不同划分:传奇剧、社会问题剧、心理剧等。

● 按剧中所选择的题材的不同而分类:历史剧、革命历史剧、纪实剧、民间传说剧、神话剧、科幻剧、科学剧、侦探剧、惊险剧、儿童剧等。

● 按戏剧作品的物理长度区分:独幕剧、短剧、多幕剧。

● 从不同的戏剧观念、不同的创作方法、不同的风格流派进行分类:古典主义戏剧、浪漫主义戏剧、现实主义戏剧、现代主义戏剧等。

● 从剧中矛盾冲突的性质与人物命运的结局所表现出来的价值取向与审美范畴的不同分为:悲剧、喜剧、正剧。这也成为戏剧三大体裁。

看到这么多分类也不用头疼,要知道历史越悠久的东西,内容越丰富,了解这些只是为了让你走进戏剧的大门,从而展开你的写作冒险。

二、戏剧剧本创作从哪里开始

(一)从主题(前提)开始

戏剧开始了,并不是从舞台上大幕拉开的那一刻算起,而是剧作家开始创作前产生的一个想法。关于这个"想法",用书面语表达就是“主题”或者说“前提”，看剧和写剧一样，抓住了主题，就等于抓住了戏剧的灵魂。拉约什·埃格里在《编剧的艺术》一书中说：

> 万事万物皆有其目的，或曰前提。无论当时是否意识得到，我们生命的每时每刻也有其前提。前提可以像呼吸一样简单，也可以像最重要的情感抉择一样复杂，但它无时不在。我们虽无法证明每个前提，但总有一个必须证明，这是无可改变的事实。我们穿过房间时或许会被凳子绊倒，然而前提毕竟存在过。

接下来让我们看看那些年我们熟悉的戏剧的主题（前提）：

- 《罗密欧与朱丽叶》：伟大的爱情藐视死亡与仇恨。
- 《李尔王》：盲目信任谄媚者导致死亡。
- 《麦克白》：无情的野心导致自己的死亡。
- 《奥赛罗》：嫉妒毁灭了自己和自己所爱的人。
- 《十三角关系》：每个人都想被爱而丧失爱的能力。
- 《笑之大学》：作家用属于作家的方式对抗当局权威。

戏剧的创作都是从这些主题开始，也紧紧围绕着这些主题展开。拉约什·埃格里说：

> 每一部好戏都必须有一个精心构思的前提。表述前提的方式虽不止一种，但无论如何表述，其中的思想必须一贯到底……如果没有这样的前提，你也许会修改、延伸或转换你最初的想法和情境，直到大相径庭的地步，但始终不知目的如何；你也许会束手无策，绞尽脑汁地创造新的情境以使剧本完满，你也许会发现新的情境，但是整部戏还是写不成。

这种情况如小仲马所说：“如果你不知道要到什么地方去，你怎么说得出要走哪条路呢？”如果没有确定的主题，在创作的过程中就会像无头苍蝇，四处乱撞。所以说主题指明了戏剧发展的方向，在你创作戏剧之前，你必须要想好一个主题。

但是主题并非凭空而来，它应该是一个你自己的信念。梅特林克的著名戏剧《青鸟》告诉我们：为了寻找能带来幸福的青鸟而走遍天下，回家之后才发现它一直就在家中。因此不必为了寻找一个前提而让自己绞尽脑汁、筋疲力尽，而应该好好地看看自己、想想自己、问问自己，抓住任何你所具有的一些强烈的信念，一些自我的感悟，这就是主题的矿藏。① 赖声川在《赖声川的创意学》一书中谈到《如梦之梦》的创作，他提到戏剧中的很多情节都来自生活："有些是最近发生的，有些比较久远，有些来自自己的生活体验，有些来自幻想，有些则是来自书本或新闻报道。在那一刹那，这本无相关的记忆全部联结到同一个故事之内，架构清楚，逻辑通畅。所有的故事、所有的人物全部就位，相互呼应，彼此关联。"② 创作戏剧，写作者要更多遵从内心的信念与表达欲望，在主题确定之后，其他的内容也就会顺其自然地出现。

一旦找到主题，该如何去处理主题呢？大仲马的秘诀是"简单得很：第一幕要清楚，最后一幕要简短，随处都要令人感兴趣。"在戏剧内容的选择上，我们要围绕着主题中心来选择材料，剔除掉对表现主题无用的东西，要知道无用的东西不仅仅是无用，而且会使剧本显得拖沓和烦琐。小仲马指出在每一个紧张场面之前，剧作者应该向自己提出三个问题：

- 在这个场面里我应该做些什么？
- 别人会做些什么？
- 应该做些什么？

小仲马断言"任何不打算这样做分析的作者就应该放弃戏剧

---

① 拉约什·埃格里：《编剧的艺术》，北京：北京联合出版公司 2013 年版，第 13—14 页。

② 赖声川：《赖声川的创意学》，桂林：广西师范大学出版社 2011 年版，第 50 页。

工作,因为他决不会成为戏剧家”。

(二)了解乔治·普罗蒂的36种戏剧模式

下面将用几页的篇幅来介绍乔治·普罗蒂的36种戏剧模式。绝不是要你去牢记这36种模式,而是要你试着使用它。有两种常见的使用方法:

● 对号入座。你看一出戏剧或者读一个戏剧剧本时,不妨思考一下该剧:属于这36种模式中的哪一种?或者是哪几种模式的组合?——迄今为止绝大多数戏剧仍属于这两种情况。这一使用方法能帮助你更好地欣赏戏剧,更多地了解戏剧的情节模式。

● 依样画葫芦。当你找到了一个主题但仍找不到情节来加以表现时,可以参考这36种模式,看看其中哪一种或者哪几种的组合适于表现你的主题——你一定可以找到答案的,当然你也不可拘泥于这里概括出的“老套”,可以根据具体创作情况加以微调。这一使用方法可以帮助你创作出你自己的戏剧——虽然它乍看起来有可能和某些经典戏剧有些相像。

主要的即观众所同情的人物	其他必要的人物	细　目
1.求告者	逼迫者	A:(1)帮助他去对付敌人 (2)准许他去举行一件他应做而被禁止做的事 (3)给予他一个可以终其天年的地方 B:(1)舟行遇灾的人,请求收留帮助 (2)行事不端,被自己人斥逐而祈求别人的慈悲 (3)祈求恕罪 (4)请求收取葬骨和取回遗物 C:(1)替自己亲爱的人求情 (2)在亲戚面前替另一亲戚求情 (3)在母亲的情人面前替母亲求情

续表

主要的即观众所同情的人物	其他必要的人物	细　　目
2. 不幸的人	援救者 天外飞来的救星	A:(1)救援一个被认为有罪的人 B:(1)子女援助父母 (2)受过恩惠的人报恩援救
3. 复仇者	作恶的人	A:(1)为被害的祖宗或父母复仇 (2)为被害的子女或后人复仇 (3)为被害的妻子或丈夫复仇 (4)为被侮辱的子女复仇 (5)为妻子受侮辱(或几乎受侮辱)而复仇 (6)为被害者的情夫复仇 (7)为朋友被杀或者受损害而复仇 (8)为姐妹被奸污而复仇 B:(1)为了存心作对,故意为难而复仇 (2)为了趁人不在,暗加攘夺而复仇 (3)为了蓄意谋害而复仇 (4)为了故人入罪而复仇 (5)为了逼奸强暴而复仇 (6)为了夺取所有而复仇 (7)为了一两个人的奸诈,对整个团体的复仇 C:(1)职业的追捕有罪的人
4. 报复者	作恶者	A:(1)父亲的死,报复在母亲身上 (2)母亲的死,报复在父亲身上 B:(1)弟兄的死,报复在儿子身上 C:(1)父亲的死,报复在丈夫身上 D:(1)丈夫的死,报复在父亲身上
5. 捕逃者	追捕或惩罚的势力	A:(1)违反法律(有时为不得已)的或因其他政治行为而逃 B:(1)为因恋爱的过失而逃 C:(1)好汉对某种大势力的抗争 D:(1)半疯狂的人对阴谋的整治的抗争

续表

主要的即观众所同情的人物	其他必要的人物	细　目
6.受祸者	制造灾祸或胜利的人	A:(1)战败 (2)亡国 (3)人类的灭亡 (4)天灾 B:(1)君位被夺 C:(1)旁人的忘恩负义 (2)不公道的被惩罚或受敌视 (3)遭遇横逆和暴行 D:(1)被情人或丈夫遗弃 (2)丧失子女
7.不幸的人	制约或伤害他的人	A:(1)无辜的人,为野心者的阴谋所牺牲 B:(1)无辜的人,为了那应该保护他的人而受伤害 C:(1)能人,有力的人在困苦贫乏中 (2)一向被宠爱的人,或一向备受亲昵的人,发现此刻他是被遗忘了 D:(1)失去了唯一的希望
8.革命者	暴行者	A:(1)一个人的反抗 (2)很多人的反抗 B:(1)一个人的革命,影响了很多人 (2)许多人的革命
9.勇敢的领袖	敌人	A:(1)备战 B:(1)战事 (2)争斗 C:(1)劫夺一个所欲的对象和人物 (2)夺回那所欲的对象和人物 D:(1)冒险的远征 (2)为夺回所爱的人而冒险。

续表

主要的即观众所同情的人物	其他必要的人物	细　目
10.被绑架的人	绑架者 被绑架者的保护人	A:(1)绑架一个不愿顺从的女子 B:(1)绑架那愿意顺从的女子 C:(1)夺回那被绑的女子,但没有杀死绑架者 (2)夺回那被绑的女子,但同时杀死暴行者 D:(1)救出那被绑的朋友 (2)救出一被绑的小孩 (3)救出一信仰错误的人
11.解释的人	迷	A:(1)必须寻得某人,否则处死 B:(1)必须解释谜语,否则遇祸 (2)同前,但迷为所爱的女子所作 C:(1)悬赏以寻出人的名字 (2)悬赏以寻出人的性别 (3)试验一个人是否疯狂
12.取求的人	拒绝的人 判断的人	A:(1)用武力或诈术,获取目标 B:(1)用巧妙的言辞,获取目标 C:(1)用言语打动判断的人
13.仇恨者	被恨者或互恨者	A:(1)兄弟间一人被诸人所嫉视 (2)兄弟间互相仇视 (3)为了自利,亲戚间互相仇视 B:(1)子仇视父 (2)父与子互相仇视 (3)女恨父 C:(1)祖仇视孙 D:(1)岳父仇视女婿 E:(1)婆婆仇视儿媳 F:(1)婴儿的杀戮

续表

主要的即观众所同情的人物	其他必要的人物	细　目
14.得胜者	被拒者	A:(1)恶意的竞争者为自己的手足 (2)两兄弟间,彼此恶意的竞争 (3)两兄弟间的竞争,其中一人犯了奸淫 (4)两姐妹间的竞争 B:(1)为了一个未嫁的女子,父与子的竞争 (2)为了一个已嫁的女子,父与子的竞争 (3)同前,但此女已为前父之妻 (4)母与女间的竞争 C:(1)庶堂手足或者姑表间的竞争 D:(1)朋友间的竞争
15.有奸情的人	被害者	A:(1)情人杀害丈夫,或为了情人杀害丈夫 (2)杀害一个“推心置腹”的情人 B:(1)为了情妇或者私利,杀害妻子
16.疯狂者	受害者	A:(1)因为疯狂而杀害了骨肉 (2)因为疯狂而杀害了恋人 (3)因为疯狂而杀害了无辜的人 B:(1)因为疯狂而受耻辱 C:(1)因为疯狂而失去了亲人 D:(1)因为怕有遗传的疯狂,而导致疯狂
17.恋爱者	被恋者(说明者)	A:(1)误娶自己的母亲 (2)误以自己的姊妹为情妇 B:(1)误娶自己的姊妹为妻 (2)同上,唯系受人陷害 (3)几乎以自己的姊妹为情人 C:(1)几乎奸淫自己的女儿 D:(1)几乎在无意中犯了奸淫的罪 (2)无意中犯了奸淫的罪(如无意中以为丈夫已死而改嫁)

续表

主要的即观众所同情的人物	其他必要的人物	细　　目
18. 被害者	杀人者	A:(1)受神命,几乎在无意中杀了自己的女儿 (2)同前,但因政治的必要 (3)同前,但因与人作恋爱上的争宠 (4)同前,但因怨恨他那所不认得的女儿 B:(1)无意中杀害了或几乎杀害了自己的儿子 (2)同前,但系受奸人的拨弄 (3)同前,同时并有对其他骨肉的仇视 C:(1)无意中杀害了或几乎杀害了自己的手足 (2)为了职务的关系,无意中杀害了自己的姊妹 D:(1)无意中杀害了自己的母亲 (2)受奸人拨弄,无意中杀害了自己的父亲 E:(1)为了报仇或者受拨弄,无意中杀了自己的祖父或其他长辈 (2)迫于不得已的杀害 F:(1)无意中杀害了一个所爱的女子 (2)几乎杀害了一个不认识的情人 (3)没有去救一个不认识的儿子的性命
19. 杀人者	被害者	A:(1)受神命,几乎在无意中杀了自己的女儿 (2)同前,但因政治上的必要 (3)同前,但因与人作恋爱上的争宠 (4)同前,但因怨恨那他所不认得的女儿的情人 B:(1)无意中杀害了或几乎杀害了自己的儿子 (2)同前,但系受奸人的拨弄 (3)同前,同时并有对其他骨肉的仇视

续表

主要的即观众所同情的人物	其他必要的人物	细　　目
19. 杀人者	被害者	C:(1)无意中杀害了或几乎杀害了自己的手足 (2)为了职务的关系,无意中杀害了自己的姐妹 D:(1)无意中杀害了自己的母亲 (2)受奸人的拨弄,无意中杀死了自己的父亲 E:(1)为报仇或受拨弄,无意中杀害了自己的祖父 (2)迫于不得已的杀害 (3)无意中杀了家翁 F:(1)无意中杀害了一个自己所爱的女子 (2)几乎杀害了一个不认识的情人 (3)没有去救一个不认识的儿子的性命
20. 牺牲者	主义	A:(1)为了诺言而牺牲自己的生命 (2)为了种族的成功或者幸福而牺牲性命 (3)为了孝道而牺牲生命 (4)为了自己的信仰而牺牲生命 B:(1)为了信仰而牺牲恋爱与生命 (2)为了事业而牺牲恋爱与生命 (3)为了国家的利益而牺牲生命 C:(1)为了义务而牺牲自己的幸福 D:(1)为了信仰而牺牲了自己的荣誉
21. 牺牲者	骨肉	A:(1)为亲戚或所爱的人的生命而牺牲自己的生命 (2)为亲戚或所爱的人的幸福而牺牲自己的生命 B:(1)为了父母的幸福而牺牲自己的前途 (2)为了父母的生命而牺牲自己的前途 C:(1)为了父母的生命而牺牲了自己的恋爱 (2)为了子女的幸福而牺牲了自己的恋爱

续表

主要的即观众所同情的人物	其他必要的人物	细　目
21. 牺牲者	骨肉	D:(1)为了父母或一个所爱的人的生命而牺牲了自己的生命与荣誉 (2)为了亲戚或所爱的人的生命而不顾自己的贞操
22. 恋爱者	对象，被牺牲者	A:(1)为了爱欲而破坏了宗教上的贞操与誓言 (2)破坏了普通的贞操的自誓 (3)为了爱欲而毁坏了自己的前程 (4)为了爱欲而毁坏了自己所有的权利 (5)爱欲毁坏了脑力,健康,甚至生命 (6)爱欲毁坏了富贵,荣誉,若干人的性命 B:(1)因遇诱惑而忘了义务 C:(1)因为情欲的罪恶而丧失了生命、地位、荣誉 (2)为了别种的罪恶,得到同前的结果
23. 牺牲者	被牺牲的所爱的人	A:(1)为了公众的利益,必须牺牲一个女儿 (2)因为遵守对神所立的誓言,有牺牲她的义务 (3)为了个人信仰,有牺牲恩人或所爱人的义务 B:(1)在必要的情形下,牺牲人家所不知道而实在是他的儿女 (2)在同样的环境下,牺牲他的父亲 (3)在同样的环境下,牺牲自己的丈夫 (4)为了公众的利益,而牺牲自己的女婿 (5)为了公众的利益,对付自己的亲戚 (6)为了公众的利益,对付自己的朋友
24. 两个不同势力的人	对象	A:(1)神与人 (2)有妖术者与平常人 (3)得胜者与被征服者、主与奴、上司与下属 (4)上国的君王与属国的君王

续表

主要的即观众所同情的人物	其他必要的人物	细　目
24.两个不同势力的人	对象	(5)君王与贵族 (6)有权威者与新兴之人 (7)富人与穷人 (8)有荣誉的人与犯嫌疑的人 (9)两个差不多势均力敌的人 (10)同前,而其中一个人以前犯过奸淫 (11)一个被爱的人与一个“没有权利去爱”的人 (12)离过婚的妇人的前后两个丈夫 * * * 以上是两个男人之间 B:(1)一个妖妇和一个平常女人 (2)得胜者与囚徒 (3)皇后与臣民 (4)皇后与奴隶 (5)女主和仆人 (6)高贵的女子和低微的女子 (7)两个差不多地位相等的人,一个纵行恣情 (8)对于高贵女子的理想或记忆,一个不如她的真的人 (9)神与人 * * * 以上是两女之间 C:(1)重复的竞争—(甲爱乙,乙爱丙,丙爱甲) D:(1)神与神 (2)人与人 (3)法律上的两个妻子 * * * 以上是东方式的
25.两个有淫行的人	被欺骗的丈夫或妻子	A:(1)为了另一少妇,欺骗了情妇 (2)为了自己妻子,欺骗了情妇 (3)为了一个少女,欺骗了情妇 B:(1)为了那个他所爱但并不爱他的女仆,欺骗了妻子 (2)为了纵欲,欺骗了妻子

续表

主要的即观众所同情的人物	其他必要的人物	细　　目
25. 两个有淫行的人	被欺骗的丈夫或妻子	(3)为了已婚的少妇,欺骗了妻子 (4)意欲重婚,欺骗了妻子 (5)为了那个他所爱但并不爱他的少女,欺骗了妻子。 (6)妻子为那个爱她的丈夫的少女所嫉妒 (7)妻子为一个娼妓所嫉妒 (8)一个冷淡的妻子和一个热情的情夫间的竞争 C:(1)为了一个"相投"的情人,牺牲了那"不合"的丈夫 (2)忘记了自己的丈夫(以为他是死了)去和他的情敌要好。 (3)为了一个能够同情她的情人,牺牲了他平凡的丈夫 (4)欺骗了好的丈夫,为了一个不如他的情敌 (5)同前,为了一个怪癖的情敌 (6)同前,为了一个讨厌的情敌 (7)热恋的妻子,欺骗一个好的丈夫,为了一个平凡的情人 (8)欺骗丈夫,为了一个虽不如他那样好,但更加有用的情人 D:(1)被欺骗的丈夫的复仇 (2)为了主义,打消了嫉妒的念头 (3)丈夫被那失败的情敌陷害
26. 恋爱者	被恋爱者	A:(1)母恋子 (2)女恋父 (3)父对女施暴行 B:(1)少妇恋其丈夫的前妻之子 (2)少妇与前妻之子彼此爱恋 (3)一个女子同时为父与子的情妇 C:(1)为嫂或弟妹的恋人 (2)兄妹恋爱 D:(1)同性恋 (2)爱上一个不该爱的人

续表

主要的即观众所同情的人物	其他必要的人物	细　目
27. 发现者	过失者	A:(1)发现了父有可羞耻之事 (2)发现了母有可羞耻之事 (3)发现了女儿有可羞耻之事 B:(1)发现了未婚夫或妻的家庭中有不荣誉的事 (2)发现了自己的妻子在未婚前被人侮辱过 (3)发现他从前有过"失足" (4)发现自己的妻子从前是娼妓 (5)发现了自己的情人有不荣誉的事 (6)发现自己的情妇以前本来是做娼妓的,又恢复了旧生涯了 (7)发现自己的情人是个无赖,或者情妇是个坏女人 (8)发现自己的妻子是一个坏女人 C:(1)发现了自己的儿子是一个杀人犯 D:(1)儿子是一个卖国贼 (2)儿子违反了他自己定的法律 (3)儿子是被认为有罪的 (4)立誓欲除暴君此时才知道暴君就是他 (5)发现了自己的手足是一个杀人犯 (6)发现了自己的母亲是害死父亲的人
28. 两个恋爱的人	阻碍	A:(1)因为门第或地位不合而不能结为婚姻 (2)因为财富不合而不能结为婚姻 B:(1)因有仇人从中阻挠而不能成为婚姻 C:(1)因该女子先许为他室 (2)同前,并误会所爱的对象已和别人结婚 (3)为了一个能够同情她的情人,牺牲了他平凡的丈夫 D:(1)亲戚们的反对 (2)亲戚间不合 E:(1)男女间性情不合

续表

主要的即观众所同情的人物	其他必要的人物	细　　目
29. 被爱恋的仇敌	爱他的人 恨他的人	A:(1)被爱者为爱人的亲族所憎恨 (2)爱人为被爱者的亲族所憎恨 (3)被爱者(男)是爱她的女子伙伴的仇人 B:(1)爱人(男)是杀死被爱者父亲的人 (2)被爱者(男)是杀死她的另一爱人的父亲的人 (3)被爱者(男)是杀死她的另一爱人的兄弟的人 (4)被爱者(男)是杀死那爱她的女子的丈夫 (5)被爱者(男)是杀死那爱她的女子的原来爱人的人 (6)被爱者(男)是杀死妻子为那个爱她的女子的一个亲族的人 (7)被爱者(女)是杀死爱人的父亲的人的女儿
30. 野心者	阻挡他的人	A:(1)野心为自己的亲族——兄弟——所阻止 (2)野心为自己的亲戚或受恩的人所阻止 (3)为自己的党羽所阻止 B:(1)反叛的野心 C:(1)野心与贪婪连续地造成罪恶 (2)枭獐似的野心
31. 人	神(鬼)	A:(1)和神斗争 (2)和信仰某一种神的人斗争 (3)为自己的党羽所阻止 B:(1)和神争论 (2)因为侮辱神道而受罚 (3)因为神前傲慢而受罚 (4)狂妄的和神竞争 (5)鲁莽的和神竞争

续表

主要的即观众所同情的人物	其他必要的人物	细　目
32.嫉妒者	被嫉妒的人	A:(1)错误因为嫉妒者的疑心而生出来 (2)错误的嫉妒,因为凑巧而生出来 (3)误以为友谊的爱是男女的爱 (4)嫉妒为恶意的造谣所引起 B:(1)嫉妒为怀恨的叛徒所引起 (2)同前,但是叛徒是为了自己的利益 (3)同前,叛徒同时为了自己的嫉妒 C:(1)夫妻间的相互嫉妒,为情敌所挑起 (2)丈夫的嫉妒,为失败的情敌所挑起 (3)丈夫的嫉妒,被一个爱他的女人所挑起 (4)妻子的嫉妒,被一个受过斥逐的情敌所挑起 (5)情人的嫉妒,被那一向受欺的丈夫所挑起
33.错误者	受害人	A:(1)需要信托的地方,发生了错误的疑嫉 (2)误疑自己的情妇 (3)误会爱人的态度而生疑忌 (4)因对方冷淡而生错误的疑忌 B:(1)为救一个友人,故意使人怀疑自己 (2)打击一个冤枉无辜的人 (3)同前,但冤枉的人因曾生过邪念,而自觉有罪恶感 (4)一个目击罪恶的人,为了救一个另外的人,而听任别人责备那冤枉的人 C:(1)听任旁人责备一个敌人 (2)错误是由一个仇敌故意引起的 (3)错误是由他的兄弟故意引起的 D:(1)犯罪者嫁祸于他的仇人 (2)犯罪者早就布置好的,嫁祸于他的第二个被害的人 (3)嫁祸于一个情敌 (4)嫁祸于一个无辜的人,因为此人不肯和他共同作恶

续表

主要的即观众所同情的人物	其他必要的人物	细　目
33. 错误者	受害人	(5)一个被遗弃的情妇，嫁祸于她从前的情人，因为她不肯去欺骗她的丈夫 (6)受了人家的故意陷害(错误的判罪之后)，努力恢复地位并设法报复
34. 悔恨者	受害人或罪恶	A：(1)为了一件人家所不知道的罪恶而悔恨 (2)为了弑父而悔恨 (3)为了谋杀而悔恨 (4)为了谋杀丈夫或妻子而悔恨 B：(1)为了恋爱的过失而悔恨 (2)为了犯了奸淫而悔恨
35. 寻觅者	寻得的人	
36. 眼见者	死亡者	A：(1)眼看骨肉被残而不能救助 (2)为了职务的需要，以不幸加到自己人身上 B：(1)预见一个所爱的人的死亡 C：(1)得知了亲族或挚友的死亡 D：(1)得知所爱的人的死，因失望而发作蛮性

张广天导演的《切·格瓦拉》就符合第 20 种，牺牲——主义的模式，格瓦拉为了自己国家和信仰牺牲了生命。莎士比亚的著作《罗密欧与朱丽叶》就印证了第 28 种，两个爱恋的人——阻碍的模式。罗密欧和朱丽叶因为分别处在互相对立的两个家族，所以不能结婚，最终导致了殉情的悲剧。阿瑟·米勒的名剧《萨勒姆女巫》就贴合了第 32 种模式，嫉妒者——被嫉妒的人。故事中小镇女巫事件的造谣者艾比就是因为爱上了雇主普罗克托，而后又被普罗克托的妻子伊丽莎白发现并解雇，后来艾比多次示爱被拒，因为嫉妒，由爱生恨，污蔑伊丽莎白，最终酿成了小镇的悲剧。

三、怎样编写剧本提纲

据亨德森在《欧洲戏剧家》中介绍，易卜生对于那些从未仔细准备好提纲就去写作的剧作者不敢恭维。有一次，一个青年剧作者请他看看他所写的剧本稿子，易卜生直截了当地向他要剧本提纲。那个青年很自负地回答说，他用不着剧本提纲，只需凭自己的灵感，无论写到哪里，灵感都会引导他由一场一场戏写下去。易卜生听了勃然大怒，指着门要这个假作家出去，说任何人如果不用提纲，他就不懂得什么是戏剧，他就不可能写出剧本来。

（一）基本结构

当你的剧本确定了主题和情节模式之后，你要做的就是编写剧本提纲。“一篇好提纲与已完成的剧本之间的关系，就和建筑师的设计与已完工的房屋之间的关系一样。哪有不用图纸的木工呢？哪有一套图纸在建筑过程中不加修改或不大作修改的呢？”①剧本提纲这个基础打得好，才能更好地去创作剧本。那么剧本提纲应该有哪些内容，应该做些什么呢？乔治·贝克在他的《戏剧技巧》一书中有这么一段叙述：

> 它（剧本提纲）必须清楚地表明这个剧本所要表现的故事是什么样的，是单纯的或者是复杂的故事。它必须使读者明白剧中人物都是些什么人，他们彼此之间是什么关系，以及他们过去和现在的经历。假如剧本在其开始或者在其进行中，要在读者身上造成作者所期望的效果，则必须让读者知道那些经历。它必须告诉读者剧本发生的地点是在哪里，就是所设置的布景是什么，并且用这种方法来创造气氛，如果仅仅暗

---

① 乔治·贝克：《戏剧技巧》，北京：中国戏剧出版社 2004 年版，第 431 页。

示一下所需要的背景还嫌不够的话。它必须使读者知道这个剧本要分成几幕;如果一幕不只一套布景,还要说明分成几场。尤其重要的事,它必须把这个剧本的性质分得清清楚楚……一个完善的提纲的开始是“人物表”,写出人物的姓名以及他们彼此间的大概关系。如果年龄重要,也可以写上。

其实,简单来说剧本必须包括人物说明、演出剧场的属性、每场戏布景的安排说明,以及提示每场戏有关时空背景、开场情境或具体事件的扼要说明文字。

(二)大纲的编写

当你脑海中已经有了大纲的一些内容,却苦于无法下笔写出时,你可以参考以下几种方法:事件序列法,重要情境法,主题先行法。

1. 事件序列法

先将题材中的大小事件按照时间顺序来排列成序列,生成初步的大纲,再在序列中填上每个事件的时间地点,以便观察是否有戏剧时间中断的情形,是否采用非顺叙的叙述手法。

2. 重要情境法

首先列出最重要的戏剧情境。这情境可能是创作者一开始就感受最深刻、强烈的戏剧关键时刻。再由此推出同样重要或次要的时刻。再将这些大大小小的戏剧时刻串起来,再加上中间衔接剧情用的过渡性的场景,以生成初步大纲。这个方法看似简单,但是你需要注意编写出的情境之间要能够串联,也有要一定冲突和矛盾。

使用重要情境法一般都符合情节优先原则,意味着你把讲一个生动的故事作为最主要的目的。类型化的人物,叙事的俗套,都可以借来用——只要能迅速推展剧情到达精彩的部分。对于初步大纲的调整重点在于情节的推动是否顺畅、有趣、合乎逻辑。

当然除了情节优先，还有人物优先原则。这意味着要以人物性格的清楚刻画为重，事先思考清楚人物感情的期待与落空，以及人物心理与情境的密切关系。换句话说当一出戏呈现在读者或观众面前时，人物行事语言的动机都必须是事先考量再三，经得起质疑的。可以在初步的分场大纲上，再增加许多人物性格补充资料。

3. 主题先行法

先明确列出主题（问题），再选取最能表现主题（回答问题）的材料，按照金字塔结构排列，最后确定某一时间顺序，生成初步大纲。

如果你有自己的方法能够写出一个完整的大纲，当然可以优先采用自己的方法，正所谓“黑猫白猫，抓住老鼠的猫就是好猫”。

四、怎样设计人物

> 你剧中的每一条线索、人物的每一个举动都能延伸你的前提。即使任何特定情景都有多种解决方式，你的人物也只能选择那些有助于证明前提的。一旦你在前提上作了决定，你和你的人物便成了它的奴隶。每个人物都必须热切地感到，前提所规定的行动就是唯一可行的行动。此外，剧作家也必须对他前提的真实性深信不疑，否则他的人物就会成为他那未经消化的肤浅信念的苍白摹本。要记住，戏剧不是对生活的模仿，而是对生活的提炼。
>
> ——拉约什·埃格里《编剧的艺术》

人物是戏剧的重要组成部分，可以说是戏剧的灵魂，没有人物就不能呈现出一部完整的戏剧。虽然有些戏剧以动物为主角，但是也由人扮演的，所以某种程度上来说，这些动物也是那部戏剧中的人物。当你觉得一部戏剧很优秀的时候，一般来说你已经被其中的某些人物所打动。人物设计的成功与否与戏剧效果的好坏密切相关。那么如何了解你的人物，如何塑造你的人物，如何设计类型人物，又如何设计既真实而又多侧面的人物呢？

(一)如何了解你的人物

回答这个问题，你首先要知道你的主要人物是谁，对立人物又是谁。主要人物也可以叫作主使人物，通常被称为主角，在《韦氏词典》里的意思是“在运动或起因中居于主导地位的人”。对立人物就是相对于主角的人物。在拉约什·埃格里的《编剧的艺术》中有这么一段对主使人物的描述：

> 没有主使人物就没有戏剧。主使人物创造冲突，推动戏剧向前发展，没有了他，故事就会踉踉跄跄，事实上甚至根本没有故事可言。在《奥赛罗》中，伊阿古(主使人物)是个行动者，由于奥赛罗对他表示轻蔑，他便以挑拨离间和激发嫉妒的方式向其报复。正是他挑起了冲突。在《玩偶之家》中，柯洛克斯泰坚持要给自己的家庭恢复名誉，逼得娜拉差点自杀。他是主使人物。在《伪君子》中，奥尔贡把答尔丢夫强加于他的家人，引发了冲突。一个主使人物必须不仅是渴望某种东西，他的愿望必须迫切到足以使他在实现目标的努力中摧毁什么，或者使自己被摧毁。

同样的，绿叶衬红花，有主使人物，就一定要有对立人物，否则就没有冲突，故事就不能进行下去。在刻画人物性格的时候，可以采用人物传记法，把人物的内在生活(即从出生到戏剧开始前的人物生活)写出来，这就是人物性格的形成过程。同时还需要解释人物的外在生活(即从戏剧开始到结束的人物生活)，也就是说要通过戏剧舞台来揭示人物的性格特征。在这一过程中，你需要不停地追问以下问题：人物为什么这么做？这可以让你的人物不是提线木偶，而拥有他自己的声音、自己的灵魂。

(二)如何塑造你的人物

人由三个维度组成,分别是生理、社会和心理。塑造人物也要从这几个方面出发:他是否是健康的、健全的;他的社会地位如何;心理上又有何特征。所以在塑造人物时,要逐个分析他们生活的各种因素或各个组成部分,通过人物与其他人或事件的关系来创造你的人物。让人物成为有血有肉有灵魂的活物。全方位地了解你的人物,再为他设置障碍,让他经历冲突,让一切有理由地、自然地发生,这样人物形象才会饱满。

(三)如何设计类型人物

什么是类型人物?贝克在《戏剧技巧》中认为剧作中人物可分为三种类型:一种是概念化人物,"概念化人物是作者立场的传声筒,作者毫不把性格描写放在心上";第二种是类型化人物,"类型人物的特征如此鲜明,以至于不善于观察的人也能从他周围的人们中看出这些特征",这种人物"每一个人都可以用某些突出的特征或一组密切相关的特征来概括";第三种为圆整人物(Round Character),也有人译作"个性化人物"、"立体人物","圆整人物在类型中把自己区别开来,大的区别或者细微的区别",这种人物具有性格的多侧面和复杂性,其性格复杂到无法用简单的话语来概括和分析。

类型人物之所以在戏剧中广泛存在,理由如下:

- 人物性格特征有限并且鲜明,这样就易于被观众所领会和把握。
- 这样的人物容易创造,更容易编写。
- 闹剧和情节剧看重的是情节的戏剧性,这样的剧本哪怕它缺乏人物的个性化,观众仍然对同样的故事百看不厌。

我们几乎可以断言,如果一个编剧不会将人物做一定的类型化处理，就很难写出让大众喜爱的作品来。

设计类型人物有三种常用方法：

- 模仿经典类型人物；
- 对生活中人的特点进行夸张；
- 仔细观察，从生活中归纳出人的奇异的共性，作为类型人物的特征。

当然有了类型人物并不代表全部，你还需要塑造不同于类型人物的角色。

（四）如何设计既真实而又多侧面的人物

首先把人物的生活分为三个基本组成部分，分别提出问题，设身处地回答。

职业的生活部分：你的人物是以什么为生呢？他在哪里工作？他是一位建筑工人吗？是流浪汉？是科学家？是拉皮条的？等等。他与他的同事的关系如何？他们相处融洽吗？下班之后他们有交往吗？他与老板相处如何呢？……一个有缺点的人物更易有戏剧性。

个人的生活部分：你的主人公是单身独居，丧偶，还是结了婚的？是分居，还是离婚的？如果是已婚，那么是和谁结的婚？在什么时候成婚的？他们的夫妻关系如何？他们喜过社交还是深居简出呢？他们的婚姻关系是牢固的呢，还是主人公正在考虑或已经有了婚外的男女关系呢？如果他是孑然一身，那么他的单身生活如何？他离婚了？一个离了婚的人可能会有不少的戏剧性。

私生活的部分：独处时做什么？有什么爱好？有什么不可告人的秘密？

尽可能详细地回答这些问题，可以帮助你明确人物的需求，然后才可以针对性地为人物的需求设置障碍，这也就涉及故事冲突。

五、怎样制造冲突

戏剧产生于祭祀仪式，并非在诞生之初就依赖冲突，但是在戏剧后来的发展中，“冲突”成为一部好戏不可或缺的部分。亚里士多德的《诗学》中尽管已经明确地将剧作结构分成“开通、中腰、结尾”三个组成部分，却没有将这种三段式的划分原则归结为冲突。把冲突作为创作原则加以理论化的第一人应该是启蒙戏剧家狄德罗(18 世纪)，他主张：“戏剧情境要强有力，要使情境和人物性格发生冲突，让人物的利益互相冲突。不要让任何人物企图达到他的意图而不与其他人物的意图发生冲突，让剧中所有的人物都同时关心一件事，但每个人各有他的利害打算。”真正构筑“冲突律”基础理论的人是美学大师黑格尔，他将亚里士多德的戏剧结构三段论与辩证法相结合，揭示了戏剧结构布局的总规律：“戏剧动作在本质上须是引起冲突的，而真正的动作整一性只能以完整的运动过程为基础”，“合适的起点就应该在导致冲突的那一个情境里，这个冲突尽管还没有爆发，但是在进一步发展中却必然要暴露出来。结尾则要等到冲突纠纷都已解决才能达到。落在头尾之间的中间的则是不同的目的和互相冲突的人物之间的斗争。”

(一)冲突的类型

如果要下个定义，那么简单来说戏剧冲突就是表现人与人之间矛盾关系和人的内心矛盾的特殊艺术形式。冲突又可以分为外部冲突、内部冲突、环境冲突、隐形冲突四种，当你开始策划情节的时候，你可以考虑选择一种冲突。

首先，外部冲突指的是人物与来自外部的某个人物抗衡。曹禺的名著《雷雨》是外部冲突的重点体现之作。在《雷雨》中，我们可以看到：

- 周朴园和鲁大海之间不同阶层的冲突，导致父子成仇。

● 周萍和繁漪之间畸形的爱和周萍与四凤之间真挚却不伦的恋情又造成了强烈的冲突。

● 周朴园对鲁侍萍的怀疑与鲁侍萍重回周家的无奈。

在这部剧中，作家通过人物之间的各种冲突推动剧情的发展，在观众面前展示了一部家庭悲剧。这是比较容易展现冲突的方式，也很方便在舞台上展示出来。让观众通过人物的经历去感受，从而进入情境。

另一方面，内部冲突就不同于外部冲突了，它指的是人物与自己内存的某种力量抗衡。阿瑟·米勒的《推销员之死》是个典型的例子，故事讲述的是美国一名推销员威利一直生活在自己的幻想中，忽视了自己工作不顺的现实，也把自己的两个孩子比夫和哈皮带入歧途，最终他用自杀换取大笔保险赔偿，带给了家人福利。故事中最大的冲突就是威利自己，明明自己的推销并不受欢迎，但他却吹嘘自己的地位如何重要，销售数量如何高，最终陷入自己的谎言无法自拔。对于孩子的教育也是如此，灌输了错误的观念，最终使孩子一事无成。在制造内部冲突的时候，就要从人物自身性格出发，你要明白自己的人物拥有怎样矛盾的性格，让人物自己去制造冲突。

第三种是环境冲突，指的是人物与来自环境、社会的某种力量（包括命运）抗衡。最为大家熟知的就是索福克勒斯的《俄狄浦斯王》，在这个古老的希腊悲剧中，俄狄浦斯最终没有摆脱神的预言，还是陷入了杀父娶母的悲惨命运。它比外部冲突的范围来得更广泛，不仅仅是外部的人物，而是外部的大环境与人物的冲突。

隐性冲突指的是以隐蔽的方式表现冲突，可以表现为抵触、隔膜、误解、不对等（包括信息的不对等），有时甚至表现为冲突的化解——爱与和谐。宽泛点说，差异即冲突。比如《收信快乐》一剧中，李政国（瘦皮猴）和徐淑芬（爱哭芬）之间通过信件沟通，就造成过很多误解，最明显的就是两人关于女性和男性地位的争论。同时两人通信过程中也存在断断续续，有时一方连续寄信得不到回信，也就造成了信息的不对等，导致出现了冲突。

（二）制造情节冲突的方法

在了解了冲突的几种类型之后，你肯定会想知道制造情节冲突的方法。希望接下去的几点对你有所帮助。

第一，永远不要让观众忘记你的人物想要什么。冲突来自于人物的需求不被满足，所以为了冲突的展开，一定要想让观众清楚人物的需求是什么，无论是用独白还是对白，无论是用行动还是布景，让观众明白这一点。而且要相信，对于人物内心深处的真正的需求，观众最终会给予深切的同情，也许比你期待得到的还要多。

第二，让你的人物在追求目标的过程中经受磨难，人物情况越糟，戏剧故事越好。最简单的制造冲突的方法就是对抗人物的需求。比如《玩偶之家》中，娜拉为了解决海尔茂的危机伪造签名，这等于给极度要面子的海尔茂设置了巨大的障碍，所以海尔茂大发脾气，造成了两人之间的冲突。

第三，让你的人物面临真实可信的戏剧性障碍。假如你设置的一个障碍不能给你的人物带来真正严峻的形势和真正难解的困境，你所设置的障碍就是一个冒牌的障碍，由此制造的冲突就是一个冒牌的冲突。衡量一个障碍是否冒牌的方法是停下来想一想：假如人物根本不理睬这个障碍将会发生什么？

- 他的情感会崩溃吗？
- 他的身体会垮掉吗？
- 他的社会地位会一落千丈吗？
- 他的经济状况会陷入困顿吗？

如果你的人物无视这一障碍而不会在任何方面遭遇灭顶之灾，那它就不是一个令人满意的戏剧性障碍。

第四，利用伏笔让之后的剧烈冲突更容易说服观众。伏笔的作用就是埋伏线索或预设印象，让观众真正见到高潮时的事件容易接受，因而能有更高的说服力。比如说预计将有自杀或杀人的戏，之前先安排见血或死亡的意象。剧作者在写对白或人物的反应上，会对观众做一定的暗示与引导。在《玩偶之家》中，哪怕对最微小的失职，海尔茂的态度都是毫不妥协的，“这就预示着冲突将像死亡一样无法避免。当他发现娜拉冒用他的名义伪造签名会怎样？会怜悯她吗？我们还不知道。但有件事是确定的，一定会有麻烦”①，之前对海尔茂性格的描写，就是一种用来说服观众信服冲突的伏笔。

第五，创造出“非比寻常”的重要情境，或者打造关键道具，使冲突具有深远意义。在故事情境或人物身上安排某种独特的东西，会使人物的行动及相应的冲突具有象征性或深远意义。以一条狗在水里游泳为例，你如何来创作出一个“非比寻常”的情境呢？让狗游泳去救溺水的小主人怎样？你还有别的办法吗？

____

____

____

你还可以打造关键道具，比如贝克特的《等待戈多》，虽然有许多不同的版本，但几乎每一版中都有一棵歪脖子树，有正常的，也有倒吊在天花板上的，还有作为舞台前景的，不管怎么样，歪脖子树都一直作为关键的道具存在，所代表的含义也是众说纷纭，不仅是一个布景，还象征着无穷的生命。

第六，最后一定要告诉观众，你的人物，尤其是主人公的需求是否满足。观众花了那么长时间来看一出戏，一般来说，他们需要知道一个结局。

① (美)拉约什·埃格里：《编剧的艺术》，北京：北京联合出版公司2013年版，第146页。

六、怎样写好对白

人物是戏剧的灵魂，但人物在戏剧中的呈现，通常离不开对白的帮助。虽然行动也能表现人物的一些性格，通过演员夸张的面部表情与肢体动作的确可以表现出一些情节，不过我们还是得说，在绝大多数戏剧中，对白对于全剧是至关重要的，其功能主要体现：

- 表现人物性格；
- 发展情节冲突；
- 精确描绘场景；
- 提供有效信息。

拉约什·埃格里在《编剧的艺术》中引用学生简妮·迈克尔的论文说：

> 对话必须揭示人物，每句话都应发自具备三个维度（生理、社会、心理）的人物的口中，告诉我们他是谁，并暗示出他发展的方向。莎士比亚的人物始终在发展，而且不会让我们感到吃惊，这是因为他们的第一句话就暗示出形成他们最后一句的材料。夏洛克一出场就展示出他的贪婪……对话必须揭示背景。在索福克勒斯的《安提戈涅》中，第一句台词是：哦，伊斯墨涅！我亲爱的妹妹啊！在俄狄浦斯诅咒的灾祸里，有哪一件宙斯未在我们有生之年内加倍降下呢？这句话立刻把人物的关系、血统、宗教信仰和此刻的心情全传达了出来。

所以对于戏剧来说，写好对白很关键，甚至是第一位的。

以下从正反两个方面说明怎样写好对白：

(一)写对白应该做到的事

1. 台词的语体要与人物相配

要求人物说出来的话听起来的确是出自该说话人之口,体现人物的背景和个性特征。人物的背景包括人物的出身、年龄、职业、教养、经历、地位以及所处的时代等。创作对白时一定要记住不是你在讲话,甚至不是你创造的叙述者在讲话,而是你剧本中的人物在讲话。老舍的《茶馆》讲述的是发生在北京的故事,在该剧中人物说的全是京腔京味儿:

松二爷　好像又有事儿?

常四爷　反正打不起来! 要真打的话,早到城外头去啦;到茶馆来干吗?

(二德子,一位打手,恰好进来,听见了常四爷的话。)

二德子　(凑过去)你这是对谁甩闲话呢?

常四爷　(不肯示弱)你问我哪? 花钱喝茶,难道还教谁管着吗?

松二爷　(打量了二德子一番)我说这位爷,您是营里当差的吧? 来,坐下喝一碗,我们也都是外场人。

二德子　你管我当差不当差呢!

常四爷　要抖威风,跟洋人干去,洋人厉害! 英法联军烧了圆明园,尊家吃着官饷,可没见您去冲锋打仗!

二德子　甭说打洋人不打,我先管教管教你!(要动手)

(别的茶客依旧进行他们自己的事。王利发急忙跑过来。)

王利发　哥儿们,都是街面上的朋友,有话好说。德爷,您后边坐!

(二德子不听王利发的话,一下子把一个盖碗搂下桌去，摔碎。翻手要抓常四爷的脖领。）

常四爷　（闪过）你要怎么着？

二德子　怎么着？我碰不了洋人，还碰不了你吗？

马五爷　（并未立起）二德子，你威风啊！

二德子　（四下扫视，看到马五爷）喝，马五爷，您在这儿哪？我可眼拙，没看见您！（过去请安）

马五爷　有什么事好好地说，干吗动不动地就讲打？

二德子　嗻！您说的对！我到后头坐坐去。李三，这儿的茶钱我候啦！（往后面走去）

“事儿”、“甩闲话”、“这位爷”、“尊家吃着官饷”、“哥儿们”、“怎么着”等等这些语言既有地方色彩又具时代特色，每个人物的台词都透露出他的身份，表现出他的性格特点。

2. 台词的朗读要朗朗上口，富有感染力

无论是诗意化的对白（比如莎士比亚的《哈姆雷特》），还是口语化的对白（比如老舍的《茶馆》），都要讲究节奏，考虑声音的轻重缓急。（编剧要做好自己撰写的台词在排练时被演员改写的准备，演员通常是依照朗朗上口这个要求来修改的。）

3. 人物说的话要与其动机相关

对话写不下去的时候，可以向自己提出这样的问题：这个人物到底想要什么？为了达到目的他会怎么说？对话写完之后检查时，可以向自己再提出这样的问题：人物为什么说这样的话？表露出他的什么样的情感？

（二）写对白应该避免的事

1. 多余

（四周的其他执法人员正忙碌着。吴实抬头远看。正在这时，他的女同事方锦华从背后走来，猛地将布告一揭。）

方锦华：吴实。

吴实：（吓了一跳）啊！你，你干什么？

【吴实即使受到了惊吓，也不会说出这样的话来。他的动作完全能表现出人物的惊惧。这句话没有必要。】

2. 过于直白浅陋

方锦华：干什么？这叫验尸，看把你给吓的。有什么好怕的，亏你还是个大男人呢。

吴实：你……

方锦华：我什么？瞧你的样子，手还在抖。

【将方锦华的内心活动全部用对话一览无余地说给观众听。这样的话在那样的场合和人物关系下是说不出来的。方可以故作惊讶地问："哟，你怎么啦？"顶多："哟，你还是男人吗？"】

3. 说辞概念化

院长：没关系，什么事情都有第一次。今天是你走上法官岗位的第一次亲临刑场吧。【院长其实可以拍吴实的肩一下以示鼓励，只需说："第一次吧？"】

吴实：院长……

院长：既然你选择了法官这份工作，就应该在生死面前保持一种超然的冷静。把自己心弄得强悍一些，起码别输给人家女同志嘛。

【对话太说教气。】

4. 做作、幼稚

方锦华：院长，你这是明褒暗贬，女同志又怎么了，好像女的就天生差一等。【这样的对白使方锦华的性格显得很做作。】

院长：没有没有，在工作中男女平等，男女平等。【对白使人物显得很幼稚，也很做作。】

5. 不合情理，泄露天机

院长：吴实，这死者的家属来了吗？

吴实：已经寄了三次通知书，就是没人来。临刑前，这名犯人什么都不说，连个遗嘱都没法录下来。

方锦华：一定是后悔了！谁让他当初那么冲动，堂客和同村的一名民办教师发生了关系，他就把人家人类灵魂的工程师给砍死了……

【作为方谈话的对象，无论是吴实还是院长，都不可能不知道被枪毙的人犯了什么罪，作者是特地说出来给观众听的。但因为这些话的出现不在情理之中，所以显得虚假。】①

再如以下这一例子，人物的对白不是为了彼此交谈，而是专为告知观众一些“天机”的：

（约翰看到玛丽在饭店里坐着，就朝她走过去。）

约翰：嗨，玛丽，我知道你每逢周二就来这里，坐在这张桌子旁边，从这儿可以看到外面的人行道。

玛丽：是的，约翰，我确实有这个习惯。我知道你总是穿着一件紫色的衬衣，就是你现在穿的这件，上面还有红色和白色的条纹。

约翰：是的，玛丽，我常穿这件衣服。我可以坐在这儿吗？我知道你那个谈了三年的男朋友亨利会不高兴我这么做，不过，我还是想跟你谈谈。

玛丽：好吧，约翰，坐吧。不过，要小心。我知道你玩壁球的时候伤了一条腿，医生要给你做手术，抽掉你的三根脚筋。

约翰：是的，我会小心的。你在喝红葡萄酒，这是夏敦埃酒。我看到你的杯子已经空了四分之三。

---

① 以上对白示例取自刘一兵：《对话第一》，《电影文学》1999 年第 8 期。

玛丽：是的，我说约翰，我看到你的头发是梳向一边的，而且你的左手还戴着结婚戒指。

约翰：是的，我说玛丽，我看到你穿着红色的衣服，看上去很好看。

玛丽：噢，谢谢，约翰。你知道这件衣服是我妈妈给我买的。

约翰：是的，那天我跟你在一起来着。

玛丽：是的，我记得。

【忘掉这两个磨磨唧唧、欲说还休的家伙吧，无论他俩向观众透露什么重要情报。】

6. 日常俗套

约翰：嗨，你好吗？

玛丽：很好，你呢？

【这个对白翻译成英语大家更熟悉，在生活中时常出现，但如果出现于戏剧中，就是典型的俗套对白。可能是因为作者想如实地表现日常生活，而直接从生活中取用对话，不加处理。写作者需要无视这种过度的"写实主义"要求，毕竟你不可能完整地将现实搬到舞台上来，包括每一次心跳，每一次眨眼，每一次呼吸，每一次"嗯……这个……那个……"停顿的瞬间。】

日常俗套的对白可以偶尔出现，尤其用于将情节从一处推进到另一处——一个更富有戏剧性的场面。比如下例：

戴夫：嘿，杰克，你好吗？

杰克：还行。你呢？

戴夫：挺好。可以跟你讲一件事吗？

杰克：当然，我愿意洗耳恭听。

戴夫：……我刚刚被汽车撞了。

杰克：不会吧？

戴夫：真的。我甚至都没看到汽车从哪儿出来的。现在我没事了，不过，我必须告诉你……我认为这不是一个偶然事故。

(杰克盯着戴夫看。)

戴夫：我想他们是在跟踪我，杰克。

7. 情感过分夸张

玛格列特：噢，亨利！

亨利：噢，玛格列特！

玛格列特：噢，亨利！你知道我多么爱你！

亨利：噢，玛格列特！要是能用语言表达我对你的爱就好了！

玛格列特：噢，亲爱的！没有你世界会是什么样？我的爱，我的心肝儿！

亨利：没有你，世界将会停下脚步，我的玛格列特！我宁愿命悬一线也不能一刻没有你！

玛格列特：我宁愿从最高的摩天大楼跳下来，也不愿错过你说的一句甜言蜜语！

亨利：噢，玛格列特！

玛格列特：噢，亨利！①

【这一段对白中首先映入眼帘的是太多太多的感叹号！这经常出现在表现爱情的故事中！人们似乎认为如此多的感叹以及如此多的感叹号才能恰如其分地表现爱情！这当然是不对的！表现其他感情也不需要过分夸张！“床前明月光”后面不需要加上感叹号！除非你是为了讽刺或者反讽！就像这段点评里的感叹号的用法一样！】

---

① 以上几个对白示例取自诺亚·卢克曼：《写好前五页：出版人眼中的好作品》，北京：中国人民大学出版社 2013 年版。

对白的写作是很难掌握的，归根结底还是需要你真正去练习才能有所收获。你可以从记录身边的对话开始，或者选择小的片段进行实践，在多次训练之后，你才会慢慢掌握窍门。“熟能生巧”并不是刻在书本里死板的寓言，值得写作者去信奉和执行。

练　习

1. 在“寒冬、街头、离别”、“黄昏、沙漠、相聚”、“暴雨、小巷、生病”这三组词中任选一组，根据所选的词组，写出一个片段，故事只能在规定的时间、地点发生，要求叙述清晰、完整。

2. 观看一部话剧视频或者阅读一部完整的剧本，写下自己的观后感，可从人物、情节、舞美、演员表演、导演编排等多个角度写作。

3. 你还记得自己以前无意中听到的一些对话吗？或许你曾经在餐厅里听到邻桌的两个人在讨论另外一个他们都认识的人；或许你在火车上听到两个陌生的人在谈论时事；或许你在家的时候听到爸妈在讨论你的成绩问题……把这些对话记录下来。

记忆是有选择性的，而且因为时间的关系，很多记忆已经模糊了。实际上在记录对话的过程中，你已经是在进行一定程度的构思和虚构了。

看看你写下来的这段对话中，主要的冲突是什么，人物各有什么样的性格。扩充这一段对话，把它写成一个场面。

4. 设计出一个主人公，看一看他生命中所有重要的选择：婚姻、子女、职业、居住地……选择意味着冲突，每个选择所蕴含的冲突是什么？他还可能跟谁结婚？他还可能在哪里居住？他还可能有另外一种职业生涯吗？你能把这些生活中的重大选择写进你的戏剧中吗？

第十四章　电影剧本

写剧本将改变你的人生，就算你不能卖掉它，最起码你改变了你的人生。

——约翰·特鲁比

一、电影剧本是什么

电影剧本是为荧幕、为视觉而创作的故事。如果你的故事是将人物、事件、价值和观念视觉化地表现出来，那么它就可以成为一个电影剧本。换句话说，电影剧本的两个关键词是：

- 故事；
- 视觉化。

编剧创作的电影剧本并不等于为导演直接拍摄而提供的分镜头剧本，它不是我们观影时看到的一个镜头接着一个镜头的故事，而是阅读时能在脑中以视觉形象流动的一个冲突接着一个冲突的故事场景。冲突可以在三个层面展开——某人与某人、某人与世界以及某人与他（她）自己。虽说戏剧与小说也处理冲突，但与电影的基本方式截然不同，小说擅长剖析内心，戏剧则以密集的对白促使人物互动，试着让电影演员对着镜头沉思一分钟，或不停独白，或唇枪舌剑个没完没了看看，你多半会看到不久观众就如坐针毡了。

为了让观众在面对荧幕的 120 分钟里牢牢地坐住，编剧需要精彩的故事和能引起认同感的人物，需要运用想象和才智，把观众带到到梦境与真实交错、内心与世界相遇的风暴中。实现这些的诀窍是制造“动作”和“反应”,并使两者之间产生一道道鸿沟,不断推动事件发生。

罗伯特·麦基在他广受好评的编剧论著《故事——材质、结构、风格和银幕剧作的原理》中强调:

> 故事的材质是鸿沟,是一个人采取行动时期望发生的事情和实际发生的事情之间裂开的鸿沟,是期望和结果之间、或然性和必然性之间的断层。要构建一个场景,我们应该不断地撬开现实中的这些裂隙。①

期望和现实之间的鸿沟就是故事生长的缝隙。比如,一位男士坐火车,对坐的小姑娘把手帕掉在了地上,他捡起来,还给了她,这一幕老套俗气、索然无味。然而,如果他捡起了手帕,把手伸过去想要交给对方,他以为她会伸手来接,他松手了,但是她没来接,这时鸿沟裂开了,手帕掉到了急速行驶的车窗外,小姑娘哇哇大哭,年轻人无奈又无辜地看着。你是不是觉得接下来一定会有事发生?至少你会对这个年轻人感兴趣,会嗅到他身上有故事味儿。期望和现实之间的鸿沟就意味着不断会有事发生。因为面前的鸿沟使他/她不得不面对一个出乎意料的世界,他/她必须不断做出调整,重新认识并掌控它。

我们来看看《唐人街》剧本的场景片段,了解一下如何一个接一个地制造动作/反应—鸿沟。私人侦探吉提斯正在调查洛杉矶水电部部长马尔雷的命案,他将凶手缩减到了两个:一是以死者岳父克罗斯为首的百万富翁集团,另一个是死者太太伊夫林。然而,在办案过程中,他不禁对伊夫林产生了好感。当他跟踪伊夫林来

① 罗伯特·麦基:《故事:材质、结构、风格和银幕剧作的原理》,北京:中国电影出版社 2012 年版,第 208 页。

到一所楼房，从窗口看见一个貌似被囚禁的女人，伊夫林却说是她妹妹，这就引起了他的怀疑——伊夫林并没有妹妹。随后他在死者家中的海水鱼池里发现了死者的眼镜，他越发肯定凶手就是伊夫林。由于感到她利用了他的感情，感到自己被欺骗了，他决定扮演一个寻求真相的铁面无私的人，拿着证据来到伊夫林家与她对质。

外景 高级平房—圣莫尼卡 日

吉提斯的汽车飞速开进车道。别克车"吱"的一声急刹车停定。吉提斯跳下车。吉提斯"砰"地撞上车门，蹿上台阶。他用手拧门把手，发现门是锁着的，于是"砰砰"地敲门。

内景 平房 日

卡恩，伊夫林的中国男仆，听到敲门声，朝门口走去。卡恩打开门，发现吉提斯站在台阶上。

卡恩：你等等。

吉提斯：你等等。（粤语）滚，浑蛋！

吉提斯把卡恩推到一旁，挤进屋内。

吉提斯想要推开门，门却是锁着的。这里一下子就出现了第一道鸿沟，他不禁把门敲得砰砰响。作为侦探和客人，他以为会被请进去，结果却裂开第二道鸿沟——他被拦在门外。他火冒三丈，用广东话来骂男仆。这对男仆来说也是一道意外的鸿沟。当伊夫林从楼上下来，看见吉提斯表情不对，很关心地嘘寒问暖，"你睡觉没有"，"你吃午饭没有"，她得到的反应却是对方破空而来的问题"那个姑娘在哪儿"，并以打电话报警迫使她说出真相。她还指望吉提斯能帮助她逃走，现在她不得不提醒自己先搞清楚状况了。吉提斯以为真相会如他所料，再三逼问之下，真相却令他始料未及——真正的凶手是伊夫林的父亲，他与自己的女儿乱伦生下了"那个姑娘"，凶手杀人的动机就是要抢回"那个姑娘"。通过动作和出其不意的反应，电影劈开一道道裂缝，带我们体验过山车般瞬间颠倒的感受。

以动作/反应—鸿沟构成一个又一个冲突，而一系列冲突的结果即创造出人物生活情境中有意味的变化。吉提斯认定伊夫林出于妒忌杀死了丈夫，连续跳过几个鸿沟过后才明白伊夫林才是需要帮助的受害者，相应地，他满腔受骗的愤怒也转变为同情和大丈夫气的爱意。如此由一系列冲突而导致人物认识和价值的变化就构成了故事场景。罗伯特·麦基甚至认为，没有价值变化的场景算不上真正的场景。生还是死、爱还是恨、自由还是奴役、真理还是谎言、勇敢还是怯弱、忠诚还是背叛、智慧还是愚昧、力量还是软弱……人生充满价值选择，故事的魅力就在于它善于制造冲突，并创造性地探讨价值问题。

如何使下雨变成一个承载价值的场景？影片《造雨者》围绕着这一自然现象创造了多层面的冲突和价值变化。东非大地的干旱吞噬了成千上万条生命，这时出现了一个造雨者。他相信自己能呼风唤雨又不免恐惧自己不过是一个疯子或者傻瓜（内心冲突）；他爱上了一个女人，她开始相信他追随他，最后却无法理解他、弃他而去（个体冲突）；一些人把他奉为救世主，另一些人用石头砸他驱赶他（个体与环境冲突）。如果他能够从所有这些令他筋疲力尽的冲突中挺过来，如果他最终令万里无云的天空降下甘霖，东非大地的这场降雨将是因他曾与内心、爱人、社会以及自然而进行过战斗而给予的一次崇高而辉煌的致敬。

当然有时候，变化了的只是一种处境、情绪或者一个不起眼的日常决定，但高明的编剧总能为它们创造价值维度。我们来看《桃色公寓》的这个片段：

内景 谢尔瑞克的办公室 日

谢尔瑞克：我不会带乱七八糟的人去——是库布利克小姐。

巴克斯特：那更不行！

谢尔瑞克：为什么？

巴克斯特(断然地)：不给！

谢尔瑞克：巴克斯特，当初我把你从那一组人里提拔出来，就是看上你年轻、机灵，你知道自己现在在干什么吗？你这不是在跟我过不去，你是在跟你自己过不去！通常要爬到我们公司的27楼，得辛苦工作好多年啊！可是要滚到街上去，只要30秒就够了，懂吗？

巴克斯特(慢慢地点头)：我懂！

谢尔瑞克：你要选哪一样啊？

巴克斯特的目光一直没有离开谢尔瑞克，他伸手从口袋里掏出一副钥匙，把它放在桌上。

谢尔瑞克：这才聪明。

即便只是片段，我们也能感到给钥匙或者不给，实际上对应着坚持自我与顺从权力两种价值取向。影片开头谢尔瑞克为了在公司往上爬，把公寓钥匙借给上司们使用，而他自己只有睡在公园里。这种放弃自我、牺牲生活的状态无法长久，但是如何改变？影片借助一个外在的故事动作线来展现。他发现自己喜欢的女同事被巴克斯特带到了公寓，混乱接踵而至，使他逐渐认清了生活，选择守住自我。虽然失去了工作，但赢得了爱情，他终于不再是影片开头那个没脸没皮只顾追求职位升迁的可怜虫。

总之，剧本是以故事场景为单位构建起来的文本。每一场景都通过一系列动作和出人意料的反应制造鸿沟、展开冲突，使人物的处境和心境发生转变，最终引发价值问题的探讨——什么价值才是值得追求的？生活的意义是什么？人应该如何度过一生？……

二、电影剧本的结构是什么

“编剧威廉·戈德曼在他的《银幕交易中的冒险》(*Adventures in the Screen Trade*)一书中指出,一个好剧本是指一个结构精良的剧本,但是没有人知道何谓成功的剧本”①。就连好莱坞资深制片人也无法预测哪部电影能够卖座,因此作为编剧想要有所作为,与其绞尽脑汁迎合市场,不如了解结构运作的原理以拓展自己的编剧能力。

让我们从经典设计开始。麦基将好莱坞影片的经典结构模式总结为“一个事件打破一个人物生活的平衡,使之或变好或变坏,在他内心激发起一个自觉和/或不自觉的欲望,意欲恢复平衡,于是这一事件就把他送上了一条追寻欲望对象的求索之路,一路上他必须与各种(内心的、个人的、外界的)对抗力量相抗衡。他也许能也许不能实现欲望。这便是故事的要义”②。《超越套路的剧作法》作者则给出了复原型三幕剧式结构公式:铺陈—对抗—解决。维基·金《21天搞定电影剧本》更具体地写出了每一幕的基本内容。以120分钟电影为例,第一幕:一般是30分钟,介绍环境、引出主人公和打破平衡的激励事件,主人公由此而作出第一个重大决定,踏上求索之路。第二幕:60分钟,发展对抗,主人公为实现目标不断面对困境,并在困境中成长,至少出现四个冲击力逐渐增强的成长事件,四个成长事件通常以“进两步、退一步、再进一大步”的节奏来安排。这部分结尾处主人公获得了看待问题的新眼光,使他能够重新审视原来的欲求,发现不曾意识到的目标或者解

① (美)肯·丹西格,杰夫·拉什:《超越套路的剧作法》,北京:世界图书出版公司北京公司2013年版,第225页。

② (美)罗伯特·麦基:《故事:材质、结构、风格和银幕剧作的原理》,北京:中国电影出版社2012年版,第230页。

决问题的方法。第三幕:30 分钟,主人公依靠前面积聚的能量解决了问题,世界重新恢复平衡。有时候问题迎刃而解,不需要花费太多时间。麦基归纳的经典设计是好莱坞主流,结局或是表达圆满的上扬式;或是揭示残缺的下落式;或是模棱两可的反讽式。复原型三幕剧则一律是圆满结局,更是主流中的主流。它和童话拥有同样的世界观,即相信人类只要认识自我就能无往不胜。大部分人青睐复原型三幕剧对生活的隐喻,他们愿意相信人的自由意志、善良与爱能够超越社会、历史、阶级和家庭的限制创造一个更好的世界。

也许你会说,你喜欢的那些好莱坞电影并没有完全按照上述结构,但它们依然击中了你;你甚至还会说,那些情节弱化的欧洲电影更能带来惊奇和见识,因此具有更大的艺术魅力。但是任何锐意创新的大师,并非借挑战传统结构以自我标榜,他们的创造有所不同,根子上在于旧有的故事结构难以容纳他们对人生对世界的独特见解。所以结构的创新唯有基于你对生活的思索感悟或者说能够引起你对生活的重新认识,才能获得真诚的表达而打动人心。如果你真诚地认为自由意志难以改变社会、历史和家庭的积习,如果你对世界的认知就是混沌、暧昧、无奈和无常,那么你可以考虑复原型三幕剧以外的结构。

你或许会选择下落结局。像《唐人街》那样,主人公即使认识到强权横行,即使燃起正义和爱情的火焰,不顾一切保护他的爱人,但最终仍然什么也不能改变,只能看着罪行像巨大的黑手扼住少女的咽喉。或许干脆采用一幕剧结构,不谈什么转变和成长,直接进入第三幕,比如马丁·斯科塞斯的《穷街陋巷》,主人公查理虽然被反复告诫不要为约翰尼借钱作保,但他坚持为朋友两肋插刀,当约翰尼没法还钱时,为他出面解决,惹火上身在所不惜,直到约翰尼被杀,他未能因此得到救赎。当你认识到普通人只能在荒唐现实中扮演可笑的被动角色,你或许更中意《下班以后》的结构模式，一个小职员被一连串离奇古怪地事件席卷，彻夜未眠穷于应付，最后被准时抛进上班的大厅。或者你想要更严肃地处理荒唐与不公，那么可以参考一下《为奴十二年》，一个拥有幸福家庭的黑人，一觉醒来发现自己双脚被铐变成了奴隶。虽然美国已经废除奴隶制度多年，这部电影仍然获得了2013年度奥斯卡金像奖，为什么呢？因为他讲故事的方式让我们联想到自己——在强大的社会力量面前，谁都有可能一觉醒来便失去了对生活的控制而无法为自己做主。我们能比主人公做得更好吗？坚强、隐忍、不放弃。虽然主人公最终幸运地被朋友救出与家人团圆，但面对和他一样被践踏的奴隶朋友却只能撒手相望渐行渐远，他甚至没法将绑架他贩卖他的白人告上法庭以求公正。

即便是上述超越经典结构及其哲学观念的电影也还是以动作/反应一鸿沟来构建故事，当然你也可以走得更远，尝试写一部像《与安德烈晚餐》那样的剧本，纯粹以餐桌上的对话实现人物价值观念的转变。你有权利选择自己中意的结构模式，那是你作为写作者的天赋权利。但请别忘了所有的大师都精通经典，因此若要尝试新的叙事策略，掌握经典结构的编剧技艺也会让你更加游刃有余。

三、个案分析:《哈尔的移动城堡》

复原型三幕剧式结构的世界无异于童话世界，在这个世界中，一切外在的动作和事件都象征着人物的内心成长，主人公一旦获得关于自我的真实认知，她便能够操控自己的命运，与恶势力战斗无往不胜。我们以日本动画大师宫崎骏《哈尔的移动城堡》为例，检验并展示如何运作三幕结构、故事场景以及冲突与价值变化等原则，并揭示内心故事。

开始的第1分钟就奠定了影片的基调和氛围：钢铁焊接的鸡足城堡冒着热气走过放牧的原野，远处天空飞行着战斗机，暗示了这是一个在战争背景下的魔法故事。接着我们看到火车开过城市街区，冒出来的黑烟盖住了大半个窗户。窗户里女孩苏菲在缝帽子（我们看见的是她的背影）。有人邀请苏菲一同出去，苏菲说她要缝好帽子。她一边缝帽子，一边听见女人们说哈尔的移动城堡来了。她们谈到忽然来了许多军队，还谈到一个叫玛莎的女孩，听说心脏被哈尔吃了。她们互相开玩笑"放心吧，哈尔不会对你感兴趣的"。影片到此进行了三分钟，并悄悄埋伏了整个故事的主题。从后面苏菲和妹妹的谈话中，我们知道传说哈尔只吃漂亮女孩的心脏，我们还知道苏菲认为自己不漂亮。前三分钟里有一个镜头，苏菲照镜子，突然不满地把帽子拉得很低，转身离去。她不认同自己，突出表现为她对自己的长相不自信。

好，先让我们一个场景一个场景来看。

● 第一个故事场景：苏菲恋爱了，起初苏菲有些孤独和灰扑扑，镜头总是打在她的背影上，窗前不时有黑烟飘过，她在一旁听着别人谈笑，她背离热闹欢庆的街市走来，走进寂寞幽静的窄巷。而哈尔出现了，在一同躲避墙壁里钻出来的黑怪物时，哈尔向上一跃，把她带到了天上。广场上传来华尔兹乐曲，他俩在空中的行走浪漫而神奇。价值变化虽然不明显，但从孤独、落寞到恋爱、飞扬，情绪和处境的改变也同样构成了有意味的故事场景。

● 第二个故事场景：苏菲被荒野女巫变成了一个驼背老太太。从表面看来，苏菲中魔法是因为她和荒野女巫发生了争执；从故事逻辑来看，荒野女巫只是想以这种方式"问候"哈尔；但内心故事才道出了魔法的实质，荒野女巫从苏菲身上穿过，立即洞识了少女的弱点——她不自信，尤其是对自己的长相不自信，那就干脆把她变成老太婆。魔法像病毒一样乘虚而入，制造了打破平衡的激励事件，它迫使苏菲做出抉择，踏上自己的求索之路——她得彻底找回自信才可能解除魔法。所以，我们看到这一幕里苏菲老太太离开家，走向了移动城堡所在的荒野。

影片第二幕从 14 分钟到 108 分钟，时间颇长，但仍然遵循四个成长事件的基本模式。维基·金归纳的四个成长事件，以“进两步、退一步、再进一大步”的节奏进行，《哈》片却在前三个事件完成之后，又用力度更强的三个事件重复一次，最后才进一大步收获成长果实。第二幕开头出现了一个有象征意味的故事场景，苏菲救了稻草人，又因为他是菜头而表示厌恶，当菜头稻草人为她找来哈尔的城堡作为栖身之所，苏菲改变了原来的看法。稻草人的情节是嵌入主情节的一个次情节，从稻草人身上苏菲学会了不以貌取人。主情节的成长故事紧随其后，每个成长故事都包含一系列情绪、处境或价值变化的故事场景，这里重点分析主要故事场景。

● 成长故事一：刚来到城堡的苏菲处处被动，你看哈尔的小徒弟马鲁克跑来跑去，熟练地应对来访者，一边还以小主人的身份告诫苏菲不要乱看，但是到吃早餐的时候，苏菲居然能让开动城堡的小火魔帮她煎牛排鸡蛋，那可是魔法师哈尔才能使唤得动的小火魔。这里主动权来了个反转，马鲁克意识到苏菲的魔力，立即成了听候差遣的乖小孩。——煎鸡蛋这个日常举动居然魔力超凡，苏菲变被动为主动。

● 成长故事二：苏菲给自己安排了城堡清洁工的角色，她带着被无视的愤怒打扫城堡，活干完了，她的负面情绪也发泄完了，佝偻着的背直了起来，脸上的皱纹也少了许多。——日常洒扫工作，增强了存在感。

● 成长故事三：苏菲打扫浴室的时候把魔法瓶子摆乱了，哈尔因此头发变色。哈尔比苏菲还要在意外貌，仅仅是头发变了颜色，就说“如果不漂亮，即使活下去也没有什么意思”，还招来了黑暗幽灵，浑身往外流绿色浓汁。此时的哈尔是苏菲对外貌过分在意而没有自信的形象投射，他新头发的颜色可是苏菲原来的黑色啊，满头银发的苏菲跑了出去，又气又伤心。外面在下雨，稻草人为苏菲打开了雨伞。这个温暖的举动使苏菲缓过劲来，不漂亮也还是要活下去的，她回到屋里重新安抚了哈尔。——被打击，放弃，挺过去变更强。

三个成长故事再来一遍，但是力度更强：

- 增强版成长故事一：哈尔不愿接受国王的参战邀请，为此苏菲扮作他的母亲去见哈尔老师兼国王御用魔法师莎莉曼。路上遇见也要去宫殿的荒野女巫，苏菲此时与她对立。她毫不客气地要求女巫为自己解开魔法。荒野女巫却说她只会降咒不会解咒，看来苏菲只能靠自己了。她和荒野女巫一同来到宫殿前，两个人都得靠自己爬上陡直高耸的楼梯。结果女巫由于太胖居然爬不过抱着小狗的苏菲老太太。爬到楼顶的苏菲内心与女巫和解，反而替她鼓劲，找人来帮她。——体会到自己有力，然后会宽容。
- 增强版成长故事二：莎莉曼对苏菲说哈尔把心脏交给了魔鬼（就是小火魔），如果继续下去会变成第二个荒野女巫。荒野女巫坐在轮椅上被推出来，莎莉曼废除了她的魔法，她一幅垂老无骨的样子。如果苏菲劝哈尔来参战，莎莉曼答应帮哈尔解除和魔鬼的契约。这里莎莉曼提出了一个两难选择，要么来参战，要么永远失去心脏变成恶魔。实际上，如果苏菲答应参战，等于把哈尔的心脏交给战争这个更大的恶魔。她凭直觉拒绝了莎莉曼，她说："这个地方很怪异，一边请人来，一边叫老人家爬楼梯"，还说哈尔想要自由自在生活，她相信哈尔能够自己解除魔法，因此"哈尔不会来宫殿，也不会变成魔王。"她这么说的时候，展现出百分之百的自信，年轻的苏菲回来了一瞬间。出门时她还觉得事情不会顺利，但结果却是压倒性的胜利。此时，哈尔赶来，带着苏菲从莎莉曼和军队的追逐中逃出，黏上他们的还有荒野女巫和莎莉曼的小狗。——应对两难选择，表现卓越判断力，自信升级，有力有光芒。
- 增强版成长故事三：哈尔用魔法使城堡焕然一新，并能够住下新增的家庭成员。新城堡被搬到了苏菲的帽子店，打开魔法之门，走进去，哈尔带苏菲来到了他童年时的秘密花园。苏菲在走进自己房间时本来再次变回从前的样子，但是当哈尔想带她去他的磨坊小屋，苏菲忽然不敢向前。她又变老了，因为她以为人老了就不用担心失去。她还是不够自信，不相信自己可以和哈尔平等地在一起，而不是作为清洁工为他打扫房屋。但见到士兵怪兽一般朝她逼近，哈尔为了保护她一次次飞向屠城的炮火，她终于拿出勇气（她彻底变回了原来的样子）做出了有效的行动：举家搬离城堡任城堡坍塌，不靠契约而靠自由意志让小火魔开动小屋去找回哈尔。——再次退缩，物极必反，重获勇气和力量。

● 成长故事四：主人公运用她前面积蓄的力量解决挡在面前的一切障碍，得到她想要的爱情。她获得了解决问题的钥匙，不是她找到了钥匙，而是钥匙找到了她。小火魔吞了她的辫子后开动小屋，它表示如果给它心脏的话，它会更棒。荒野女巫一把抢过火魔，苏菲为了不让她烧死，一盆水险些浇灭了火。火魔法力顿减，屋子裂成两半，苏菲掉了下去。时空之门为她打开，她来到哈尔的童年，目睹了哈尔与火魔订约的一幕：哈尔接住天上的流星，对它念了咒语，把它吞下，一会儿吐出一团火，火里是他幼小的心脏。苏菲刚进城堡，火魔就请她解开它和哈尔的契约，但她得自己找到契约是什么。她之所以花了这么长时间，是因为她得先搞定她自己。——真相被揭开，答案找到了她。

结局：问题解决，用了不到 10 分钟，几乎是迎刃而解。哈尔就等在时空之门外，他带着苏菲飞去找小火魔。移动的小屋只剩下一块地板和四只鸡足。老掉牙的荒野女巫抱着蓝色小火不肯放，苏菲紧紧抱住老婆婆，请求她把心脏交给她。心脏回到哈尔身上的一刹那，小火也自由了，飞到了天上。稻草人的次情节顺便有了分晓：失去动力的鸡足垮掉，木板顺着山坡快速下滑，稻草人奋不顾身救了苏菲一群人，苏菲给了他感激的一吻，解除了他的魔法。稻草人变回邻国王子，与邻国的战争也顺带可以停歇了。从此，苏菲与哈尔、小火、马鲁克、女巫、小狗幸福地生活在一起。

围绕价值变化讲述故事场景，苏菲的内心故事显得完整而清晰：她爱上了魔法师哈尔，却因不够自信而无法和他平等恋爱。不自信的极端表现就是她成了一个老太太，只有当她学会丢掉对外表的偏见、主动地去行动，学会宽容和不放弃，并且获得真正的判断力和勇气，一句话，只有认同自己，她才能破除魔咒，赢得爱情。认识自己就能改变世界，影片探讨的依然是魔法故事和复原型三幕剧的核心哲学命题。

四、电影剧本创作从哪里开始

你就要开始写一部电影剧本了！你也许会说：我连格式都还不清楚。那么，就让我们从最简单的部分开始。打开一本《世界电影》杂志，找一个电影剧本，聪明的你一眼就能学会。我们可以来看一下：

内景 蒸汽室 日

索尔，一个愣头愣脑的年轻人，跟着一位年纪较长的男人，杰克，走进蒸汽浴室，杰克神态自若，到处和老朋友打招呼。索尔则愣在门口，目瞪口呆地望着房内豪华的陈设，然后他急忙故作镇静，跟到杰克的身旁。杰克此刻正转身慢条斯理地把一条毛巾铺开，索尔对着他的背开口讲话。

索尔：这样你就没有负担了！

杰克：不行。

谈话结束，索尔看着杰克极尊贵地坐在木板凳上，从他身旁一堆报纸里挑出一份来看，索尔有点不知所措。这时，他看到杰克的大毛巾有一处皱折，立刻弯下腰去把它拉平，一边喃喃自语，不敢抬头看杰克。

索尔：假设，只是假设哦，我告诉你我跟父亲已经和好了呢？

杰克（停了一下——声音从报纸后面传出来）：有这个可能吗？

现在索尔终于引起杰克的注意了，他不疾不徐地把腰杆挺直，不经意地洒了些水在煤炭上，蒸汽机吐出一大团白色的雾气，把杰克包围在其中。

索尔：我们昨天一起吃了晚餐。

杰克（声音从雾气中传出来）：知道了！

说明：

● 每场戏开始都有一个场景标题，如“内景　蒸汽室 日”；

● 内景——表明拍摄地点在室内，如果在室外则写“外景”；

● 蒸汽室——拍摄的具体地点；

● 日——拍摄时观众能看到的天色。此外还有夜、黎明、黄昏、上午或者下午。总之场景标题提到的内容，是为了提醒摄影和导演在拍摄时务必让观众一眼就能看出来。如果你写下“内景 难民营 临终关怀病房 另一张床 日”，就是要求这它们被纳入镜头里；

● 如果你一时不知道怎么动手写，那么可以先开始写下“淡入”两个字。它不真的代表技术上的淡入，但可以作为你开场的暗示；

● 如果从一个地点跳跃到另一个地点，场景之间可以用“切至”；

● 几乎所有的电影编剧指导都会提醒你：不要卖弄你对镜头语言的了解，为了避免弄巧成拙，镜头的事情还是交给导演吧。

在准备阶段，思考这三个问题：

第一，我的电影是关于什么的？

也就是你要探索的中心问题。也许你得写完整个剧本才会彻底弄清楚，不过也不妨先考虑一下，以便帮你获得方向感。想想生命里牵动你的东西，一个画面、一点声音、一句话、一个人、一段冲突，或者一个梦……别去管市面上流行的话题，除非它就是你感兴趣的。你的剧本就是你的人生！抓住自己的感觉，在写作过程中不断地重温那份感觉，它会在你写不下去的时候给你动力。如果你的故事与你没有关系，写作很容易变成你只想尽快摆脱的苦差。写你自己真正在乎的，你会写得很棒。

如果你愿意，还可以为你的剧本写一个宣传语。不妨去电影院看看，海报上都写什么来着。比如，《小野猫》：她的美梦是当高中队足球队的教练。她的噩梦是当中央高中队的教练。

第二，我的人物是谁？

如果你的主人公依然面目模糊，为了清清楚楚看见他/她，不妨和他/她聊聊。试着搞清这些问题：

● 主人公的年龄、性别是什么？

● 他/她靠什么为生？

● 他/她对房子、汽车、服饰等有什么偏好？

● 他/她的生活习惯怎么样？喜欢在餐馆吃饭、打开冰箱就吃、花很多时间做饭还是有人替他/她做饭？多长时间换一次衣服，洗一次衣服？等等

● 和他/她亲密交往的人有哪些？他/她喜欢他们吗？为什么？他们影响主人公还是主人公影响他们？

● 他/她对善恶、是非等价值问题的看法是什么？……

开始有鼻子有眼了，对吗？当然，这样你也还不能说了解了人物。你只是开始观察他/她了，通过“仔细考察可以获知的东西：年龄和智商；性别和性向；语言和手势风格；房子、汽车和服饰的选择；教育和职业；个性和气质；价值和态度”，将为你的“人物塑造”①提供信息。若要明了主人公到底是什么样的人，并让观众对他/她产生认同，你需要问第三个问题。

第三，我的人物想要什么？

---

① （美）罗伯特·麦基：《故事：材质、结构、风格和银幕剧作的原理》，北京：中国电影出版社 2012 年版，第 118 页。

很多时候,人们并不真的知道自己想要什么。他们可以要得很多,但是即便得到了,他们也停不下来。怎么才能知道你的人物要什么?你需要一把“枪”。杨德昌《麻将》里的少年问中年商人他想过死没有、活着到底要干什么,他不假思索地说,“活的时候要忙着赚钱啊,想死干什么”,少年持枪向他射击并再三逼问,商人终于醒悟,说“让我死前再见儿子一面”——他一直忙得没法看顾的儿子。我们相信,他最后说了真话,因为人只有在压力下做出的选择才是他真正的选择。给你的主人公一个有分量的压力,压力越大越能激发欲望世界的真相。至于你的人物会怎么去选择,你可以问你自己“如果我是他/她,在这种情况下,我会怎么做”(注意这个问题和“如果是我,我会怎么做”不同)。

人物想要什么,这才是人物真相。而创造人物真相是人物设计的一个基本宗旨。不仅可以通过制造压力来使观众认同人物的处境和抉择,也可以通过人物塑造和人物真相的差异制造人物内心与表面的鸿沟。当影片成功展现了鸿沟,观众将会因此获得全新的眼光来重新审视生活。《裂缝》讲的是一位看上去很另类的岛上寄宿女校教师,姑娘们都以她为榜样,她们欣赏她举动和言谈间的派头,羡慕她去过遥远的异乡见识过世界。这些姑娘大都是孤儿,连离开学校到镇上去也不被允许。这时,来了一个外国姑娘,一个真正见过世界的贵族孩子,裂缝悄悄地崩开了,直到嚯的一声,女教师的谎言和她内心的恐惧暴露无遗。我们往往以为平时看在眼里的就是人物真相,而《裂缝》使我们发现了一个我们不知道的世界,一旦进入了这个奇异的世界,我们不知不觉增加了对生活的认识深度。

你的故事是关于什么的?你的人物是谁?他/她想要什么?当你解答了这三个问题,故事便开始了,你要做的就是动笔写出来。

五、怎样写电影剧本

每位作者都有自己的写作方式，不管你是哪一类，或许都可以在罗伯特·麦基和维基·金提供的方法中找到适合自己的。

（一）“8 分钟烂写”练习

我们从维基·金“下笔就有”型开始。如果你有一个想法，但是许多时间过去了，你都没办法让它明确起来。没关系，你要做的就是打开电脑敲击键盘。试着写上 8 分钟，任何主题、任何人物、任何物件都行，随便写，调动你的眼耳口鼻身五感来写，不要担心写得烂，因为这个练习就是“8 分钟烂写”练习。尽量写出你的个人感受，不那么个人也可以，总之，允许写得极烂极其烂。写完了你会发现，写作并不难。这个练习的目的就是告诉自己——我能写。

（二）写一部自由初稿

自由写，暂时忘记那些原则和技巧，因为“自由初稿的任务就是让你明白自己想写的是什么，你的电影是关于什么的”①。放心，9 分钟电影路标能把你从起点顺利带到终点。它们分别是电影中的 9 个时间点，也是故事伏笔和转折的最关键 9 点：

1→3→10→30→45→60→75→90→120

第一幕关键点：第 1 分钟—第 3 分钟—第 10 分钟—第 30 分钟

你已经大概知道自己的故事和主要人物了，甚至还能用几句话为它做宣传。现在你要开始写了，回溯一下促动你写这个故事的想法，抓住它的气息和氛围，勇敢地写出来。剧本的 300～400

---

① （美）维基·金：《21 天搞定电影剧本》，北京：世界图书出版公司北京公司 2010 年版，第 65 页。

字差不多对应着电影的 1 分钟。想想你看过的电影，它们是如何在第 1 分钟就让你嗅到故事的基调。叙写基调，同时把主人公请出来，简单介绍几句，让事情找上他，你要做的就是这些。在电影的第 3 分钟(剧本前 900～1200 字)埋藏一个事件或者句子，暗示一下故事要探讨的中心议题。如果是侦探片，罪犯通常也会在此前露面。继续从第 3 分钟写到第 10 分钟。新的事件和信息加入进来，如果前 3 分钟已经暗示了两人之间可能会有爱情，那么第 10 分钟就让他们处于此类的强制关系中，并让他们感到缺乏什么或者想要什么。前 10 分钟，也就是前 3000～4000 字，你差不多已经交代了人物，并暗示出有事要发生了。你很快就要完成第一幕，只要找出阻碍主人公前进的力量，运用动作/反应—鸿沟推动故事发展，直到写出一个大事件，迫使人物做出反应并走向第二幕。针对第一幕的有效提问：我写的是什么故事？谁的故事？主人公想要什么？发生了什么使他/她踏上冒险和求索之路？

第二幕关键点：第 45 分钟—第 60 分钟—第 75 分钟—第 90 分钟

电影路标绝非不可更改的时间标准，而是为了便于上手提供的制造事件的基本节奏。第二幕的对抗和发展是电影故事的主体部分，若要吸引观众，每隔一段时间都应该有事发生。为了让自由初稿更自由，我们把四个时间点替换为四个大事件。

- 第一个成长故事：对应 30～45 分钟。主人公已经做出了选择，但是当他/她行动的时候却陷入了困境。他/她需要放弃原来观念和方法，才能应对阻碍和鸿沟。写下来他/她是怎么做到的，写下他/她的第一次成长。

- 第二个成长故事：对应 45～60 分钟。谁都不是风一吹就长大的。你的主人公已经成熟了一点，但是会遇到更棘手的问题。他/她会认识到达成目标并非易事。障碍不是为了摧垮他/她，而是促使他/她更坚定地追逐梦想。

● 第三个成长故事：对应 60～75 分钟。这里你的任务是准备给出更漂亮的一击，打过拳击吗？你会怎么办？收回拳头，后退，然后找准方向。让你的人物经历同样的情形，困难一路攀升，令他/她喘不过气来，他/她选择了放手。他/她必须这么做——只有放手撤退，他/她才能重新思考自己的梦想。比如《铁甲钢拳》，当父亲放弃比赛的时候，儿子终于意识到单纯的胜利远没有父亲的爱和为爱而萌发的战斗意志更值得拥有。

● 第四个成长故事：对应 75～90 分钟。人物势如破竹地前进，再也没有什么可以阻挡他/她。那些事如果在一开始会轻而易举毁了他/她，现在却被他/她裹挟着走。让一切自然发展，让事情意外地顺利，让解决方案去找到他/她。“他走上山顶是为了发现自己，走下山来的时候已经多了一个她”，“如果他爬上山顶是去找她，也许他下山的时候找到的却是他自己”①。针对第二幕的有效提问：难题是不是一个比一个难对付？主人公从中学会了什么？他/她和以前相比改变了什么？

第三幕结局：第 120 分钟。

这一幕问题将得到解决，无论是主要人物的还是次要人物的，尽量回应你开始制造的悬念和期待。主人公也许得到这个还得到了那个，也许这个那个都没得到，却收获了另一个。一份小小的危机或者一份小小的意外将带来乐趣多多，使你的剧本余韵悠长。针对第三幕的有效提问：主人公得到他想要的了吗？最后他必须放弃什么来得到它？他和一开始有什么不同吗？

这就是自由初稿。也许它与你当初想要写的东西有些不一样，有什么关系呢？你已经知道你的故事是什么了，剩下的事情留给修改的时候再做。

---

① （美）维基·金：《21 天搞定电影剧本》，北京：世界图书出版公司北京公司 2010 年版，第 83 页。

(三)剧本创作的五个设计关键

维基·金的自由初稿相当于罗伯特·麦基的故事大纲,它们解决的都是故事是什么的问题。麦基建议剧作者首先思考故事大纲,并用10分钟讲述给朋友听,直到确信故事确能吸引听众才开始动笔写。具体实施是先用一个句子描述你的每一幕;然后把这些句子扩充成段落;最后再一个场景一个场景地展开。如果你不需要别人手把手地教你怎么写,了解剧本创作的五个设计关键也会大有裨益:

1. 激励事件

就是打破主人公生活平衡,使他/她作出抉择,踏上冒险和求索之路的第一幕关键事件。比如《克莱默夫妇》中克莱默夫人突然离开丈夫和儿子,《大白鲨》中沙滩上的游客忽然被大白鲨吞噬,《教父1》中主人公被枪击,《黑客帝国》主人公看见他信以为真的生活不过是玻璃缸中昏睡者受限的脑部活动等等。激励事件是整个故事的"大钩子",负责激起观众的期待和好奇心——接下来会怎样?结果又会如何?如果由因导果的叙述方式需要很长时间才能引出"大钩子",那就改变叙述策略。比如《贫民窟的百万富翁》开场即抛出一个极富悬念的问题:杰玛还差一个问题就能拿到两千万,他是怎么做到的?A. 他作弊;B. 运气好;C. 他是天才;D. 命中注定。然后回过头去不疾不徐地展开故事给出答案。或如《大地惊雷》开场一个女人的声音:人们决不相信一个年轻女孩会在寒冬离家,走上为父亲复仇的道路,但这确实发生了。怎么都行,关键是要一开始就钩住观众,引起他们对后面情节的期待。创造激励事件的有效提问:可能发生在主人公身上的最坏的事情是什么?那一事件如何才能最终成为可能发生在主人公身上的最好的事情?或者,可能发生在我主人公身上的最好的事情是什么?它如何才能变成最坏的事情?

2. 进展纠葛

就是第二幕逐渐上升的困境与冲突。注意要逐渐上升，力度增强。如果你的主人公前面已经克服了对黑暗的恐惧，后面他又开始畏首畏尾，这种倒退的场景会打乱故事节奏，不如删去。

3. 危机

就是主人公与最集中最强大的对抗力量作战。从激励事件发生开始，观众就在等待它的发生。最具张力的危机都是两难选择，主人公必须做出决定，两害取其轻，或者两个都是他想要的，他必须从中选择一个。比如《超人 1》，敌人同时朝两个相反方向发射两枚核弹头，超人必须选择到底救哪儿。两难选择考验的是主人公的决断力，他必须自己判断善恶是非迅速行动。

4. 高潮

就是一切意义和情感汇聚的顶点。进展纠葛至此发展出登峰造极的重大逆转，伴随着出人意料的见解。无论主人公是否能达到自己的目标，只要见解的洪流满足了观众的期待和情感，影片就能获得认同带来快感。高潮往往紧接着危机发生，在极为罕见的情况下（如《杀破狼》），危机之后是激励事件，并由高潮般的动作构成整部影片。

5. 结局

问题解决，影片结束。结局分为四种：皆大欢喜的上扬结局；竹篮打水一场空的下落结局；不加揭示让观众自己去补充的开放式结局；得中有失，或失中有得的反讽结局。

（四）冲突原则是剧本创作的基本原则

不论采用什么方式来写，冲突原则都是贯彻始终的基本原则。“冲突法则不仅仅是一条审美原理；它还是故事的灵魂。故事是生活的比喻，活着就是置身于看似永恒的冲突之中。即如让—保罗·萨特所言，现实的精华就是匮乏，一种普遍而永恒的欠缺。这个世界上的一切东西都不够人们受用。食物不够,爱不够,正义不够,时间永远不够。”[1]真正的冲突是价值冲突。围绕冲突,抓住价值,故事设计中的许多问题都能迎刃而解。

1. 如何展现主人公内心纠葛?——让周围的人物携带价值。通过主人公与这些人物的接近和对抗,电影剧本能够刻画出主人公复杂的内心维度。人物 A 体现了主人公寻求权力的内心黑暗面,人物 B 则是主人公自由向善的救赎力量,主人公一开始疏远 B 而靠近 A,但在某个事件中发生了逆转,最终选择了 B。

2. 如何使主人公与周围人物充分互动?——根据价值冲突设计角色。麦基将价值冲突分解为正面价值与相反价值、矛盾价值、负面之负面价值之间的冲突。比如正义,相反价值是不公平,矛盾价值是非正义,而负面之负面价值则是强权。理解了价值冲突的四个维度,即可在每一维度上相应地安排人物。比如港片和好莱坞片中,如果主人公是一位寻找正义的警察,他通常会遇上阻挠他判案的上司和社会势力,他必须首先与不公抗争,然后才能接近犯罪的非正义真相,当他发现犯罪行为背后有一个任意操控局面的强权人物,他将会挑战最大最顽强的“负面之负面”的对抗力量。总之,人物总是处于某一价值维度,或游走于四维价值之间,并与主人公互动,由此我们便可编织出一张互相关联的人物网络。

3. 如何制造故事的进展纠葛?——升级冲突。使冲突升级的方法有两种:一是按顺序依次将相反价值、矛盾价值和负面之负面价值搬上台面,与正面价值较量。如伯格曼《秋天奏鸣曲》,探讨了童年创伤而导致的爱之能力的丧失,影片表现了由感受到冷漠(爱的相反价值)而导致的恨(爱的矛盾价值)的喷发,最终造成了深入骨髓里的自恨(爱的负面之负面价值)——主人公无法爱任何人。

---

① (美)罗伯特·麦基:《故事:材质、结构、风格和银幕剧作的原理》,北京:中国电影出版社 2012 年版,第 246 页。

二是使对抗力量给主人公带来越来越大的风险,直至主人公为了实现梦想必须赌上越来越重大的代价——自由、生命甚至灵魂。

六、怎样修改电影剧本

修改之前,先将剧本通读一遍。通读是为了获得对故事的整体印象。你最不需要考虑的是——它好吗?它烂吗?不如关注一下这些问题:这是我要的故事吗?主题表现出来了吗?我认同这些人物吗?我获得或者加深了对生活的认知吗?如果答案是肯定的,恭喜你!你不需要大改,直接进入场景和对白的细节修改吧。

(一)对于场景,分别做减法、做加法和做替换

● 减法:以因果模式思考场景,检查场景和场景之间是否因果相扣、层层递进。如果这一场景与前一场景目的相同,又没有提供新的乐趣,毫不犹豫地删掉或者合并。

● 加法:为电影第 1 分钟寻找一个恰当的比喻或意象,使它成为解读故事主题的重大线索。为主人公寻找体现内心对抗的场景,把外在的冲突和危机植入人物内心。

● 替换:尝试用别的场景展示。比如,受尽磨难多年以后终于返家的父亲,他和家人团圆的场景要怎么写?是让他说声“我回来了”,然后和家人拥抱,还是让他们面对彼此产生一种熟悉又陌生的感觉,再让父亲开口:“我为我的模样道歉。在过去的这些年里,我经历了艰难困苦”?哪一种方式更真诚更能打动你?

(二)关于对白,基本的原则是“展示,不要告知”

电影是以镜头语言来讲故事的,如何创造对白,使它成视觉化剧本的有机组成,而不是累赘的解说呢?

● 遵循回报递减定理:“你写出的对白越多,对白的效果就会

越少。”[1]只要能创造出一个视觉表达，就不需要写对白。两个人已经四目交视爱上了，让一个人开口说“太好了，我们恋爱了”显得太傻；她已经把杯子递到他跟前了，没有必要再说“这是热咖啡，你要不要”。

● 使对白充满潜台词。凯的丈夫打了凯，扬长而去，把她关在家里，凯对此怎么说？颤抖着，看着金鱼缸上自己肿胀眼睛的倒影。对鱼说：“至少你还自由。”

● 把信息转化为弹药。杰克和哈里认识多年了，杰克说：“哈里，咱们都他妈认识多少年了？什么？得有二十年了吧，嗯？打一起上大学那会儿就认识了。这可不是一年两年的交情了，对不对，哈里？呃，你他妈的今天早晨怎么啦？”这段对白与杰克对着镜头说“观众，请注意，我们认识二十年了”一样突兀不合常理。老朋友之间不可能这么说。把信息转化为弹药——哈里哈欠连天，两眼血丝，杰克见状说：“哈里，瞧你那样儿。还是过去那种嬉皮士发型，没到中午就打蔫儿，尽整一些小青年的勾当，二十年前你不就是为这还被人踹出学校大门的吗？你能不能醒醒，尝尝这咖啡有多香？”

当你已经反复修改多遍，找一两个专家或者10～12岁的孩子（总之是擅长故事的人），让他们读读你的故事。列一个问题清单请他们作答：诸如这个故事吸引你吗？你认同这些人物吗？你认为故事讲了什么？在哪里你开小差了？高潮部分让你心跳加速了吗？你被打动了吗？……也请你的专家读者向你提问。根据他们的反馈，再决定是否做进一步修改。

让我们期待你的故事将会带我们进入一个新世界，给予我们穿越日常生活的极端体验，随着你的主人公去追求和抗争，最终发现和形成更好的自己。

---

① (美)罗伯特·麦基:《故事:材质、结构、风格和银幕剧作的原理》,北京:中国电影出版社2012年版,第461页。

练　习

1. 假设你要为一个反对酒后驾车的公益广告撰写剧本。它只有一个场景，想想如何制造从开头到结束的价值变化。

2. “有一年夏天，我忽然想要出逃。”以此为开头构思一个故事，要指出人物想要出逃的激励事件是什么？遭遇的困境与冲突是什么？面对的两难选择是什么？

参考文献

[1](奥)卡夫卡著,冬妮译:《卡夫卡随笔》,漓江出版社1991年版。
[2](丹麦)克尔凯郭尔著,汤晨溪译:《论反讽概念:以苏格拉底为主线》,中国社会科学出版社2005年版。
[3](德)爱克曼辑录,朱光潜译:《歌德谈话录》,人民文学出版社1978年版。
[4](德)歌德等著:《文学风格论》,王元化译,上海译文出版社1982年版。
[5](德)米歇尔·所罗门著,朱刘华译:《莱布尼茨不是黄油饼干:将哲学追问到底!》,重庆出版社2013年版。
[6](俄)康·帕乌斯托夫斯基著,戴骢译,上海译文出版社2007年版。
[7](法)弗朗索瓦·特吕弗著,严敏译:《希区柯克论电影》,上海文艺出版社1988年版。
[8](法)罗兰·巴特著,屠友祥译:《文之悦》,上海人民出版社2009年版。
[9](法)帕朗·阿尔捷著,孟斯译:《电影剧本的创作》,中国电影出版社2006年版。
[10](法)萨特著,沈志明、施康强译:《萨特散文》,人民文学出版社2009年版。
[11](加拿大)阿尔维托·曼古埃尔著,杨莉馨译:《阅读日记:重温十二部文学经典》,华东师范大学出版社2006年版。

[12](捷克)昆德拉著,董强译:《小说的艺术》,上海译文出版社2004年版。
[13](美)Christopher Vogler 著,王翀译:《作家之旅:源自神话的写作要义》,电子工业出版社2011年版。
[14](美)D. Q. 迈克伦尼著,赵明燕译:《简单的逻辑学》,中国人民大学出版社2008年版。
[15](美)M. 尼尔·布朗、斯图尔特·M. 基利著,张晓辉、马昕译:《走出思维的误区:批判性思维指南》,世界图书出版公司北京公司2012年版。
[16](美)W. J. T. 米歇尔著,陈永国译:《图像学》,北京大学出版社2012年版。
[17](美)保罗·约瑟夫·古林诺著,王幼怡等译:《S序列编剧法》,世界图书出版公司北京公司2013年版。
[18](美)安·拉莫特著,朱耘译:《关于写作:一只鸟接着一只鸟》,商务印书馆2013年版。
[19](美)布莱克·斯奈德著,王旭锋译:《救猫咪:电影编剧宝典》,浙江大学出版社2011年版。
[20](美)布莱克·斯奈德著,汪振城译:《救猫咪II:经典电影剧本探秘》,浙江大学出版社2011年版。
[21](美)布莱克·斯奈德著,韩程、李晋林译:《救猫咪III:反击战!》,浙江大学出版社2013年版。
[22](美)布鲁克斯、沃伦编著,主万等译:《小说鉴赏(第3版)》,世界图书出版公司北京公司,2006年版。
[23](美)德怀特·V. 斯温著,唐奇、上官敏慧译:《畅销书写作技巧》,中国人民大学出版社2013年版。
[24](美)狄克森、司麦斯编,朱纯深译:《短篇小说写作指南》,辽宁教育出版社1998年版。
[25](美)多萝西娅·布兰德著,刁克利译:《成为作家》,中国人民

大学出版社 2011 年版。
[26](美)哈罗德·布鲁姆等著,王敖译:《读诗的艺术》,南京大学出版社 2010 年版。
[27](美)华莱士·马丁著,伍晓明译:《当代叙事学》,北京大学出版社 2005 年版。
[28](美)基斯·基格里奥著,陈文静译:《喜剧难写:一位好莱坞编剧的真实告白》,电子工业出版社 2013 年版。
[29](美)杰克·哈特著,叶青、曾轶峰译:《故事技巧:叙事性非虚构文学写作指南》,中国人民大学出版社 2012 年版。
[30](美)杰拉德·普林斯著,乔国强、李孝弟译:《叙述学词典》,上海译文出版社 2011 年版。
[31](美)杰里·克里弗著,王著定译:《小说写作教程——虚构文学速成全攻略》,中国人民大学出版社 2011 年版。
[32](美)克里斯托弗·沃格勒、大卫·麦肯纳著,焦志倩译:《编剧备忘录:故事结构和角色的秘密》,电子工业出版社 2013 年版。
[33](美)克林斯·布鲁克斯著,郭乙瑶等译:《精致的瓮:诗歌结构研究》,上海人民出版社 2008 年版。
[34](美)克林斯·布鲁克斯,罗伯特·潘·沃伦著:《理解诗歌(第 4 版)》,外语教学与研究出版社 2004 年版。
[35](美)肯·丹西格、杰夫·拉什著,易智言译:《超越套路的剧作法》,世界图书出版公司北京公司 2013 年版。
[36](美)拉约什·埃格里著,高远译:《编剧的艺术》,北京联合出版公司 2013 年版。
[37](美)劳丽·罗扎基斯著,刑锡范等译:《创造性写作》,辽宁教育出版社 2002 年版。
[38](美)罗伯特·科恩著,费春放等译:《戏剧(简明本第六版)》,上海书店出版社 2006 年版。

[39](美)罗伯特·麦基著,周铁东译:《故事:材质、结构、风格和银幕剧作的原理》,中国电影出版社 2001 年版。
[40](美)马克·麦克格尔著,葛红兵等译:《创意写作的兴起:战后美国文学的“系统时代”》,广西师范大学出版社 2012 年版。
[41](美)梅森·皮里著,蔡依莹译:《笨蛋!重要的是逻辑!——谬误的分析、破解与运用》,北京联合出版公司 2013 年版。
[42](美)诺亚·卢克曼著,唐奇、李永强译:《情节!情节!——通过人物、悬念与冲突赋予故事生命力》,中国人民大学出版社 2012 年版。
[43](美)诺亚·卢克曼著,王著定译:《写好前五页:出版人眼中的好作品》,中国人民大学出版社 2013 年版。
[44](美)乔治·贝克著,余上沅译:《戏剧技巧》,中国戏剧出版社 2004 年版。
[45](美)斯蒂芬·金著,张坤译:《写作这回事:创作生涯回忆录》,上海译文出版社 2009 年版。
[46](美)苏珊·M. 蒂贝尔吉安著,李琳译:《一年通往作家路》,中国人民大学出版社 2013 年版。
[47](美)威廉·E. 布隆代尔著,徐扬译:《〈华尔街日报〉是如何讲故事的》,2006 年版。
[48](美)威廉·M. 汉克斯著,周舟译:《你的剧本逊毙了!——100 个化腐朽为神奇的对策》,世界图书出版公司北京公司 2011 年版。
[49](美)韦恩·C. 布斯、格雷戈里·G. 卡洛姆、约瑟夫·M. 威廉姆斯著,陈美霞等译:《研究是一门艺术》,新华出版社 2009 年版。
[50](美)维基·金著,周舟译:《21 天搞定电影剧本》,世界图书出版公司北京公司 2010 年版。
[51](美)温迪·简·汉森著,郝哲、柳青译:《编剧:步步为营》,江苏教育出版社 2006 年版。

[52](美)西蒙斯著,仇朝兵等译:《讲故事:故事的结构和讲故事的技巧》,海南出版社 2006 年版。
[53](美)悉德・菲尔德著,魏枫译:《电影编剧创作指南》,世界图书出版公司北京公司 2014 年版。
[54](美)悉德・菲尔德著,钟大丰、鲍玉珩译:《电影剧本写作基础》,世界图书出版公司北京公司 2014 年版。
[55](美)雪莉・艾利斯编,刁克利译:《开始写吧!——非虚构文学创作》,中国人民大学出版社 2011 年版。
[56](美)于尔根・沃尔夫著,史凤晓、刁克利译:《创意写作大师课》,中国人民大学出版社 2013 年版。
[57](日)坪内逍遥著,刘振瀛译:《小说神髓》,上海译文出版社 2010 年版。
[58](以色列)阿摩司・奥兹著,杨振同译:《故事开始了:文学随笔集》,译林出版社 2011 年版。
[59](英)E. M. 福斯特著,朱乃长译:《小说面面观》,中国对外翻译出版公司 2002 年版。
[60](英)F. R. 利维斯著,袁伟译:《伟大的传统》,三联书店 2009 年版。
[61](英)戴维・洛奇著,王峻岩等译:《小说的艺术》,作家出版社 1998 年版。
[62]艾青著:《诗论》,江苏文艺出版社 2010 年版。
[63]毕恒达著:《教师为什么没告诉我:论文写作枕边书》,法律出版社 2007 年版。
[64]常立著:《“他们”作家研究:韩东? 鲁羊? 朱文》,上海三联书店 2010 年版。
[65]常立著:《浙江新诗史》,中国社会科学出版社 2011 年版。
[66]常立著:《从前,有一个点》,广西师范大学出版社 2013 年版。
[67]陈果安、王定、易小斌编:《新编写作学教程》,中南大学出版社 2005 年版。

[68]董小玉、刘海涛主编:《现代写作教程》,高等教育出版社 2008 年版。
[69]冯骥才等著:《散文的可能性:关于散文写作的 10 个提问及回答》,人民文学出版社 2006 年版。
[70]桂青山著:《现代小说创作学》,香港新世纪出版社 1992 年版。
[71]韩松落著:《为了报仇看电影》,上海三联书店 2010 年版。
[72]黄云生主编:《儿童文学教程》,浙江大学出版社 2004 年版。
[73]蒋晓兰著:《小说写作艺术与技巧》,贵州民族出版社 2003 年版。
[74]金健人、屠树勋主编:《写作理论与写作教学》,天津社会科学院出版社 2005 年版。
[75]赖声川著:《赖声川的创意学》,广西师范大学出版社 2011 年版。
[76]李娟:《阿勒泰的角落》,万卷出版公司 2010 年版。
[77]李天靖、陈忠村主编:《波涛下的花园》,上海文艺出版社 2007 年版。
[78]刘绪源著:《今文渊源》,上海文艺出版社 2011 年版。
[79]鲁迅著:《鲁迅全集》,人民文学出版社 1981 年版。
[80]鲁岩等主编:《新编写作学教程》,山东大学出版社 2006 年版。
[81]马雁著:《马雁散文集》,新星出版社 2012 年版。
[82]敏言编译:《文学创作手册》,中国国际广播出版社 2000 年版。
[83]倪蕊琴编:《俄国作家批评家论列夫·托尔斯泰》,中国社会科学出版社 1982 年版。
[84]潘新和主编:《写作:指向自我实现的人生》,科学出版社 1999 年版。
[85]佘树森著:《中国现当代散文研究》,北京大学出版社 1993 年版。
[86]孙绍振:《文学创作论》,海峡文艺出版社 2004 年版。

[87]田晓菲编译:《“萨福”——一个欧美文学传统的生成》,三联书店 2003 年版。
[88]童庆炳著:《文体和文体的创造》,云南人民出版社 1994 年版。
[89]王克俭编著:《大学实用写作》,浙江文艺出版社 2003 年版。
[90]相静著:《散文创作艺术论》,辽宁大学出版社 2009 年版。
[91]杨琳、欧宁主编:《戏剧鉴赏》,西安交通大学出版社 2009 年版。
[92]叶圣陶著:《怎样写作》,中华书局,2007 年版。
[93]于君著:《散文讲稿》,群言出版社 2002 年版。
[94]余光中著:《情人的血特别红:余光中自选集》,百花文艺出版社 2005 年版。
[95]余华著:《灵魂饭》,南海出版公司 2002 年版。
[96]张大春著:《小说稗类》,广西师范大学出版社 2004 年版。
[97]朱光潜著:《朱光潜美学文学论文选集》,湖南人民出版社 1980 年版。
[98]祝德纯著:《散文创作与鉴赏》,中国社会科学出版社 2002 年版。

图书在版编目(CIP)数据

创造性写作 / 常立等著. —杭州：浙江大学出版社，2016. 12
(2025. 7 重印)
ISBN 978-7-308-15904-3

Ⅰ. ①创… Ⅱ. ①常… Ⅲ. ①汉语—写作—高等师范院校—教材 Ⅳ. ①H15

中国版本图书馆 CIP 数据核字（2016）第 116935 号

创造性写作
常　立　等著

责任编辑 傅百荣
责任校对 杨利军　魏钊凌
封面设计 春天书装
出版发行 浙江大学出版社
(杭州市天目山路 148 号　邮政编码 310007)
(网址：http://www.zjupress.com)
排　　版 杭州隆盛图文制作有限公司
印　　刷 绍兴市越生彩印有限公司
开　　本 880mm×1230mm　1/32
印　　张 10.5
字　　数 273 千
版 印 次 2016 年 12 月第 1 版　2025 年 7 月第 5 次印刷
书　　号 ISBN 978-7-308-15904-3
定　　价 35.50 元

版权所有 侵权必究　　印装差错 负责调换
浙江大学出版社市场运营中心联系方式:0571-88925591; http://zjdxcbs.tmall.com